负利率
对微观个体和宏观经济影响研究

曲晓溪 ◎ 著

中国财经出版传媒集团

经济科学出版社
Economic Science Press

·北 京·

图书在版编目（CIP）数据

负利率对微观个体和宏观经济影响研究／曲晓溪著.
北京：经济科学出版社，2024.11. -- ISBN 978 -7
-5218 -6374 -1

Ⅰ. F820.1

中国国家版本馆 CIP 数据核字第 20248PN566 号

责任编辑：王　娟　徐汇宽
责任校对：李　建
责任印制：张佳裕

负利率对微观个体和宏观经济影响研究

FULILÜ DUI WEIGUAN GETI HE HONGGUAN JINGJI YINGXIANG YANJIU

曲晓溪　著

经济科学出版社出版、发行　新华书店经销
社址：北京市海淀区阜成路甲 28 号　邮编：100142
总编部电话：010 - 88191217　发行部电话：010 - 88191522
网址：www. esp. com. cn
电子邮箱：esp@ esp. com. cn
天猫网店：经济科学出版社旗舰店
网址：http://jjkxcbs. tmall. com
北京季蜂印刷有限公司印装
710 × 1000　16 开　13. 25 印张　250000 字
2024 年 11 月第 1 版　2024 年 11 月第 1 次印刷
ISBN 978 - 7 - 5218 - 6374 - 1　定价：58. 00 元
（图书出现印装问题，本社负责调换。电话：010 - 88191545）
（版权所有　侵权必究　打击盗版　举报热线：010 - 88191661
QQ：2242791300　营销中心电话：010 - 88191537
电子邮箱：dbts@ esp. com. cn）

序　言

曲晓溪博士的学位论文经过修改润色就要出书了，这是一件令人十分高兴的事。这本书研究的"负利率"政策问题有其扑朔迷离的全球社会经济治理政策实践背景和复杂的学术困境。

（一）

2008 年，一场席卷全球的金融危机造成了前所未有的冲击，主要发达经济体自此陷入长期增长停滞与通货紧缩的双重困境。面对如此大规模的经济衰退，传统货币政策工具几近失灵。一些国家的基准利率不断逼近零利率下限（Zero Lower Bound，ZLB），并被最终击穿，量化宽松（QE）等非常规货币政策效果逐渐递减。在此背景下，负利率政策（Negative Interest Rate Policy，NIRP）便历史性地粉墨登场，被许多国家或经济体作为突破 ZLB 约束的杀手锏，藉此降低社会融资成本，刺激信贷扩张和投资、提振消费，从而推动经济复苏并防止通缩风险进一步加剧。

瑞典是全球首个施行负利率政策的国家。早在 2009 年 7 月，受全球经济衰退与本国通胀持续走低影响，瑞典央行（Riksbank）在全球首次实施负利率政策，将商业银行在央行存款的利率降至 −0.25%，以刺激信贷投放与消费支出。到 2015 年，瑞典进一步将回购利率降至 −0.1%，扩大负利率的实施范围。瑞典的负利率政策在短期内改善了通胀预期，经济呈现出复苏迹象，但随后负面效应逐渐显现，资产价格快速上涨，房地产市场泡沫风险加剧。整个银行业的净息差收窄，盈利能力面临挑战，尤其是依赖存款业务的中小银行压力很大。

作为瑞典的北欧邻居，丹麦央行（Danmarks Nationalbank）2012 年实施负利率政策，但其政策目的不同，主要是为了维持丹麦克朗与欧元的固定汇率机制，避免资本大规模流入导致本币过度升值。丹麦央行将定期存款利率降至 −0.75%，成为当时全球最低的政策利率之一。丹麦的负利率政策有效实现了汇率稳定，但随即带来了一系列问题，首先是银行业盈利能力大幅下降，储户实际收益受损；负利率政策的过度刺激，成为房地产市场过度繁荣的推手，导致金融风险不断上升。

在亚洲，日本是全球范围内最早探索负利率政策的国家之一，其缘起可以追溯到 20 世纪 90 年代泡沫经济破裂后的"失落的十年"。长期通缩、人口老龄化与需求不足等结构性问题导致日本经济增长乏力，传统货币政策工具逐渐失效。2009 年，日本央行（BOJ）尝试性地将部分银行存款利率降至接近零，以缓解通缩压力，但未形成系统性的负利率政策。直到 2016 年 1 月，日本央行正式宣布实施负利率政策，将超额准备金利率降至 -0.1%，并通过三层阶梯机制对存款分级计息，以减轻负利率对银行盈利的全面冲击。日本的实践显示，负利率政策在短期内对降低融资成本与稳定物价预期发挥了一定的作用，但受制于长期低通胀与严重的人口结构问题等，政策效果有限。此外，负利率政策压缩了银行的净息差，加剧其盈利压力，导致金融中介功能弱化，甚至促使银行增加风险资产投资，累积金融风险。

最为引人关注的是，在整个欧元区，为应对严重的欧债危机与低通胀压力，欧洲央行（ECB）于 2014 年 6 月正式实施负利率政策，将存款便利利率降至 -0.1%，随后逐步下调至 -0.5%。盘点欧元区的负利率政策实践，负利率政策确实在短期内明显改善了信贷供给与流动性环境，但长期实施的后果是，银行业净息差收窄，盈利能力普遍下降，尤其对依赖存款的传统银行影响最为显著。与此同时，资产价格上涨与金融市场泡沫风险加剧，部分国家持续面临潜在系统性金融风险的严重威胁。

作为非欧洲央行成员，瑞士国家银行（SNB）也于 2015 年实施负利率政策，将隔夜活期存款利率降至 -0.75%，以抑制瑞士法郎升值压力，保护本国出口导向型经济。

此外，加拿大、英国等国在面对经济衰退时也曾探讨负利率政策的可行性，但未实际实施。美联储在 2008 年金融危机后虽然未采用负利率，但在政策文件中详细评估了负利率的潜在效果与风险。概而言之，截至目前，除亚洲的日本外，全球实际采取负利率政策的国家和经济体都位于欧洲，包括欧元区、瑞典、瑞士、丹麦。

西方主要经济体的实践表明，负利率政策作为非常规货币政策工具运用，突破零利率下限，其主要目标包括刺激投资、稳定汇率与应对通缩，但实践经验揭示出其显著的副作用。首先，负利率政策短期效果有限。负利率政策在降低融资成本与刺激信贷方面有其即时疗效，但不能医治长期经济结构性问题的重病。其次，金融系统的稳定性严重受损，特别表现在负利率政策挤压银行净息差空间，导致对依赖存款业务的银行冲击巨大，严重弱化金融中介功能。最后，长期实施负利率导致资产价格泡沫化，助长储户非理性行为，并不断推高金融风险累积。这些国家和主要经济体的实践表明，采行负利率政策无一不是濒临绝境时的不得已行为。它是一把"双刃剑"，很不好拿捏，需要精准评估经济环境与政策工具的边界，巧妙掌控实施力度与时机，以防止政策效果递减和金融风险加剧。负利率政策对国际金融市场和全球经济治理产生了深刻影响。

（二）

在经济学家的思维意识中，社会经济政策的背后一定潜藏着复杂的学理逻辑。现在的问题是，传统经济学理论正直面越来越多的现实挑战，面临一系列新的难题解答任务。

一般认为，利率理论包括利率本质、利率结构、利率决定和利率政策四个主要理论组成部分，其中，利率决定理论是利率理论的核心，研究的是长期市场出清的均衡利率，研究对象一般为实际利率；利率政策理论是利率应用研究的核心，研究宗旨是通过建构利率政策框架及其配套机制，实现更有效率的金融资源配置，研究对象主要是名义利率。就经典的利率理论而言，古典利率理论认为利率取决于资本的供给和需求，这两种力量的均衡决定利率水平；凯恩斯经济学的利率理论认为，利率取决于货币的供求，是一种纯粹的货币现象。货币是流动性最强的资产，货币最大的特点是具有使用上的灵活性。利息是个人在一定时期放弃货币和货币流动性便利的回报，利率受流动性偏好规律的支配，利率的大小高低涨跌由货币需求和供给决定。凯恩斯经济学的利率理论采用的是局部均衡的分析方法探讨利率决定问题，但事实上，这一理论研究的是货币市场均衡状态下的货币利率决定和商品市场均衡状态下的实物利率决定，而并非研究货币市场和商品市场同时实现均衡状态下的利率的决定。新古典经济学的利率理论认为，利率是储蓄、投资、货币需求和货币供给等因素综合交互作用的结果。这一理论克服了古典经济学利率理论和凯恩斯经济学利率理论的缺陷，同时兼顾货币市场与商品市场两者的均衡，成为当今的主流利率理论。马克思主义政治经济学的利率理论认为，利率是建构在生产力决定论基础上的，利率由利润率决定，利息是贷出资本家从借入资本家的资本中分割出来的一部分剩余价值，利息率取决于平均利润率。由此可见，无论西方经济学的利率理论还是马克思主义政治经济学利率理论，都是建立在利息是一种"补贴""报酬"或者"剩余价值"基础上的，是人们放弃当前利益的一种补偿。总而言之，按照传统利率理论，利息具有正向经济价值属性，理论上不可能出现零利率和负利率。

人类经济社会的实践进程逼近新千年纪元门槛之际，负利率政策（NIRP）引入宏观货币政策框架，显然出人意料地颠覆了上述惯有理念和思维，突破了西方传统利率理论的核心假设，给现有宏观经济学与货币政策理论框架带来了现实的和深远的挑战。长期以来，经济学理论中利率被认为是货币政策调控的重要工具，且具有不可突破的零利率下限（ZLB）。然而，自 2008 年金融危机以来，多个发达经济体开始尝试负利率政策，政策利率硬生生地降至零标尺以下，实实在在地颠覆了传统理论学说，令惯有的货币政策理论思维与政策实践之间形成巨大反差。负利率不仅在政策实施上改变了利率的形成机理和传导路径与机制，还揭示了一系列崭新学术课题，为现代宏观经济学与宏观金融理论开辟了新的研究领域和创新疆界。对此，西方经济学家提出了一些新的理论假说，诸如长期停滞理论、流动性陷阱理论、安全资产短缺理论、全球储蓄过剩理论，特别是现代货币理论（MMT）。这些新的利率理论虽然力求在某种程度上解释负利率现象，但大多依据并不充分或者理论基础单薄，有关负利率政策的学术研究仍然聚讼纷纭，摆在学者面前的难题重重。举例来说，下面这些问题就是亟待从学理上予以解答的重大课题。

第一，零利率形成的底层逻辑到底是什么？零利率下限突破与有效下限（Effective Lower Bound，ELB）理论如何建构？传统凯恩斯主义与新古典宏观经济学理论认为，名义利率的下限是零，低于零的利率将引发储户囤积现金，从而削弱货币政策的有效性。因此，零利率下限（ZLB）长期被视为"政策边界"和"铁律"，对此未曾有过理念和行为上的动摇。然而，负利率政策的实际实施表明，在某些经济环境与政策框架下，央行能够将名义利率降至零以下，这就一举突破了这一传统假设。负利率政策的出现促使学界提出了有效利率下限概念，强调政策利率的下限并非绝对为零，而是由实际经济条件、金融市场结构及政策工具创新目标共同决定。ELB 理论重新定义了货币政策的空间与边界，为后危机时代货币政策工具的扩展提供了理论基础。然而，ELB 的提出引发了新的争论，即实际负利率的实施条件、经济主体的反应以及政策的可持续性问题。

第二，金融中介传导机制的非对称性效应如何解释？传统利率理论假设利率的变化能够对称地传导至银行资产与负债端，银行作为金融中介，在货币政策传导中扮演着关键角色。然而，负利率政策的实施打破了这一对称性，凸显了银行资产负债表在负利率环境下的结构性失衡问题。具体而言，存款利率"零下限粘性"导致银行难以将负利率传导至零售存款，存款利率接近零而无法下降。这一现象使银行在资产端收益下降的同时，负债端成本却难以同步降低，显著压缩了银行的净息差，削弱了货币政策的传导效果。此外，为应对盈利压力，银行可能采取非中性策略，例如减少贷款供给、提高贷款利率，甚至通过增加风险资产投资来弥补息差损失。这不仅导致了货币政策效果的减弱，还可能引发系统性金融风险，进一步挑战传统货币政策传导机制的有效性理论。

第三，利率与经济主体行为的非线性关系如何揭示？传统理论认为，利率下调能够有效刺激储蓄减少、投资增加，刺激消费，进而促进经济增长。然而，在负利率政策下，经济主体的行为反应表现出显著的非线性关系。具体而言，负利率政策对储蓄、投资与消费决策的激励机制发生了根本性改变。例如，面对负利率，家庭与企业可能采取囤积现金的策略，以避免存款成本的增加，这削弱了货币政策的扩张性效果。此外，负利率政策在压缩银行盈利空间的同时，可能促使银行与金融机构加大对高风险资产的配置力度，从而引发金融市场波动性上升与风险承担行为加剧；负利率并没有有效刺激和带动消费扩张。上述非线性关系揭示了负利率政策在微观经济主体层面的复杂性与不确定性，表明传统利率理论无法完全解释经济主体在负利率环境下的动态决策过程。

第四，"逆转利率"与长期政策效果的边际递减问题如何有效治理？负利率政策实施后，货币政策的效果并非线性递增，而是存在一个临界点，即"逆转利率"。逆转利率理论认为，当利率下降至某一临界点时，进一步降息不仅无法产生宽松效果，反而会对银行盈利与信贷供给产生抑制作用，导致政策效果"逆转"。具体来说，负利率加剧了银行净息差收缩，降低了银行对信贷市场的供给意愿，尤其是对于资本充足率较低的银行，信贷供给约束尤为显著。逆转利率问题进一步挑战了传统货币政策的"线性效应"假设，表明负利率政策的效果存在边际递减规律，需要谨慎评估和探索负利率实施的临界点与长期影响。

第五，自然利率与经济潜在增长如何再定义？自然利率是传统利率理论中衡量经济潜在均衡的重要指标，反映了储蓄与投资在长期均衡状态下的实际利率水平。负利率政策的实施促使学界重新审视自然利率的内涵与影响因素，揭示出自然利率长期下降的结构性原因，包括人口老龄化、全球储蓄过剩与劳动生产率下降等。这一现象进一步削弱了传统货币政策工具的空间与有效性，对宏观经济理论提出了新的挑战。此外，自然利率的动态变化与经济增长潜力的再定义，要求货币政策框架更加注重长期结构性因素，提出新的政策目标与操作路径。

第六，从政策操作学意义上来说，在市场扭曲严重到足以威胁金融稳定之前，负利率能维持多低的水平，负利率的有效下限如何确定，负利率政策的时间选择窗口和维持期间如何相机抉择，如何平衡负利率政策的短期刺激作用与长期金融稳定风险，如何优化利率政策的传导机制与实施路径，俨然已经成为宏观经济学与宏观金融理论的重要现实课题。

总而言之，负利率政策的引入，既为全球经济治理提供了新的政策工具选择，又为宏观经济学理论和货币政策理论创开辟了新的研究领域和方向。

（三）

本书聚焦的研究对象，是通过探讨西方国家负利率政策（NIRP）对微观个体与宏观经济的影响机制，剖析负利率政策的传导路径、实施局限及其对金融体系稳定性的长期影响。我理解，作者的研究宗旨是想通过理论模型构建与实证分析，比较系统深刻地揭示负利率政策实施背景下金融中介的行为变化、经济主体的响应机制以及政策的边际效用，进一步探索国际经验对中国货币政策框架的启示及其借鉴意义。作为本书的第一个读者，我的读后感是，作者在本书中试图在以下五个方面进行学术探索，并由此在理论与政策建议层面作出些许边际性学术贡献。

第一，揭示负利率政策的传导机制。本书首先从理论建模出发，构建具有零利率下限的动态随机一般均衡（Dynamic Stochastic General Equilibrium，DSGE）宏观理论模型，以及嵌入"双下限约束"（政策利率下限与存款利率下限）的微观理论模型。深入探讨负利率政策通过银行体系向实体经济传导的内在机制。在传统货币政策理论中，央行通过调整利率引导银行信贷供给，进而实现经济调节目标。然而，在负利率环境下，银行资产端收益下降快于负债端成本的降低，存款利率"零下限粘性"阻碍了负利率的有效传导，导致金融中介功能受到削弱。本书通过 DSGE 模型捕捉这种非对称性的传导效应，并进一步分析其对银行行为与信贷供给的动态影响。通过理论框架的拓展，本书丰富了货币政策传导机制的研究维度，为理解负利率的政策效果提供了系统性解释。

第二，探讨负利率对银行盈利能力的影响。研究显示，负利率政策实施对银行体系的影响巨大，特别是在金融中介的净息差收窄与资本约束加剧背景下尤为显著。作者借助公派欧洲金融学术重镇英国班戈大学留学一年并在欧洲大陆多国参加学术交流的大好机会，得到重要的研究数据，令本书的实证研究得以比较圆满地完成。整个研究基于 2010 年至 2021 年间 27 个 OECD 国家 13668 家银行的面板数据，运用双重差分法（Difference‐in‐Difference，DID）模型，有效量化了负利率政策对不同类型银行盈利能力的异质性影响。研究结果表明，负利率政策对依赖存款的传统商业银行产生更大的冲击，而规模较大、资产结构多元化的银行受到的负面影响相对较小。此外，为弥补收入缺口，部分银行表现出增加风险资产配置的倾向，加剧了金融体系的潜在不稳定性。

第三，分析负利率政策的宏观经济效应。本书的研究并非局限于微观层面，而是直面负利率政策对宏观经济的影响，包括对通货膨胀、投资与经济增长的短期与长期效应。作者结合 DSGE 模型与扩展的 IS‐LM 框架，揭示负利率政策对需求侧与供给侧的不同作用机制，给出的研究结论是，一方面，负利率政策的目标是通过降低融资成本刺激投资与消费，短期内有助于提振总需求；另一方面，负利率可能导致储蓄激励下降、金融市场波动性上升，从而对长期经济增长产生抑制作用。实证研究结论认为，负利率政策的经济刺激作用存在显著的非线性特征，且其长期效果受限于经济结构性因素，如人口老龄化与生产率增长放缓。

第四，提出负利率的政策边际效用与金融稳定风险警示。本书研究显示，负利率政策在短期内可以通过降低利率刺激信贷需求与投资，但随着政策持续实施，政策效果逐渐递减，甚至出现"逆转利率"现象。当利率降至某一临界点时，负利率政策反而抑制银行信贷供给与金融中介功能，削弱政策的扩张性效应。此外，银行盈利能力的下降可能促使金融机构采取高风险资产投资与"资产泡沫化"行为，从而加剧系统性金融风险。本书的研究进一步量化了负利率政策对金融风险的潜在影响，由此告诫政策制定者在实施负利率政策时需充分评估风险边界与政策退出机制的重要性。

第五，为中国货币政策防患于未然建言献策。本书研究的最终目的并非为他国号脉开药。基于对全球主要国家和经济体负利率政策实践经验的系统梳理与分析总结，本书结合中国的实际经济情境与金融市场结构，有针对性地提出了适用于中国的货币政策框架优化路径与利率工具创新策略的政策建议。作者指出，在现阶段不断推进利率市场化改革的背景下，如何确保政策利率的有效传导，如何有效应对可能的低利率甚至负利率局面的来临，中国货币政策制定当局需要有强烈的忧患意识和前瞻思维，未雨绸缪，提前谋划和布局。作者建议：一是进一步推进存款利率市场化改革，破除存款利率刚性约束；二是加强金融中介的资产负债结构优化，引导商业银行实现业务多元化，增强抵御负利率冲击的能力；三是通过宏观审慎监管与金融风险预警机制，防范负利率政策下的潜在系统性风险。此外，中国需提前布局和丰富非常规货币政策工具箱，以应对全球经济环境不确定性可能带来的利率变化新挑战。与此相应，作者认为，随着全球负利率政策实践的不断推进，负利率环境对中国货币政策框架、金融体系稳定及实体经济发展的潜在影响逐渐显现。中国政策制定部门需提前储备非常规货币政策工具，强化货币政策的多样性与灵活性。建议完善政策工具箱，包括前瞻性指引、结构性货币政策工具与利率走廊机制等。在利率市场化背景下，进一步完善优化存款保险制度与银行市场退出机制建设，增强银行体系的风险应对能力与韧性，确保货币政策在低利率环境下依然具备较强的调控效力；此外，中国必须注重实体经济与金融市场平衡，确保负利率政策的宗旨始终瞄准有效服务实体经济。负利率政策作为一种非常规货币工具，其核心目标在于刺激实体经济的投资与消费，推动经济增长。然而，国际经验表明，负利率在长期实施过程中可能引发资金"脱实向虚"的现象，加剧资产价格泡沫，不能真正惠及实体经济。因此，中国在制定货币政策时，需始终坚持实体经济优先的原则，确保资金流向生产性投资领域，支持实体经济的高质量发展。此外，政府应强化财政政策与货币政策的协同配合，推动基础设施投资、技术创新与消费升级，从根本上提升和发挥经济增长潜力，形成良性的政策传导链条。在我看来，这些建议是富有积极性和建设性的，为中国在全球低利率甚至负利率背景下，进一步优化货币政策框架、维护金融稳定与提升经济韧性提供了理论依据与实践路径。这些建议不仅积极回应了当前中国货币政策的现实挑战，也为未来应对复杂多变的宏观经济环境挑战提供了前瞻性指导，具有重要的理论意义与实践价值。

（四）

前已述及，本书是由作者的博士学位论文修改而来，准确地说，这是作者考入中国社会科学院大学（中国社会科学院研究生院）攻读博士学位研究生时我给她出的命题作文。本人关注观察国际负利率政策问题已有些时日，深感此问题的重要性尤其是其学术研究和政策探索上的复杂性和必要性。因此，早在2020年秋季开学之初，我在跟曲晓溪商量制订博士培养计划时，曾提出五点建议，一是强化英语听力和口语，力争博二之前拿到赴英美大学撰写博士论文的语言门票，并成功申请到公派欧美一所知名金融学院学习交流并撰写学位论文；二是在计量分析特别是数学建模实操能力建设上达到熟稔程度；三是通读一遍诺贝尔经济学奖获得者的经典论文和主要学术著作，从经济学大师的思维方式中找到共鸣和灵感；四是聚焦负利率问题，选择其中一个视角进行有所创新的研究并作为博士学位论文选题完成博士学业；五是博士论文公开出版。现在回头看，我这五点建议，晓溪均已基本达成，令我倍感欣慰。

把话题转回来，客观而言，负利率政策问题非常复杂，负利率学术问题是一个大难题，不是一篇论文或者一本10万字的专著所能解答完成的，曲晓溪的博士论文触及的还只是问题的冰山一角，一个具体的研究细节而已，并且在此我要特别解释的是，本人在撰写此序之初就已决定不在此对本书研究的结论进行好坏评价，只做简单的梗概性介绍，我更希望看到的是学界同仁阅读本书后的讨论。因为，本书的研究还只是一个开始，无论是本书作者还是整个学术界，围绕负利率问题的探索特别是其内在底层理论逻辑的揭示、解构，可谓任重道远。负利率政策（NIRP）作为突破零利率下限（ZLB）的非常规货币政策工具，已在全球多个主要经济体实施，但其长期效果、退出路径及对金融体系的深远影响并未得到充分探讨。国际学术界与政策制定部门在评估负利率政策的利弊时，需要更加注重长期经济效应、金融稳定性风险以及政策工具创新。在我看来，这篇大文章的方方面面可以作为曲晓溪的未来研究课题持续跟踪下去，特别是下面几个方面乃是亟须重点关注的前沿性问题：一是负利率形成的根本原因及其衍生的底层逻辑。二是负利率政策的长期效应与退出机制，负利率政策如何平衡短期经济刺激与长期金融稳定？三是银行盈利能力与货币政策传导的适配性问题，如何在负利率环境下优化金融中介体系并有效增强其中介性？四是新技术革命背景下的现金替代与政策工具创新问题，如何防范电子货币普及对负利率政策的冲击？五是资产价格泡沫与金融市场风险防范化解问题，负利率是否会加剧资产泡沫，诱发系统性金融危机？六是在经济结构与政策效应存在国别差异的情况下如何实现负利率政策在不同经济体中的实施效果更有效？七是自然利率与经济结构性之间的问题，换言之，如何在长期低利率环境下重塑经济增长？这里想多说几句，我理解，自然利率的长期下降是负利率政策实施的重要背景之一。全球范围内，受人口老龄化、劳动生产率下降与储蓄过剩等结构性因素影响，自然利率持续下行，越来越压缩着传统货币政策的操作空间。这一现象引发了关于自然利率水平、经济增长潜力与货币政策设计的广泛讨论。未来的研究需进一步揭示自然利率下降的成因与动态机制，探讨如何通过结构性改革、技术创新与生产率提升来重塑经济增长动力。此外，政策部门需在低自然利率环境下优化财政政策与货币政策的协同作用，推动经济结构调整与长期可持续发展。

综上所述，负利率政策的实施为全球经济与金融体系带来了前所未有的挑战，也为学术研究与政策创新开辟了新的前沿领域。国际学术界需重点关注负利率政策的长期经济效应、退出机制、金融风险与技术冲击等核心问题，推动理论与实践的双重创新。各国政策部门应结合本国实际，评估政策实施的适用性与风险边界，确保负利率政策在平衡短期经济刺激与长期金融稳定的基础上，真正服务于实体经济的长期可持续发展。在此方面，无论本书作者还是学界同仁和业界更需殚精竭虑，奉献更加符合本国国情和实际需要的智慧努力。

是为序。

谢朝斌

中国社会科学院大学教授（二级）、博士生指导教师

2024 年 10 月 17 日

前　　言

    2008 年国际金融危机席卷全球，人们普遍感受到经济寒意加深。众多经济体陷入长期停滞局势，面临国内经济动荡、国外需求疲软、资本流动逆转等多层次危机。鉴于此，一些经济体已经处于不得不面对负利率选择的窗口期。负利率于 2009 年在瑞典央行首次出现，目的是通过金融市场传递到实体经济，以期实现政策目标。近年来，随着金融市场关联度急剧上升，不同类型的金融产品相互嵌套，负利率的传播面临程度深、范围广、路径多等诸多现实问题，鉴于负利率政策的有效性是经济运行发生结构性变化的重大信号，防控负利率传导带来的不确定性冲击便成为重大议题之一。

    本书从负利率通过银行系统传导机制视角，探索货币政策传递效果，拓展我国货币政策理论的研究方法，这将有利于进一步健全符合我国国情的货币政策理论体系。本书分为六章。第一章是绪论，提出本书研究背景与意义，对已有国内外文献进行梳理分析。第二章为负利率的历史脉络、国际由来和中国面临的挑战，通过探索实施负利率国家的宏观经济指标和微观金融指标的典型案例，归纳这些国家所具有的共同特征，从而能够全面地评估中国是否应将负利率作为货币政策备选方案。第三章构建引入金融加速器理论的负利率 DSGE 模型，模拟负利率对微观个体以及宏观经济的影响，找出事实背后的传导机制。第四章构建金融理论模型，进一步分析负利率传导摩擦是否来源于金融中介——是否通过削弱银行的盈利能力，减弱了货币政策传导效果。第五章在第三、四章基础上，使用计量模型进行实证分析，提供了新的证据验证负利率传导效果降低的原因。在理论判断和数据检验的帮助下本书能更准确地解析负利率对经济波动的具体影响，以及阻碍负利率有效传导的因素。第六章对全书研究进行总结并提出有针对性的政策建议，以便在适应中国具体国情的前提下，做到未雨绸缪，更精准地应对未来中国可能遇见的经济挑战。

    通过理论判断和数据检验，本书得出如下结论：第一，在研究了实施负利率国家的宏观经济表现后，我们发现这些国家在推行负利率之前普遍呈现经济增长乏力、通货膨胀水平偏低、人口增长缓慢、失业率较高以及货币面临升值压力等特征。在此基础上，该书全面评估了中国在应对负利率政策所带来的经济挑战方面是否具备相应条件。研究发现，中国的货币政策框架在多个方面与欧元区较为相似，这为实施负利率政策提供了制度基础。第二，负利率 DSGE 理论模型结果表明，短期内负利率的实施确实能够释放流动性、助力经济增长，但是长期维持负利率会损害银行净值、让渡银行利益给实体经济，进而降低银行放贷意愿、削弱负利率政策传导的有效性，降低其对信贷和整体经济改善的贡献。第三，金融理论模型结果表明，负利率的经济刺激效果并不如传统的降息政策有效，一旦政策利率降至一个足够低的负值，存款利率与政策利率间的联系将会被割裂，这会导致依赖存款融资的银行不太可能随政策降息而降低贷款利率，从而破坏负利率政策通过银行的传导效果。第四，实证分析为理论模型提供了证据，证实了负利率政策实施后，银行的净利差和盈利能力受到负面影响，而这种影响的程度还与银行的特征和宏观经济因素有关。

与现有的研究相比，本书的主要创新点体现在：首先，系统地融合理论模型与实证检验、微观与宏观研究、长期和短期分析探索负利率是如何通过银行系统对金融稳定与经济发展产生影响的，同时寻求应对负利率传导过程中潜在问题的策略，丰富了负利率研究内容。其次，在构建宏观经济模型中，本书基于新凯恩斯框架构建高度理论化的动态随机一般均衡（DSGE）模型，引入了主要市场主体、经济特征事实和我国货币政策规则（数量型与价格型），使模型更加贴近我国现实情况。再次，在构建金融模型时，采用数理经济学描述工具，建立符合中国货币政策框架的利率传导机理的微观理论模型。突破传统利率框架，创新性地构建了两个零下限约束——政策利率下限"PLB"和银行可以提供的存款利率下限"DLB"，取代传统的零下限"ZLB"。最后，在实证分析中，使用了一个既庞大又具有强烈时效性，且数据获取难度较大的样本，其中银行资产负债表和业绩数据来源于 Bank Focus、SNL Financial 和 Fitch Connect 数据库，涵盖 27 个 OECD 国家共 13668 家银行 2010 年至 2021 年的数据，为理论模型提供了实证结论的支持。本书试图为负利率政策的制定和实施提供更为科学的参考，为负利率理论研究作出边际性贡献。

综上所述，针对研究结论，本书提出以下政策建议：强化金融监管力度；提升货币政策的规则性和透明度，建立维护物价稳定的坚实公信力；促进金融创新和制度配套；建立经济指标的分析制度和预警机制，加强政策协同力度；严格控制资本从实体经济"脱钩"，确保信贷资金真正服务于实体企业，以促进可持续的经济发展。

目　　录

第一章

绪 论

第一节 研究背景与意义

一、研究背景

2008 年的国际金融危机（GFC：Great Financial Crisis）导致世界经济发展"迅速刹车"，全球经济市场陷入长期停滞的局势中（Summers，2016），从"大稳健"（great moderation）时期向"大衰退"（great recession）时期过渡①，所有主要发达经济体的利率出现下降趋势，并保持在较低水平。长期低利率尤其反映了人口结构变化、技术进步速度放缓以及安全资产供不应求导致的安全资产回报率下降（Bean et al.，2015）。随着经济活动急剧减少，失业率飙升，通货膨胀率降至中央银行的目标水平以下，许多中央银行面临着金融部门受损的局面，传统的宽松货币政策遭遇了零利率下限（ZLB：Zero Lower Bound）的约束，达到了中央银行利用传统工具的极限（Hubrich and Tetlow，2015），宏观经济政策面临巨大挑战，迫使各国央行采取背离既定政策框架的行动（Potter and Smets，2019）。紧张情绪蔓延，央行效能倍感压力，这给全球经济当前所处的道路的持久性带来了严峻的挑战。鉴于此，前美国联邦储备委员会主席本·伯南克（Bernanke）强调应该把负利率、量化宽松和前瞻指引等非常规货币政策作为央行标准工具包（UMPTs：Unconventional Monetary Policy Tools）的一部分，改称为货币政策新工具。美国前财政部部长拉里·萨默斯（Larry Summers）说："当今世界，靠中央银行的应急措施作为增长策略的空间，已经穷尽"，在央行货币政策工具逐渐失

---

① 一般来说，"大稳健"指的是 20 世纪 80 年代初和国际金融危机之间的时期，在此期间，许多国家总体经济水平波动性下降（Bernanke，2004；McConnell et al.，2000）。

灵之时，唯一的货币政策锚——利率也面临挑战（Summers，2016）。利率不仅影响微观主体行为决策，而且对于宏观经济调控以及资源配置有着举足轻重的导向作用，央行需要确立符合经济周期、宏观调控和跨期设计的需求。负利率政策是用于缓解金融危机的货币政策中相对较新的工具（自20世纪90年代以来），只有在特殊的经济环境下才正式颁布（Bernanke，2016）。在全球范围内，我们见证了一个前所未有的经济现象，世界经济迈入"无人区"：全球四大经济体（美国、中国、欧元区、日本）的央行有两家实施负利率政策，加上丹麦、瑞士、瑞典，负利率所覆盖地区的GDP占到全球的约1/4。这种大规模的负利率环境构成了一种独特且复杂的经济局面，历史上几乎没有先例①。自21世纪初以来，国际金融市场从零利率环境逐渐转变为负利率环境，这一趋势日益凸显。更值得关注的是，越来越多的国家已经开始将负利率政策纳入货币政策的选项范围内，鉴于西方国家向全球影响力的投射，中国无法独善其身，中国是否会考虑将负利率作为我国货币政策的备选方案呢？本书试图穿透困局的迷雾探究问题的答案。

2009年7月，瑞典央行首次突破"零利率下限"，拉开了非常规货币政策工具——负利率的序幕，此举被认为货币政策"进入了一片未知领域"，成为亘古未有之奇观。自此以来，许多国家经济同频共振，实施负利率政策的版图不断扩大、影响程度也在不断加深，相继从瑞典扩大到丹麦、欧元区、瑞士以及日本，从商业银行在央行的存款蔓延到银行间市场和债券市场，以刺激经济增长、消费支出以及投资产出（IMF，2021；BIS，2021）。随着结构性和周期性因素使名义利率接近零，低利率环境在2014年达到了一个分水岭，进一步降低了融资条件的需求，推动欧元区实施负利率政策（ECB，2020）。之后，瑞士国家银行在2014年12月18日开始采用负利率，宣布超过某一阈值的即期存款从2015年1月22日开始实施-0.25%的利率。瑞典央行在2015年2月18日将其回购利率降至-0.1%，随后日本银行在2016年1月29日宣布，将对活期账户的部分余额应用-0.1%的利率。这些国家和经济体不止一次降低负利率水平，如图1-1所示，欧洲央行在2014年9月将其存款便利利率降至-0.2%，随后对负利率持续加码，到2015年12月进一步降至-0.3%，2016年3月下调至-0.4%，2019年9月设定为-0.50%；瑞士国家银行则在2015年1月15日宣布进一步降低50个基点的利率，与此同时停止了与欧元的最低汇率；由于丹麦克朗的升值压力，短短两周半的时间内四次降息，导致丹麦央行在2015年2月初将存单利率降至-0.75%，2016年初，由于丹麦克朗的升值压力逆转，利率上调至-0.65%；瑞

---

① 为了应对2008~2009年全球金融危机的严重影响，全球许多中央银行开始尝试一系列非常规货币政策：（1）大规模资产购买（LSAPs）以提高资产价格和货币供应；（2）有针对性的资产购买，以影响选定资产的相对价格；（3）前瞻性指引，旨在降低未来政策利率路径的不确定性。

典央行 2015 年 3 月将利率降至 −0.25%，同年 7 月进一步降至 −0.35%，并在 2016 年 2 月降至 −0.5%。负利率与金融危机之前的常规货币政策存在重大偏离。

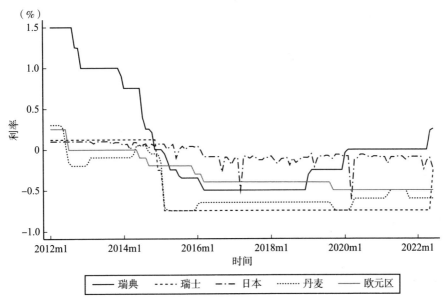

图 1−1 主要国家和经济体政策利率水平
数据来源：欧央行、瑞士央行、瑞典央行、丹麦央行和日本央行。

正如纽约联邦储备副主席詹姆斯·麦克安德鲁斯（McAndrews，2015）描述的，政策利率的零下限就像是陆地和海洋的交界处，你可以步入水中，但每多走一步，你都需要抵抗海水所带来的阻力，"正"与"负"的利率之间存在明显的质的区别，就如同海滩和海洋之间存在着明显的质的区别，低于"零"利率，中央银行会遇到与非负利率相比独特的且递增的成本。负利率实质上是让商业银行为存放在央行的多余现金付费，其目的是鼓励银行贷出这些资金，从而对抗 2008 年全球金融危机后经济的持续疲软。简而言之，负利率出发点是改善融资条件，通过降低短期利率进而传导至中期和长期利率，刺激资产价格和信贷需求，这些融资条件的改善支持消费、投资和出口需求。本书从两个角度进行分析——贷款需求和贷款供给。当政策性利率降为负值时，能有效引导短期利率下行，并传递至中长期利率。在贷款需求端，资产价格下降刺激信贷需求增加、本币贬值，从而提升消费、投资以及出口需求。在贷款供给端，短期内银行存贷利差收紧、资产坏账率上升，利息水平下降往往与收益率曲线平坦化联系，中长期看，当利差收窄，银行为追求更高利润会增加非利息收入，并寻求更高风险资产，可能影响金融稳定性。由于银行业务往往是"借短贷长"，因此期限错配问题凸显。这种错配可能导致银行面临现金流风险，从而引发存款流失和资金脱媒压力，最终影响贷款能力。

其他一些利率接近零区间的央行一直在考虑负政策利率，并没有排除将负利率作为进一步放松货币政策的选项。比如，美国联邦储备局主席珍妮特·耶伦（Janet Yellen）在 2014 年的参议院证词中指出，负利率是美联储"可以考虑推进的事情"，但认为好处相当小。2015 年珍妮特·耶伦又在众议院金融服务委员会证词中表示，如果需要更多的刺激政策，那么包括负利率在内的任何东西都可能被提出来。无独有偶，在 2015 年 10 月 22 日的新闻发布会上，欧洲央行行长马里奥·德拉吉（Mario Draghi）表示："一年前我们已经决定存款工具的负利率将是下限，然后我们看到了各国的经验，现在我们正在考虑进一步降低存款利率。"同年 12 月，加拿大央行行长史蒂芬·波洛兹（Stephen Poloz）表示，加拿大央行（Bank of Canada）具备采取非常规货币政策（负利率）以应对经济挑战的能力，并进一步指出加拿大利率政策的有效下限为 - 0.5%。这一声明突显了加拿大央行对于应对不确定经济环境的决心和策略灵活性，并表明加拿大央行明确提到了负利率的可能性（加拿大央行，2015）。伯南克发现："对负利率的焦虑过头了"，负利率可能仍将是央行未来的一个重要政策选择（Bernanke，2016）。在过去十几年中，一些长期驱动因素导致一系列经济体的自然利率下降到接近零——有时甚至低于零。自然利率的下降始于 20 世纪 80 年代，并在金融危机开始时加速，在金融危机之前四个大型经济体（中国、欧元区、英国和美国）的自然利率水平在 2% 至 3% 之间，截至 2018 年第四季度，估计值介于 - 0.26% 和 1.4% 之间，低自然利率使得中央银行更难以通过常规降息来实施扩张性货币政策，并有必要使用非常规货币政策工具（Holston，2017）。有关中国自然利率水平的研究发现，近些年自然利率呈现出逐步下降态势，实际利率仍高于自然利率平均水平（徐忠和贾彦东，2019；王博和陈开璞，2019）。2020 年 3 月 15 日，美联储出乎预料地采取了大幅度降息行动，将联邦基准利率削减至 0 ~ 0.25% 的区间，距离进入负利率领域仅一步之遥。接着在同年的 5 月 20 日，英国历史性地首次以负利率发行了 37.5 亿英镑的 2023 年到期国债，其收益率达到了 - 0.003%。我国财政部也在 2020 年 11 月 18 日发行了 40 亿欧元主权债券，其中 5 年期 7.5 亿欧元主权债券收益率首次出现负值—— - 0.152%。这一举动说明国际资本对于安全资产的需求，进而扩大对中国安全资产的配置，导致中国资产价格攀升、收益率水平下降、长期利率存在下行风险。债券收益率降为负值也是由于全球政治的不确定性而产生了避险情绪。从中国内部环境来看，中国经济已经步入结构转型期，经济中全要素增长率增速下降，驱使整体利率水平走低；中国正步入人口老龄化阶段，人口增长率出现大幅下降，根据《世界人口展望》2022 年修订版本，预计中国的人口将在 2023 年或更早出现绝对下降，这种现象会使人们的储蓄意愿增强、货币供给上升，会迫使利率水平整体走低，给利率水平下降施加了压力。鉴于此，不能排除我国将负利率政策作为放松货币政策的备选方案。

随着我国在全球经济增长中扮演越来越重要的角色，我国金融机构国际化、金融市场国际化和金融产品国际化进程不断深入，我国金融系统对于外部环境的扰动也变得更为敏感，外部系统性风险极易对我国造成影响。2015 年 2 月 17 日，国务院公布《存款保险条例》，自 2015 年 5 月 1 日起施行，为利率市场化改革消除了最后的制度障碍。这使得更多外国银行愿意进入中国市场，提升了中国金融系统的开放程度，推动银行业的市场化，有助于加强市场利率与政策利率之间的关联性，使得央行通过调整政策利率更有效地影响市场利率。我国持续推进利率市场化改革，既适应中国国情，又与国际基本接轨，在有序放松利率管制的同时，高度重视建立健全由市场供求决定利率、中央银行通过运用货币政策工具引导市场利率的市场化利率体系，发挥好利率对宏观经济运行的重要调节功能（易纲，2021）。2023 年第一季度《中国货币政策执行报告》表明，一季度国内生产总值（GDP）同比增长 4.5%，居民消费价格指数（CPI）同比上涨 1.3%。政策表明，首先，保持货币信贷合理增长，3 月 17 日宣布降低存款准备金 0.25 个百分点，并运用再贷款、中期借贷便利等方式投放流动性，然后推动降低综合融资成本，持续释放贷款市场报价利率改革效能，发挥好存款利率市场化调整机制重要作用，以满足我国货币政策的最终目标，即"保持货币币值稳定，促进经济增长"。2023 年 6 月 13 日，中国人民银行公布的隔夜、7 天、1 个月常备借贷便利利率分别为 2.75%、2.90%、3.25%，较上月下降 10 个基点，发挥了利率走廊上限的作用。2023 年 10 月召开的中央金融工作会议强调要着力打造现代金融机构和市场体系，疏通资金进入实体经济的渠道，并且在总结中国货币政策执行状况时表示，央行公开市场逆回购操作利率和中期借贷便利（MLF）利率分别累计下降 20 个、25 个基点，引导 1 年期、5 年期以上贷款市场报价利率（LPR）分别累计下降 20 个、10 个基点。在此背景下，截至 2023 年 12 月 23 日，工商银行、农业银行、建设银行、中国银行、交通银行、邮储银行六大国有银行均已官宣调降存款挂牌利率。这也是时隔 3 个月、继 2023 年 6 月和 9 月后，主要商业银行迎来的年内第三次存款利率下调。与同年前两次存款利率调整相似，长期限存款利率的降幅最大。2024 年 2 月 20 日，中国人民银行授权全国银行间同业拆借中心公布贷款市场报价利率（LPR）为：1 年期 LPR 为 3.45% 维持不变，5 年期以上 LPR 为 3.95%，较 1 月份大幅下降 25 个基点，如图 1-2 所示。在当前主要经济体持续加息的压力下，中国的政策利率却选择背道而驰，是否会处在"负利率"时期的转折点？从表面上看，国内外利率水平存在巨大差异，然而，立足负利率的经济与社会根源加以分析，中国正处在发展战略机遇期，有新的重大机遇打开大门，对我国货币政策提出了更高的要求。与此同时，2023 年 12 月召开的中央经济工作会议提出，强化宏观政策逆周期和跨周期调节，加强政策工具创新；促进社会综合融资成本稳中有降；引导金融机构加大对数字经济等方面的支持力度；大力发展数字消费等新型消费。在纸质货币时代，负利率低到一定程度时会出现囤积现金的现象。由于居民和企业若选择持有现金，将会面临一定的成本，特别是在投资机会极度匮乏的情况下，将现金存放在银行相当于将资金的保管、运输以及风险外包给了银行，并支付相应的费用。一旦这个费用高于持有货币的成本，储户就会囤积货币，将货币退出银行体系。然而，数字经济的发展为利率下降至负值提供了技术性支持，也就是说数字货币能够降低金融脱媒的风险，有助于降低持有现金避开存款的风险、降低金融脱媒的临界点。

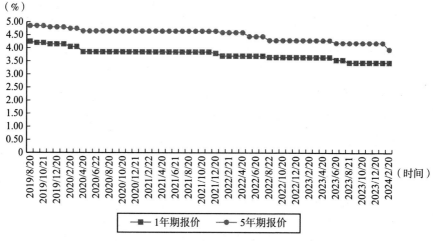

图 1－2　中国银行间同业拆借中心发布的贷款市场报价利率（LPR）
资料来源：中国人民银行。

事实上，及时设计和完善负利率的传导机制框架，从而加强形势预判和前瞻性分析能力，提高对金融风险变化的敏感度以及预测金融风险的准确性。截至目前，"零"并没有证明是中央银行政策利率的技术约束下限。尽管如此，如果利率进一步下降到负值或长时间保持负值，对微观个体行为决策和宏观经济的影响将存在很大的不确定性。负利率是人类面临的全新的金融问题，在经济周期的衰退期或复苏期首次出现，辜朝明在《大衰退：宏观经济学的圣杯》中将经济周期形象地分为"阴""阳"两个阶段，也就是说负利率出现在"阴"的阶段。因此，政策制定者在制定和实施各项经济政策时，应充分考虑和预测经济周期可能发生的变化，进而制定出能够适应各种经济状况的政策，以实现经济的长期稳定和可持续发展。准确识别经济中的趋势与周期，以及潜在产出本身难以界定的问题，是提高政策有效性的关键（Ball et al.，2016）。负利率作为一种日益引发国内外关注的罕见经济现象，至今在学术界和政策界仍然没有达成普遍共识。这一点不仅突显了负利率的复杂性和多维性，也说明其对未来经济政策和研究具有极高的参考价值和挑战性。我国至今尚没有实施负利率政策的宏观经济调控记录，但无论是理论研究界还是政策制定者都曾预言这将是迟早要面临的重大课题，必须未雨绸缪，做好理论与政策研究的超前性准备。随着2021年经济进入新常态，我国经济面临着增长速度换挡期、结构调整阵痛期、前期刺激政策消化期"三期叠加"的严峻考验，经济运行中的各种矛盾和风险不断暴露，并不断集中传导和体现于金融领域，逐渐演化为系统性与全局性风险因素，这些发现对金融稳定有着重要的意义，所以探索负利率的传导机制研究具有较强的时代性、迫切性和重要性。因此如何引入更多的政策工具、强化对市场利率的引导、完善自身的利率调控框架还需要深入研究和长期探索。

二、研究意义

相较于常规的货币政策，非常规的货币政策——"负利率"出现不过十余年，仅有少数发达经济体（欧洲和日本）央行将负利率作为政策工具箱的一部分。然而，我国至今尚没有实施负利率的宏观经济调控记录，对负利率的理论研究还处于初级阶段，对我国货币政策框架提出了挑战。欧洲以及日本已经实施了负利率政策，初步看清楚了问题的根源和解决路径，在某种程度上中国似乎站在当年欧洲和日本驻足的那个拐点。研究负利率以便进一步了解负利率机制的传导，使其成为更加有效的政策工具，欧洲和日本的经验或许能够成为全世界的宝贵财富。在这样的特征事实下，本书对负利率传导机制有效性进行研究，能对我国已有的货币政策实践进行理论补充，从而通过符合国情的理论分析提出更为精准的政策建议，因此本书具有一定的理论意义和实践意义。

（一）理论意义

负利率的实施打破了固有的政策利率存在"零下限"的思想，给理论造成了困扰与挑战。理论上对负利率政策的研究尚处于初步阶段，理论界给出不同的研究观点。但是，这些相异的理论观点都建立在金融中介的健康和生存能力是宏观经济和货币政策的关键驱动力上。本书试从负利率通过银行系统传导机制视角，探索货币政策传递效果，拓展我国货币政策理论的研究方法，这将有利于进一步健全符合我国国情的货币政策理论体系。当前中国处于利率市场化的过程，也是货币政策框架转型的过程，中国货币政策中介目标逐渐从数量型为主转变为价格型为主，研究负利率如何在新的货币政策框架下有效传导具有重要的理论价值。而且中国作为近年来全球话语权不断提高的大国和全球最大的新兴市场国家，货币政策理论研究必将受到国际社会的高度关注，并有效充实国际货币政策理论，因此，从理论意义上看，本书研究不论是从国内视角还是国际视角看都具有较高的学术价值。

（二）实践意义

准确理解和应用负利率政策对于宏观经济调控以及资源配置具有重要的实践意义，本书所构建的理论模型可以直接用来政策实验和研究预测。中国目前利率"两轨并一轨"的进程不断加快，已经进入利率市场化改革的关键阶段。货币政策逐渐从传统的数量型向价格型转轨，当前处在数量与价格调控并存的模式，完备的利率体系迫切需要货币政策锚定金融周期中的潜在产出、自然利率等综合因素，以实现资源有效配置。对于现阶段金融业务迅速发展、金融结构日益复杂和金融风险趋于隐蔽的我国而言，探寻发达经济体负利率政策对中国货币市场影响显得尤为必要。因此，从实践意义上看，本书研究对我国在经济新常态下货币政策框架的调整、利率调控机制的完善具有一定的参考价值，也使政策制定者在政策出台前对政策有一个大致的把握，为后期实践活动做准备，以增强决策的有效性和科学性。

第二节　文　献　综　述

《管子·禁藏》说："利之所在，虽千仞之山，无所不上，深渊之下，无所不入焉"。利率是现代货币金融体系的"牛鼻子"。货币政策通过利率影响货币供求进而调控币值，银行的信贷杠杆、资本金积累以及流动性资产配置等，既是利率水平变化的长期结果，也是当下利率水平的市场反应。利率（金融价格变量）是联结宏观和微观金融理论的枢纽，其重要性可见一斑。负利率作为一种非常规货币政策是人类面临的全新的宏观经济问题，由于其在理论和实践中都具有显著的重要性，该议题已逐渐成为研究焦点。鉴于此，国内外的多位学者已对这一复杂问题进行了深入研究，并作出了诸多有价值的贡献。本节将回顾经济学主要流派对负利率研究的思想渊源，鉴往知来，系统深入地梳理国内外相关研究，为负利率传导机制、对微观个体以及对宏观经济的影响研究作铺垫，为探讨金融与实体经济的关系提供一套系统的分析框架。兼听则明，有利于更全面地掌握负利率的最新进程和研究前沿，也方便在随后章节中阐述本书研究与现有研究的继承关系。

一、利率理论历史沿革

从古梵语的 prayog 到拉丁语 intereo 再到现代英语的 interest，利率在人类历史上有着悠久的历史。《汉谟拉比法典》是已知的最古老的法定利率制度的例子之一，可以追溯到公元前 2000 年左右。主流利率史的发展轨迹与西方政治历史的发展轨迹相似（贯穿美索不达米亚、古希腊古罗马、中世纪的东欧、现代时期的欧洲和美洲），他们还制定了关于利率的规定和限制。这些规定旨在平衡借贷双方的权益，并确保借款人和债权人之间的公平交易（Homer，1996）。随着时间的推移、金融体系的发展和货币的广泛使用，利率的理论得到了进一步的发展。利率被定义为借贷资金的价格、金融市场的价格基准、调节市场均衡的工具、现代银行货币体系的锚、现代货币金融体系的"牛鼻子"。货币政策通过利率影响货币供求进而调控币值、银行的信贷杠杆、资本金积累以及流动性资产配置等，既是利率水平变化的长期结果，也是当下利率水平的市场反应。

马克思并没有提出明确的利率理论，他的经济理论主要集中在资本主义经济体系的分析和批判上，而对利率的详细论述较为有限。然而，从《资本论》第三卷中可以找到一些关于利率的思考。他讨论了金融资本的兴起和对经济的影响，并指出金融资本在资本主义经济中起着重要的调节和中介作用。金融资本通过金融市场上的贷款、股票、债券等工具，实现对资本的集中和再分配。然而，他并未详细探讨金融资本对利率的决定性影响。后来的马克思主义经济学家在马克思的思想基础上继续发展了利率理论，提出了自己的观点和分析。其中，罗莎·卢森堡（Rosa Luxemburg）在其著作《资本积累论》中讨论了利息和资本主义扩张之间的关系。她认为利息是指资本家通过贷款向生产者提供资金时所收取的费用或报酬，也是资本主义经济体系中的一种资本主义增殖形式。卢森堡的利率理论与传统的古典经济学观点不同，她将利率与资本主义扩张和资金需求联系在一起。她强调了资本主义经济的内在矛盾和对外部市场的依赖，以及利率在这一过程中的重要作用。

古典利率理论由 18 世纪至 19 世纪初的古典经济学派的代表人物亚当·斯密（Adam Smith）、大卫·李嘉图（David Ricardo）等提出和发展。古典利率理论是可贷资金模型，即利率是由储蓄和投资的供求关系决定的。古典经济学家认为，人们倾向于储蓄一部分收入，而这些储蓄资金可以用于投资。储蓄者愿意把资金存入银行或借贷给其他人，而借款者则支付利息作为获取资金的成本。当储蓄超过投资时，利率下降，以鼓励更多的投资和借贷。相反，当投资超过储蓄时，利率上升，以减少借贷和投资。该理论强调了市场的力量，即市场的自我调节能力和市场的均衡性而非政府干预的力量。然而，古典利率理论是建立在完全竞争市场的背景下，排除其他因素干扰。在现代经济中，利率的决定受到更多因素的影响，如中央银行的决策、金融市场的波动和跨国市场的溢出效应等。因此，古典利率理论在解释现代利率形成机制时受到限制。

奥地利学派的利率理论是由20世纪初的奥地利经济学家路德维希·冯·米塞斯（Ludwig von Mises）和弗里德里希·哈耶克（Friedrich Hayek）提出的。该理论强调了市场利率的形成是由资本供求关系决定的，当资本供给超过需求时，市场上的资金较为充裕，利率会下降，以鼓励更多的投资和借贷；相反，当资本需求超过供给时，市场上的资金相对紧缺，利率会上升，以抑制过度的投资和借贷。同时，该理论强调市场利率的形成是基于个体行为者的理性决策，他们会根据预期的投资回报和风险来评估利率。这与其他学派强调预期和理性行为对利率的影响相呼应。此外，奥地利学派还强调市场的竞争机制对利率形成的重要性。他们认为，市场竞争可以有效地调整资本供求关系，使市场利率趋于均衡。他们主张自由市场和无政府主义，认为政府干预和货币扩张会扰乱市场利率的形成。庞巴维克认为利息是"……资本上得到经常性的纯收入……利息是由资本卵育而成"，以及他认为"利率是一个国家文化水平的反映，一个民族的智力和道德力量越强大，其利率水平越低"。做出如此判断，大概与其所处时代的局限性有关。

流动性偏好理论由凯恩斯（John Maynard Keynes）提出，在其著作《通论》中指出利率取决于人们对流动性的需求和偏好。人们愿意获得利息作为放弃流动性的补偿：当流动性需求较高时，利率上升；反之，利率下降。即利息的本质是一种补偿，用于抵消人们对当前消费和未来消费之间的偏好差异。根据凯恩斯的理论，人们更倾向于当前的消费而不是将资源储蓄以供未来使用。因此，他认为借贷和利息的存在是为了提供一种补偿，以吸引人们将一部分资金储蓄起来，从而促进投资和经济增长。利息是一种对资金的需求和供应之间的平衡机制。当投资需求较高时，资金供应相对较少，利率会上升。相反，当投资需求较低时，资金供应相对较多，利率会下降。这种调节作用可以通过货币政策和财政政策来影响和调整，以达到稳定经济的目标。

可贷资金理论是由经济学家约翰·海克（John Hicks）在1935年提出的。该理论强调了利率的决定与可贷资金的供给和需求之间的关系。可贷资金理论认为，利率水平是由可贷资金的供给和需求之间的均衡所决定的。该理论强调了储蓄者和借款者在利率决策中的角色，并认为市场力量可以调节可贷资金市场，以实现利率的均衡。

利率的预期理论由经济学家约翰·穆思（John R. Muth）和罗伯特·卢卡斯（Robert E. Lucas）等人在20世纪70年代提出和发展。该理论认为利率的决定不仅受到当前市场供求关系的影响，还受到市场参与者对未来利率走势预期的影响。该理论认为，当市场参与者对未来经济和货币政策有不同的预期时，他们的行为会引起利率的波动和调整。如果市场参与者预期未来通货膨胀上升，他们可能会要求更高的利率来抵消通胀风险。相反，如果他们预期通货紧缩或经济增长放缓，他们可能会对低利率表示偏好。这使得经济政策制定者需要考虑市场参与者的预期，并相应地制定货币政策和其他宏观经济政策。

利率粘性的观点在20世纪后半叶由新凯恩斯主义经济学家约瑟夫·斯蒂格利茨（Joseph Stiglitz）和罗伯特·巴罗（Robert Barro）等人提出，他们认为在现实经济中，利率受到各种市场和非市场因素的影响并不总是能够迅速调整到均衡水平，而是存在着粘性。这意味着市场利率可能无法迅速适应供求关系的变化，导致市场无法自动实现利率的均衡。这种粘性可能来自多种因素，如信息不对称、有限的理性预期、价格刚性和资金成本等。这些因素会导致市场参与者的行为受到限制，使利率难以迅速调整到其均衡水平。

在追溯利率决定理论发展的历史时，本书发现不同时期的理论具有鲜明的时代特色，甚至可以说每种利率决定理论都是学者为解决当时时代问题而提出的。无论是资本主义早期的古典利率决定理论，还是"大萧条"时期出现的流动性偏好利率决定论，又或者是在"大通胀"时期对IS-LM模型的不断修正，最终在美国利率市场化和价格型货币政策工具取代数量型工具的背景下出现的IS-LM-MP模型，都为当时经济的稳定发展作出了指导性的贡献。

二、负利率概念厘定

负利率（NIRP：Negative Interest Rate Policy）是中央银行采用的一种非常规货币政策工具，其中名义目标利率设定为负值，低于0的理论下限（ECB，2014）。当中央银行将其目标名义利率设定为低于0时，就会出现负利率政策（NIRP）。这一非同寻常的货币政策工具被用来大力鼓励借贷、支出和投资，而不是囤积现金，所以现金将因负存款利率而贬值。银行准备金的负利率并不意味着最具经济相关性的利率（如抵押贷款利率或公司借款利率）将为负值（Bernanke，2016）。2008年金融危机后，在欧洲部分地区和日本等多个司法管辖区，实际上出现了官方设定的负利率（Potter and Smets，2019）。本书在进行研究分析之前，需要对负利率及相关名词进行学术界定。

（一）负利率学术界定

本书所探讨的负利率专指名义负政策利率，即这一利率是名义上的负数，并由央行或其他金融机构公开发布。这种利率是中央银行用以控制和调节市场利率的重要工具，旨在影响社会资金供需平衡。作为一种间接调控信用规模的手段，这一名义负政策利率具有物理性的负数特征，并且是由货币政策制定者设定的。这样的设定对于理解负利率在现代宏观经济政策中的作用和影响具有关键性的意义。其含义涉及三个重要概念"名义利率"、"负利率"和"政策利率"。

1. "名义"利率。

提到名义利率，需要涉及四个相关概念：名义利率、实际利率、中性利率和自然利率。

名义利率是由央行或其他金融机构公开发布的，作为中央银行间接调控信用规模的关键手段之一。通常来说，名义利率没有考虑通货膨胀率的影响，因此它并不能反映资金借出者实际获得的收益。

相较之下，实际利率是在名义利率的基础上，剔除通货膨胀因素后得出的。这一指标更准确地反映了资金的真实成本或收益，因而在经济分析和政策制定中具有更高的参考价值。费雪（Irving Fisher）在解释"吉布森悖论"的时候，首次区分了名义利率和实际利率的概念，即实际利率是指以名义利率经过物价水平调整之后的利率，其计算公式为：

$$rr = \frac{1 + nr}{1 + cpi} - 1 \tag{1.1}$$

其中，rr 为实际利率，nr 为名义利率，cpi 是居民消费物价指数，表示通货膨胀。

中性利率（neutral rate of interest）是从货币政策决策角度出发的利率，定义为与中央银行目标水平的通货膨胀和潜在水平的产出相一致的实际利率（Woodford，2003），即在实施适度货币政策的情况下，实际利率水平与经济产出处于平衡状态的利率水平。中性利率可以用来评估当前货币政策的紧缩或宽松程度。当利率低于中性利率时，货币政策是扩张性的，当利率高于中性利率时，货币政策是收缩性的。

自然利率（natural interest rate）是指当经济以其趋势增长时，与稳定的通货膨胀相一致的利率。新凯恩斯主义文献将自然利率定义为在工资和价格没有名义刚性的经济中，在均衡中占主导地位的实际利率。自然利率反映了经济中的结构性因素和长期经济增长的趋势，它与货币政策和经济周期无关。在一个理想化的、无摩擦的经济社会中，土地、资本和劳动等各种生产要素的回报都应与经济增长紧密相连，并趋向于一个均等的预期资本回报率。这样的设想暗示着各个投入要素在市场中应该得到合理且均衡的回报，以维持整体经济的健康和稳定增长（Wicksell，1898），因此，自然利率也是中央银行通常寻求在中期产生的实际利率（Laubach and Williams，2003），它并不是固定不变，而是会受到不同冲击的影响并且包含周期波动与趋势变化的成分（Woodford，2003）。由于自然利率实际上反映了实体经济部门资本的边际生产力，因此它是一种与经济活动紧密相关的内生变量。与此不同，名义利率并没有直接反映这一经济内在属性，两者之间并没有直接联系。这一观点进一步凸显了自然利率在理解和分析经济动态中的关键作用。自然利率的水平越低，某一特定冲击推动利率接近有效下限的可能性就越大。许多研究使用了各种期限结构和宏观经济模型以及不同的方法来提供自然利率的估计值。大多数研究发现，自然利率的下降始于20世纪80年代，并在金融危机开始时加速。在金融危机之前，四个大型经济体（中国、欧元区、英国和美国）的自然利率水平在2%至3%，截至2018年第四季度，估计值介于 -0.26%和1.4%（Holston，2017）。一些研究人员使用19世纪以来的历史数据，对全球利率趋势提供了一个更长期的视角（Del Negro et al.，2018；Hamilton et al.，2016；Borio et al.，2017）。

2. "负"利率。

"负"利率是指目标利率设定为负值，低于0的理论下限。负政策是非传统的，因为它意味着超额准备金的所有者将超额准备金存放在央行会产生成本，从而颠覆了货币经济中利息支付流动的通常模式。这还意味着对可能利率范围的感知会一次性扩大，从而影响代理人未来利率预期的形成，进而需要对政策框架的操作细节进行一些调整（Potter and Smets，2019）。

负利率是对银行征收的一种税，将这种税负转嫁给借款人（Ball et al.，2016）。实际上，这种政策变相对纸币形成了补贴，因为纸币的名义回报率为零，已经高于其他短期资产在负利率下的回报（Rognlie，2016）。

3. "政策"利率。

所谓政策利率，是指中央银行确定并对外公布的、用于反映货币政策调控意图的利率或利率组合，既可以是市场利率，也可以是央行操作利率（李波，2018）。金融市场上有许多不同的利率，但一国央行设定的政策利率是该国经济中借贷成本的关键基准。中央银行根据经济周期的变化改变政策利率，并通过影响许多不同的（主要是短期）利率来引导国家经济。较高的政策利率刺激储蓄，而较低的政策利率刺激消费，降低商业投资成本。中性利率是央行制定政策利率的重要参考，其定义是一种既不促进也不抑制经济活动的均衡利率水平。当利率低于中性利率时，货币政策是扩张性的，当利率高于中性利率时，货币政策是收缩性的。为了更有效地实现政策利率目标并对市场利率进行精准调控，越来越多的中央银行不仅设定政策利率，还通过提供给商业银行和其他金融机构的存款和贷款便利来实现这一目的。通过这种方式，中央银行利用所设定的存款和贷款便利利率区间来稳定和引导市场利率，这一机制通常被称为"利率走廊机制"。目前，欧洲央行、英格兰银行等多个主要的金融机构已经采用了这种结合政策利率和利率走廊的复合调控模式（李波，2018）。

综上所述，采用 NIRP 意味着向在央行持有超额准备金的银行收取费用，因此，这增强了它们扩大放贷、试图减少准备金持有量的动机。在 19 世纪末，格赛尔（Silvio Gesell）提出将利率设为负值的观点引起学界的关注，并取得了一些研究成果，他认为负利率是对货币持有者进行征税，用这样的机制促进货币的流动性，因此也被称为格塞尔税。凯恩斯在他的著作《就业、利息与货币通论》中表示，尽管对货币持有者征税的方案存在一定的技术障碍，但他对此行为持积极的态度。在 21 世纪初，以格赛尔税的角度设计出的持有货币成本（持有税，Carry Tax）又站上了历史舞台，即名义利率水平可以出现负值（Goodfriend，2000；Buiter，2009）。

（二）相关名词学术界定

1. 零利率下限。

零利率下限（ZLB：Zero Lower Bound）文献始于费勒和马迪根（Fuhrer and Madigan，1997），他们认为一种央行负债——纸币的名义回报在技术上被限制为零。如果其他资产的名义利率为负，人们担心对纸币的需求将变得无限。克鲁格曼（Krugman，1998）早期有影响力的贡献是用预付现金约束对货币需求进行建模，一旦这一约束不再有效，名义利率就会降至零——但不可能进一步下降，因为个人更喜欢持有零利率的资金，而不是以更低的利率放贷。因此，零利率下限的传统论点归结为零收益率的现金比收益率更低的债券或存款更好，任何将利率推至零以下的尝试都将导致现金需求的爆炸（Rognlie，2016）。在学术文献中，通过物理货币存储价值来获得零名义利息的可能性是零利率下限概念的主要动机。负利率相当于对银行征税，与传统故事相反，在传统故事中正利率相当于对现金征税，导致公众降低对现金的需求。与更复杂的代理人相比，家庭可能只是对负利率做出更本能的反应，将负利率视为"不正常"或"偷窃"，所以零利率可能是一个心理门槛（Alsterlind et al.，2015）。弗里德曼（Milton Friedman）在 1969 年出版的《货币的最佳数量及其他论文》一书中明确表述名义利率的最佳水平应该为"零"这个观点——既没有税收也没有补贴，这也就是后来所说的

"弗里德曼规则"。类似的，埃格特松和伍德福德（Eggertsson and Woodford，2003）假设实际货币余额进入效用函数，一旦余额超过某个饱和水平，货币的边际效用恰好为零。同样，利率可以降至零，但不会更低：一旦货币的边际效用为零，以货币形式持有财富与以债券形式持有财富没有什么区别，如果债券支付较低的利率，就会无限地转向货币。实证文献也主张存款利率可能存在零下限的假设（Bubeck et al.，2020；Heider et al.，2019；Brunnermeier et al.，2018）。在低通胀和均衡实际利率下降的环境下，负利率通过有效消除零下限（ZLB）来恢复中央银行的信号传递能力（IMF，2016）。

瑞士、丹麦和瑞典央行以负利率为目标取得了明显的成功，并且没有对其货币框架做出任何重大改变。包括美联储和欧洲央行在内的其他主要央行的政策制定者最近也暗示了效仿的可能性。所以，政界与学界对零利率是否真的是一个有意义的障碍存在质疑（Rognlie，2016）。有学者认为名义利率存在零利率下限，即利率总是正的：如果持有货币的成本可以忽略不计，只要利率不大于零，持有货币总会比贷出货币有利可图（Hicks，1937）。这是货币经济学支柱——弗里德曼规则的另一面，"弗里德曼规则"认为名义利率应该最优设定为零，任何偏离零的行为都会造成福利损失，该规则也被用来论证正名义利率是次优的。正名义利率存在一定优势，它是垄断利润征收间接税的最佳选择（Schmitt-Grohé and Uribe，2014）。与希克斯（Hicks）的假设相反，持有现金的成本不容忽视。马修·罗根利（Matthew Rognlie）建立了一个现金使用模型，其中这些成本使利率成为负值成为可能。然而，正是这些相同的成本使得负利率成为一种不完美的政策工具：由于现金回报更高，即使边际成本超过收益，家庭也持有现金。对现金的扭曲性补贴造成了无谓损失（Rognlie，2016）。在现金需求不为零的基线情况下，马修·罗根利证明了使用负利率通常是最优的，零利率绝不是一个硬约束，而是一个央行在需要提振经济活动时应该超越的门槛。"零"不再具有约束，负利率可能是更可取的（Costa and Werning，2008）。尽管显著的负利率可能是可行的，但在引发转向现金之前，将利率保持在 -0.5% 左右超过一年或两年也许是不可能的，"除非以某种方式限制银行储备转换为现金"。当然，这将是货币体系运作的一个重大变化（Bean，2013）。诚然，较高的总需求和资产质量有助于提高投资收入、降低融资成本和拨备支出，从而减轻了迄今为止对欧元区银行盈利能力的不利影响，并支持了 NIRP 的经济下限可能远低于 ZLB 的观点（Cœuré，2016b）。然而，随着时间的推移，这些益处已经减弱，尤其是在政策利率的传递率较高、信贷需求较低的国家，这限制了银行增加贷款以抵消较低贷款利率影响的程度（IMF，2016）。

有学者通过讨论取消或限制现金的流动的可行性，探讨了突破零下限的可能性，如哈佛大学的肯尼斯·罗格夫（Kenneth Rogoff）、美联储经济学家马尔文·古德弗兰德（Marvin Goodfriend），实际上各国央行也在研究电子货币的可行性，如果消费者持有现金受到限制，那么零利率下限可以被突破，并且负利率的下限空间将大幅拓展。

2. 有效下限。

有效下限（ELB：Effective Lower Bound）是货币政策中的一个术语，用于描述央行为刺激经济而设定的短期利率的理论下限。ELB 被认为是进一步降低利率对经济影响很小或没有影响，甚至可能产生负面影响的临界点。ELB 对央行来说是一个重要的概念，因为它可以限制央行在衰退或低通胀时期利用利率政策刺激经济增长的能力。

ELB 由两个因素共同决定，这两个因素在不同的金融体系中可能有所不同。首先，持有现金的成本（持有现金的便利性和储存现金的成本之间的差额）为借贷资金的净回报可能下降的幅度设定了一个下限。其次，金融中介对极低利率的反应，可能会阻止利率进一步传导至经济体中的融资利率。理论上，存在一个"逆转利率"阈值，低于该阈值，政策利率下降将引发收缩性市场调整，并限制供应或增加信贷成本（Brunnermeier et al.，2018）。这表明一旦政策利率达到 ELB，通胀预期就会与之脱钩。

最近对 ELB 的分析主要集中在代理人更愿意持有现金而不是银行存款的负利率上。因此，现金的存储、保险、保管和运输成本是决定 ELB 的关键。据估计，储存现金的比例为 0.2% 至 1%，尽管这可能在一定程度上取决于钞票的规模。由于瑞士法郎面值较大（1000 法郎约 993 美元），存储、运输和便利的成本可能低于丹麦（最大面值为 1000 克朗约 141 美元）或欧元区（最大面值为 500 欧元约 530 美元）。便利的成本可以粗略地用信用卡和借记卡交换费来代表，这些费用平均每年为 1% 至 3%（Keohane，2015）。这可能表明，略低于 2% 的负政策利率是可能的，而不会促使储户逃离，尽管具体国家的因素和负政策利率的预期持续时间将是决定 ELB 的重要因素（Jackson，2015）。欧洲央行的分析表明，在所研究的 13 个欧元区国家中，现金的单位社会成本约为每欧元交易 2.3 美分，成本因使用现金而异（Schmiedel et al.，2012）。那些较少依赖现金的国家具有相对较高的社会成本，在丹麦，可比的社会成本为 3.8%，这表明丹麦的 ELB 可能低于其他一些欧盟成员国（Jensen and Spange，2015）。通过以实物货币储存价值来赚取零名义利息的可能性是学术文献中有效下限概念的主要动机[1]。到目前

---

① 如果持有货币的成本可以忽略不计，那么如果利率不大于零，持有货币总会比贷出货币有利可图。因此，利率必须总是正的（Hicks，1937）。

为止，负利率尚未导致欧元区、瑞典、瑞士和丹麦现金需求异常激增，尽管这可能是因为零售储户迄今为止一直不受负利率的影响。考虑到运输、存储、保险和其他与持有大量现金相关的成本，名义利率的有效下限在零以下。然而，如果利率在很长一段时间内保持或预计保持为负，有效下限可能会上升。代理商可能开始适应新环境，并开始创新，以降低与实物货币使用相关的成本（McAndrews，2015）。银行部门限制负利率传递的能力是决定有效下限的一个重要因素（Alsterlind et al.，2015）。其他制度因素，如可调整利率抵押贷款和更普遍的浮动利率债务的流行，可能会扩大代理人对负利率的敞口，并影响央行将利率转移到负区间的技术空间（BIS，2016）。

研究表明，近些年 ELB 理论值在下降，导致下降的原因主要有三个：一是人口变化因素，随着预期寿命的延长，预期退休时间延长，预期储蓄增加，这一效应通常会抵消抚养比上升导致的储蓄下降，ELB 已经下降了至少一个百分点（Carvalho et al.，2016；Lisack et al.，2017）。二是金融危机后出现经济长期停滞，生产率增长趋势放缓（Gordon，2015），以及风险认知的变化加剧了资本需求的下降（Kozlowski，2018）。三是全球储蓄盈余导致对流动性和安全性资产的需求的长期增长，降低了政府证券相对于风险资产的回报（Del Negro et al.，2017）。

3. 流动性陷阱。

流动性陷阱最早由经济学家约翰·梅纳德·凯恩斯（John Maynard Keynes）提出，他将流动性陷阱定义为当利率降低以至于大多数人宁愿让现金闲置而不是将钱投入债券和其他债务工具时可能出现的情况。凯恩斯说，其结果是让货币政策制定者无力通过增加货币供应或进一步降低利率来刺激增长。当消费者和投资者因为相信利率将很快上升而将现金放在支票和储蓄账户中时，流动性陷阱就可能出现。这将导致债券价格下跌，降低债券的吸引力。自凯恩斯时代以来，流动性陷阱一词被更广泛地用来描述因担心可能会发生负面事件而广泛囤积现金所导致的经济增长缓慢的状况。辜朝明（Richard C. Koo）在《大衰退：宏观经济学的圣杯》中分析了日本平成泡沫经济时期，他认为将流动性陷阱看作借贷方行为转变的结果，问题就迎刃而解，流动性陷阱的根本成因在于借贷方行为的变迁，而非出于放贷方的因素。这一观点重新定位了流动性陷阱问题的焦点，强调了借贷方在整个借贷关系中的关键作用。他认为利率水平与流动性陷阱之间毫无关联，实际上，这个陷阱在企业将其目标从利润最大化转移到负债最小化的那一刻就已经出现。有学者使用零利率下限（ZLB）对流动性陷阱的情景进行研究（Eggertsson and Woodford，2003；Werning，2011）。

4. 利率走廊。

20 世纪 80 年代以来，多数发达国家的货币政策框架完成了从数量型向价格型的转变，即货币政策操控目标从货币供给量为中介目标向以利率为中介目标的框架转型。依据国际经验来看，绝大多数经济体的央行将市场利率选为货币政策的操作目标。这些央行通常采用一种综合性的利率调控机制，即将政策利率与利率走廊相结合。这种复合调控模式旨在更精准、更有效地对市场利率进行微调，以达到货币政策的既定目标。利率走廊的操作原理是：中央银行向商业银行提供存贷款便利工具，贷款便利工具（i^l）和存款便利工具（i^d）分别是利率走廊的上限和下限，目标利率为（i^*），目的是将货币市场利率控制在上限与下限之内，围绕在目标利率附近。贷款便利利率（i^l）是央行按需向商业银行提供贷款的价格，由于商业银行可以以贷款便利利率（i^l）从央行贷款，即不用从市场以高于贷款便利利率（i^l）融入资金，所以贷款便利利率（i^l）起到了利率走廊上限的作用。同样，存款便利利率（i^d）是央行对商业银行存放在央行的资金支付的利息，由于商业银行可以将剩余资金存入央行以存款便利利率（i^d）获得利息收入，就不会有商业银行愿意以低于存款便利利率（i^d）的价格向市场拆出资金，因此存款便利利率（i^d）便是利率走廊的下限，如图 1 – 3 所示。

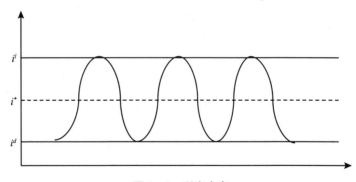

图 1 – 3 利率走廊

负利率实施时，各央行主要调整的是利率走廊的下限，即商业银行向中央银行存款的利率水平。由于发达经济体目前已经完成了利率市场化的目标，日本、丹麦、瑞典、瑞士的央行及欧洲央行只能通过利率走廊对银行间同业拆借市场利率进行间接调控，并不能直接控制零售市场的存贷款利率。为了能够有效地将市场利率控制在目标区间以内，中央银行需要结合市场机制调控政策利率水平。欧洲央行将利率走廊下限的存款便利利率降到了零以下（作为利率中枢的主要再融资操作利率仍维持在零利率水平），存款便利利率（DFR），即银行将资金存放在欧洲央行过夜所获得的利息——或在负利率时期必须支付的利息。此外，主要再融资操作（MRO）利率是银行从欧洲央行借入一周资金时支付的利率，与此同时必须提供抵押品来保证这些钱会被偿还。边际贷款工具利率（MLF），即银行可以从欧洲央行借入隔夜资金的利率（这比他们借入一周资金的成本更高）。欧洲央行每六周设定这三个利率，作为其保持欧元区物价稳定工作的一部分（ECB，2022）。丹麦将利率走廊下限存单利率设为负值，瑞典央行将利率中枢降到零以下，瑞士央行仅对银行机构存放在央行的部分资金实行负利率，日本央行对金融机构存放央行的资金分层管理实行负利率。如表1-1所示。

表1-1 主要央行利率走廊

央行名称	利率走廊（由左至右依次为下限到上限）		
欧洲央行 （ECB：European Central Bank）	存款便利利率* （Deposit facility rate）	主要再融资利率 （Main refinancing operations rate）	边际贷款工具利率 （Marginal lending facility rate）
瑞典央行 （Riksbank）	存款利率 （Fine - Tuning Deposit Rate）	回购利率* （Repo Rate）	贷款利率 （Fine - Tuning Borrowing Rate）
丹麦央行 （Danmarks National bank）	存单利率* （Deposit Rate）	活期存款利率 （7 - day Lending Rate）	贷款利率 （Lending Rate）
瑞士央行 （SNB：Swiss National Bank）	3个月Libor目标区间下限 （200基点宽度）* （Target range for the three-month Libor）	即期存款利率 （overnight deposit rate）	3个月Libor目标区间上限 （200基点宽度） （Target range for the three-month Libor）
日本央行 （BOJ：Bank of Japan）	基本余额利率 （Interest rate applied to the Basic Balance）	短期政策利率 （Short-term policy interest rate）	贷款基准利率 （Interest rate on the Complementary Deposit Facility）
中国人民银行 （PBOC：The People's Bank of China）	超额存款准备金利率 （Excess deposit reserve interest rate）	7天逆回购利率 （7 - day reverse repo rate）	常备借贷便利（SLF）

注：其中标识"＊"代表各个经济体实施负利率的政策利率。Libor指的是伦敦银行间同业拆借利率。同时还存在地板系统（floor system）①，央行设置目标利率为存款准备金利率，如日本。

资料来源：欧洲央行，瑞典央行，丹麦国家银行，瑞士央行，日本央行以及中国人民银行。

---

① 央行的地板系统（floor system）是一种货币政策框架，其中中央银行设定一个比市场利率更低的存款利率（地板），通常与其设定的政策利率相一致。在地板系统下，商业银行倾向于把多余的储备金存放在央行，因为这比在银行间市场上借贷更有利。这样，无论商业银行持有多少储备金，央行的政策利率都能有效地传导到市场利率。日本中央银行：自2016年开始，日本中央银行也采取了负利率政策，商业银行将一部分储备金存放在日本中央银行需要支付利息，这也是一种地板系统。

在实施现实负利率政策的过程中，尽管出现了突破传统货币政策零下限的现象，但负利率政策的主要目标是针对商业银行在央行的超额准备金利率。考虑到银行自身的经营，它们通常不会对居民和小企业的存款征收负利率。以欧洲央行为例，负利率政策只是打破了利率走廊下限，而整个利率走廊甚至市场利率通道都并非负值。此外，即使忽略货币的价值尺度功能，货币本身也因为提供流动性便利和作为价值储藏工具的功能而在理论上具有正价值。传统理论认为，央行通过供给"原始存款"，决定了商业银行从央行获取贷款的利率。在负利率政策实施中，除了瑞士的利率走廊上限为负之外，其余都与理论一致。对商业银行实行"惩罚性"负利率并不违背利率的本质理论。因为货币创造过程的起点是基础货币的发行，而这基于市场主体从商业银行（也就是存款创造银行）获取信贷，从而创造了"原始存款"，通过乘数效应进而创造了大量的广义货币。因此，超额准备金实际上是一种无效的供给，因而也就不存在借贷（在央行存款）出的钱取得利息的情况。

三、负利率传导机制

首先考察负利率向贷款和信贷市场收益率传导机制，一般可以细分成三个阶段：第一阶段是隔夜政策利率传导至银行间隔夜拆借利率，此阶段利率期限一致，两者之差反映的是流动性溢价；第二阶段是银行间隔夜拆借利率传导至中长期国债利率，此阶段利率都属于无风险利率，但是存在期限的差异，两者之差可以表示为期限溢价；第三阶段是从中长期国债利率到中长期贷款利率，此时期限一致，两者之差表现的是信用风险溢价，如图1-4所示。在一个顺畅的利率传导机制中，央行与商业银行之间的负利率会传导至银行间市场隔夜利率，而银行间市场隔夜利率加上期限溢价后，又会传导至中长期国债利率。长期国债收益率的下降，正是货币政策对利率期限结构的影响从短期初步传导至长期的结果。

图1-4 负利率向贷款和信贷市场收益率传导

其次讨论更广泛的负利率向实体经济传导有效性问题。这种传导机制关键是金融中介（银行）对资产负债表的管理，银行采取"借短贷长"的形式获得利润，也就形成了资产与负债的期限错配问题，进而影响收益率曲线的变化，从而货币政策经过政策利率向有效需求传导（Keynes，1936），主要是基于货币供给对银行部门资产负债表的影响（Hicks，1937），进而作用于实体经济，实现通货膨胀目标。货币政策应当采取逆周期的"相机抉择"措施，平抑经济的周期性波动。中央银行能够利用政策利率对宏观经济进行调控，所以政策利率既是货币政策调控的中介目标又是操作工具。

适度的负利率传导至货币市场利率的方式与正利率非常相似（Bech and Malkhozov，2016）。负利率意味着，银行在央行持有的准备金不收取利息，而是对超过阈值的准备金收取费用。银行为了避免这笔费用会将更多的货币供给转向其他短期资产，这会扩大货币供给量，但也将压低这些资产的收益率，甚至可能降至负值，导致资产价值上升。此时银行、家庭和企业会面临三种传导渠道：（1）资产负债表渠道，利率水平下降→股票价格上升→金融资产价值上升→家庭资产负债表改善→风险溢价下降→贷款量上升→消费增加→产出上升；（2）财富效应（莫迪利安尼生命周期理论），利率水平下降→股票价格上升→金融资产价值上升→生命周期内可用资金水平上升→消费增加→产出上升；（3）托宾 Q，利率水平下降→股票价格上升→托宾 Q 比率提高→投资增加→产出增长。这一机制表明，托宾 Q 为货币政策传导提供了间接但有效的渠道，强化了利率变动对实体经济的影响。托宾 Q 理论也体现了宏观与微观金融学理论的交织，诺贝尔经济学奖认为其为金融市场及其相关的支出决定、就业、价格和商品等方面的分析作出了重要贡献，以及对财政与货币政策宏观模型作出了贡献。银行和其他投资者避免短期资产负回报的努力应该导致大范围的长期利率下降，如抵押贷款利率和公司债券收益率（Bernanke，2016）。然而，对于负利率是否会通过降低企业和家庭贷款利率（尤其是与银行中介相关的利率）传导至更广泛的经济领域，仍存在疑问。制度和契约约束可能会造成负利率的不连续性，并阻碍货币市场以外的传导。理论上，负利率向经济活动的传导应该类似于让政策利率为正的标准降息。负的中央银行政策利率旨在阻止商业银行在中央银行处存储过量的准备金，以此激励它们增加信贷发放。这种政策不仅有助于降低市场利率，还通过投资组合再平衡效应以及对未来盈利增长的乐观预期，推动资产价格上升。更为灵活的货币政策还将积极影响整体经济前景，并进一步提振投资者和消费者的信心。这种信心上的提振将进一步影响企业和家庭在投资和储蓄方面的决策，从而刺激对国内生产的商品和服务的需求。在资本流动受限的情况下，本币汇率可能面临贬值压力，这将有助于提振外部需求。通货膨胀预期上升导致实际利率下降，进一步推动通货膨胀，如图 1-5 所示。

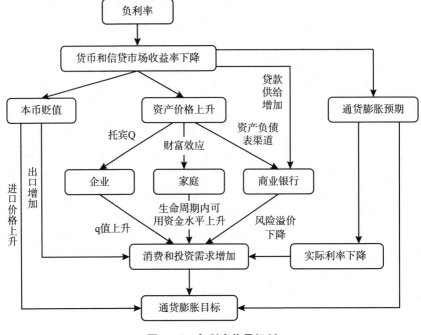

图 1 –5　负利率传导机制

负利率政策还有再分配的影响，会出现替代效应和收入效应，且两个效应方向相反。替代效应，意味着储蓄收益率下降，储蓄意愿随之下降，消费会提前出现；收入效应，意味着负利率降低资本收入，导致消费者开支下降。长期在负利率环境下，人们的消费观会随之发生转变，未来的 1 单位货币比当前的 1 单位货币更具价值。这种情况在通货紧缩持续的情况下是合理的。如果商品和服务的价格普遍下降，那么未来的 0.99 元仍可能具有超过今天 1 元的购买力。此外，由于人口老龄化趋势和过去 20 年间一系列市场冲击的影响，危机情绪可能已经取代了贪婪成为主导力量。为了确保在退休后能够有足够的购买力，人们或许只能将资金借给政府，以便保障未来有足够的现金流。

（一）货币市场机制

负利率帮助降低了各种期限的无风险利率，从而有利于将这种降息传导到企业和家庭融资的广泛领域，这些领域包括企业银行贷款利率（通常期限较短）、抵押贷款利率和企业债券收益率（通常以较长期限和期间发行）（ECB，2020）。

1. 存款利率。

将政策利率下调至负区间的特殊之处在于，与零以上的利率下调不同，它们不会降低所有的短期利率。出于防范挤兑和对银行信誉、竞争力等方面的考虑，商业银行往往不愿意将负利率传导至储户和企业等经济个体。较低的负利率会传导至短期债务负市场利率（如银行间市场利率），但不会传导至较低的零售存款负利率。虽然一般来说，银行渴望在正利率时期降低零售存款利率，但它们不愿意，有时也无法收取负存款利率（Hannan and Berger，1991）。负利率在欧元区存款和短期市场利率不平等传递，当政策利率在2014年6月降至零以下时，3个月期 Euribor 随着较低的政策利率而下降，而存款利率保持相当稳定（Bech and Malkhozov，2016）。存款利率的下行粘性可能导致在有效的货币传导和银行盈利能力之间难以权衡（IMF，2016）。

负利率时期，家庭储户与非金融公司储户存款长期存在差别待遇（Altavilla et al.，2022）。与非金融企业存款利率相比，家庭存款利率面临着更难的零下限，这反映了家庭的转换成本低于非金融企业转换成本的情况。虽然家庭存款量较少，可以随时提取资金并转移到竞争对手的银行或持有现金，但非金融企业由于存款量较大依赖多种金融服务容易被银行套牢（Bittner，2020）。欧元区引入负利率后，没有一家货币金融机构对其家庭储户收取负利率，只有少数银行对其非金融公司储户收取负利率。对于批发投资者来说，持有实物现金成本太高或者根本不可行，批发投资者的人均投资额远远高于散户，这种交易成本可以解释为什么非金融企业的存款利率会变成负值（Heider et al.，2019，2021；Altavilla et al.，2021）。有越来越多的企业储户被收取负利率，尽管相对于利率为正值时，负利率的传递明显减弱（Boucinha and Burlon，2020；Eisenshmidt and Smets，2019；Altavilla et al.，2019）。传统的银行资产负债表渠道出现在葡萄牙、西班牙和荷兰等国家，在这些国家，欧洲央行降息对银行存款利率的传递很强。相比之下，在存款利率接近 ZLB 的国家，如德国和芬兰，或者在立法限制传递的国家，央行降息对银行存款利率的传递就很低（Bittner et al.，2022）。

2. 贷款利率。

当政策利率为负时，严重依赖存款融资银行的净息差会受到负面冲击，由于存款利率面临着零下限约束，而贷款利率仍然随着市场利率的降低而继续下降（Eggertsson and Juelsrud，2019）。较低的政策利率在低利率环境中的传导是不完全的，因为银行从吸收存款中获得的收入较少，因此不愿意降低贷款利率（Wang，2020）。所以，负利率并没有导致政策利率向贷款利率的传递发生变化（Eisenschmidt and Smets，2018）。其他研究结果莫衷一是，有的研究发现贷款利率与负利率趋势一致，约40%的银行以净百分比计算报告企业和购房贷款的贷款利率出现压缩（Boucinha et al.，2020）。负利率在降低货币市场利率方面相当有效，并随着贷款标准的放宽，通过降低企业和家庭的贷款利率传导至更广泛的经济领域（Elliott et al.，2016；Viñals et al.，2016）。相反，有的研究发现贷款利率与负利率趋势相反。在瑞士，瑞士央行实行负利率后，抵押贷款利率上升。有人认为，银行提高抵押贷款利率是为了产生额外收入，以支付瑞士央行账户的负利率，并弥补对冲利率风险的成本增加（Danthine，2018）。瑞典由于政策利率降至负值而导致贷款利率上升，但证据存在不确定性（Eggertsson et al.，2019）。一个重要的例外是，零售存款利率和一些抵押贷款利率，零售存款利率迄今一直保持平稳，而抵押贷款利率却反常地上升了（Bech and Malkhozov，2016）。

3. 基准利率。

负利率在降低货币市场利率方面一直相当有效（Ball et al.，2016；Jobst and Lin，2016；IMF，2017；Grisse and Schumacher，2017；Arteta et al.，2018；Xia and Wu，2018；Eisenschmidt and Smets，2019）。尽管如此，欧洲央行指出，其首次进入负值区域可能与延迟传导有关：2014 年 6 月政策利率首次下调至负值，直到 2015 年 5 月才完全传导至货币市场利率（EONIA[①]）。适度的负政策利率在很大程度上以和正利率同样的方式传导至货币市场和其他利率。

（二）信贷市场机制

学者们对政策利率的变化影响信贷市场做出不同的解释。贝特纳（Bittner）记录了欧元区在 2014 年 6 月实施负利率后的不同传导水平。在葡萄牙，存款利率很高，但银行的融资结构并不重要，资本薄弱的银行会扩大放贷；在德国，存款利率很低，高存款银行只向高风险企业放贷。

来自欧元区的一些证据表明，银行贷款量对负利率的反应是积极活跃的（Demiralp et al.，2017；Basten and Mariathasan，2018；Albertazzi et al.，2021）。欧元区的银行，特别是那些存款份额高的银行，通过扩大对非银行机构的贷款来应对负利率（Altavilla et al.，2019）。负领域的政策降息增加了信贷供应，改善了宏观经济环境，与正领域的降息类似（Inhoffen et al.，2021）。贷款量已经扩大，借款者的信用状况也有所改善，从而缓解了较低的利息利润率对银行整体盈利能力的影响。并通过反事实分析方法说明，如果欧洲央行在 2014 年未实施负利率政策，银行对企业的贷款增长将每年减少约 0.3 个百分点（Boucinha et al.，2020）。欧洲央行工作人员估计，2014 年 7 月至 2016 年，负利率为企业贷款增长

---

① EONIA 是欧元区的一种基准利率，全称是 Euro Overnight Index Average，是指欧元区银行之间进行隔夜存款的利率平均值。EONIA 的计算是由欧洲央行负责的，它基于欧洲银行间隔夜市场上的实际利率交易情况。EONIA 是一个重要的金融市场指标，它在欧元货币市场中被广泛使用，用于计算各种金融工具的利率，例如贷款利率、债券利率、利率互换等。此外，EONIA 还是一些金融合同的标准利率基准，例如债券合同和利率互换合同。

贡献了约一个百分点（Rostagno et al.，2016）。有10%的银行以净百分比计算报告负利率导致企业贷款增加，而购房贷款的占比为15%（Altavilla et al.，2019）。负利率支持了更宽松的金融条件，并促进了信贷的适度扩张，这表明零下限的约束力比以前想象的要小（IMF，2016）。

相反，有研究表明利率传导有效性降低，对信贷的改善作用被削弱。瑞典银行数据记录了更多依赖存款融资的瑞典银行的信贷增长放缓（Eggertsson et al.，2019）。负利率会使低盈利能力银行通过留存收益削弱资本积累，从而削弱了银行增加放贷量的能力（Molyneux et al.，2020）。较低的政策利率不会自动导致更多的银行信贷供应（Bittner et al.，2022）。拥有更多零售存款的欧元区银行减少了贷款，增加了风险承担（Heider et al.，2019）。此外，可以认为资金供应的某些收缩可能是负利率经济体中资本外流激增的结果（Cavallino and Sandri，2019）。更多银行信贷对受约束企业的积极实际影响可能会被总体信贷减少所抵消。对于德国的情况，研究表明，在引入负政策利率后，先前与高存款银行有关系的公司不仅获得的信贷更少（Heider et al.，2019），而且它们还降低了总体杠杆率。这表明企业不能轻易地用银行间的信贷替代债券，或者用银行信贷替代债券。博里奥和甘巴科尔塔（Borio and Gambacorta，2017）还发现，随着政策利率接近零，银行贷款对政策利率下降的反应越来越弱，这表明货币传导机制在信贷渠道上更弱。

（三）资产价格机制

早期有关私人消费与净财富的研究发现，边际消费倾向取决于实际利率水平、家庭净资产值、收入水平，所以资产价格对家庭消费影响很大（Obstfeld and Rogoff，1996）。许多论文研究了银行股票价格对政策利率公告的反应。较低的政策利率在正利率领域增加银行股票价格（English et al.，2018；Potter and Smets，2019）。相反在负利率领域，银行股票价格反应消极，拥有大量存款资金的银行的股价对负政策利率的反应尤其消极（Eggertsson et al.，2019）。海德尔和赛迪（Heider and Saidi，2019）围绕欧洲央行在2014年6月引入负利率对欧元区银行进行了研究，相对于拥有更多市场化融资的银行，拥有大量存款融资的银行损失了市值。存款利率的进一步大幅下调可能会进一步拖累银行股价，因为投资者会对银行的股价产生担忧①。然而，有一部分学者认为，负利率有助于推高股价。阿查亚和普兰蒂（Acharya and Plantin，2018）认为，负利率通过激励银行将到期资产重新配置为风险资产，从而推高了股市价格。虽然宽松货币政策降低了借

---

① 2016年欧洲银行的资产回报率低至0.24%，美国银行的资产回报率为1.0%（IMF，2016）。

贷成本，但股票风险溢价上升，市盈率在 2015 年下半年有所下降，目前平均股本成本已超过股本回报率（IMF，2016）。英格兰银行描述了负利率将如何通过降低资产未来收益的折现率来增加资产价值，报告称负利率意味着公司和家庭可以更便宜地筹集资金，因为他们有更多的抵押品（Monetary Policy Report，2020）。负利率导致无风险利率的降低从而对风险资产价格产生了直接影响，在其他条件相等的情况下，导致股票价格上升、企业和主权债券收益率下降。采用股息折现模型来分析 2014 年 6 月初至 2019 年底股价变动的驱动因素，结果表明，股票价格总体上升的一半是由于折现率中无风险成分的降低导致的（ECB，2020）。资产价格上涨，融资成本降低，负利率下的投资组合再平衡降低了期限和信贷风险溢价，缓解了金融条件，并最终支持了信贷创造和经济活动。由此导致的风险规避下降会提高资产价格，为银行带来资本收益。此外，资产价格上涨（尤其是在通胀率上升的情况下）可能会提高未来收入，增强借款人的还款能力，从而降低银行的预期拨备成本和不良贷款（NPLs）核销费用（IMF，2016）。

当政策利率降至零下限以下时，证券的资本利得（证券资本收益）不太可能仅仅因为利率保持为负而持续下去。正如全球金融体系委员会的报告（CGFS，2018）所指出的，银行可能会继续对其业务进行结构性变革，以应对负利率对银行盈利能力的影响。一些评论者担心负利率会降低财政整合和结构改革的动力。负利率降低了偿债比率，这将为债务可持续性提供更积极的画面，并可能压缩主权债券收益率（Hannoun，2015）。各国的平均存款利率差异如此之大，一个潜在的原因是主权债券收益率的差异，它们与存款利率密切相关。对此的一种解释是，在向家庭和企业提供流动性服务方面，主权债券是存款的替代品（Krishnamurthy and Vissing-Jorgensen，2015）。政府债券收益率与存款利率呈正相关（Bittner et al.，2022）。一个国家的政府债券收益率和同一个国家的银行存款利率之间的联系有几个方面。第一，包括存款在内的银行负债和政府债券是替代品（Krishnamurthy and Vissing-Jorgensen，2015）。当债券利率上升时，银行必须提高存款利率才能吸引和留住存款。第二，银行与政府形成纽带（Brunnermeier et al.，2016；Gennaioli et al.，2018），银行持有政府债券，政府以明示或暗示的方式支持其银行业。银行和政府的金融健康之间的紧密联系，将银行存款利率和政府债券收益率联系在了一起。

负利率对企业通常投资的流动性资产回报率的影响。负利率压缩了流动性资产的回报率，并随着政策利率进一步降至负值以及对未来加息预期的推迟，这种压缩会传递给企业存款。阿尔塔维拉等（Altavilla et al.，2019）通过分析 19 个欧元区国家中超过 300 家银行和 300 万家企业的信息，发现受负存款利率影响的企业的非金融投资呈现出不同的模式，并根据它们的流动性资产持有情况进行了区分，持有大量受负存款利率影响的流动性资产的企业有动力通过增加非金融投资来减少这些流动性资产。与这一实证结果一致，2019年7月至8月对500家德国企业进行的私人部门调查发现，在面对负存款利率时，有32%的企业增加了对自己企业的投资（Commerzbank，2019）。

（四）通货膨胀预期机制

通货膨胀预期机制是指中央银行采取负利率政策时，这一政策对于市场和家庭的通货膨胀预期的影响。中央银行希望通过设定负利率提高人们对未来通货膨胀的预期，从而促使他们在当前时期更多地消费和投资。这种增加的通货膨胀预期进一步鼓励人们在当前时期消费和投资，因为他们预期未来物品和服务的价格会更高。降低利率超过之前认为的 ELB 应该会导致国内货币的疲软，对通货膨胀预期和总体活动产生积极影响。哈亚特（Khayat，2015）为丹麦和欧元区的这一渠道找到了实证支持，这一结果也与瑞士的经验一致（Jordan，2016）。这将有助于缩小产出缺口，并给国内通胀带来上行压力。负利率政策的实施可能改变公众对名义利率有效下限的认知，从而增强央行对实现政策目标承诺的可信度（Praet，2016）。长期的负利率将改变公众预期，可以鼓励人们寻找避免负利率的方法，例如大量提前偿还债务或税收（为了在提前偿还期间获得零利率），或者债权人持有支票而不是将其存入银行（McAndrews，2015）。欧洲央行多次降低负利率，通常被投资者理解为未来的利率削减空间将扩大。因此，市场参与者降低了利率预期，压缩了长期利率（ECB，2020）。

（五）汇率机制

负利率会刺激资本流向高收益地区，从而导致本币贬值。因此，实际期限利差差额的扩大将给本币币值带来下行压力。其他国家较高的通胀率和通胀预期可能会抵消这种影响，此外，负利率对总需求的刺激作用和实际资产价格的上涨可能会抵消本币的贬值压力。由于影响外部需求的因素还有很多，因此很难评估负利率政策对汇率的影响。负利率会促使国际资本外流，导致本币贬值，从而刺激本国出口，进而刺激经济。奥尔等（Auer et al.，2017）分析了负利率如何通过汇率机制增强出口竞争力，当汇率贬值时，国内商品和服务在国际市场上变得更具竞争力，从而刺激出口。然而，汇率贬值的正面效应并非没有代价。在某些情况下，贬值可能抑制外资进入与合资企业发展，导致国际技术合作减少，从而削弱外部技术引入对本国创新能力的带动作用。埃格特松等学者探讨了长期持续的负利率对汇率的影响，发现长期的负利率可能会导致投资者重新评估货币的基本价值，从而导致汇率的长期贬值（Eggertsson et al.，2019）。法尔希和加贝克斯

（Farhi and Gabaix，2016）从金融市场风险的角度指出，负利率可能会增加金融市场的风险感知。这种风险感知可能会导致资本流向安全资产和货币，从而影响汇率水平。

四、负利率政策的有效性

中央银行在正常情况下采取公开市场操作、再贴现、准备金率等常规货币政策来调节市场流动性，以达到货币政策的中介目标和最终目标。但是在 2008 年金融危机过后，除了欧洲央行，欧元区以外的几个欧洲国家的央行（丹麦、匈牙利、挪威、瑞典和瑞士）和日本采用了负利率政策——非常规货币政策。前美国财政部长劳伦斯·萨默斯（Lawrence Henry Summers，2019）将负政策利率称为"黑洞经济学"。负利率最直接的效果是突破了零利率下限约束（ZLB），引导短期利率下行。然而，由于几个原因，NIRP 有效性仍然存在潜在的争议，对于此前未曾经历的问题，尚缺乏理论共识。有学者对于负利率的可取性持怀疑态度（Eggertsson and Woodford，2003；Correia，2013；Hannoun，2015；Ball et al.，2016；Jobst and Lin，2016；Borio，2016；Caruana，2016；Bech and Malkhozov，2016），虽然存款利率在零利率下限约束上的粘性还有待观察，但如果现金需求弹性很大，贷款利率在短期内的下降幅度可能会超过存款利率。这样一来，在不影响银行净利息收益的情况下，存款利率进一步大幅调整的空间就很小了。另外，银行可能也不愿意降低贷款利率，除非它们能通过用批发资金替代更昂贵的存款资金来抵消较低的息差，而存款资金在欧元区银行负债中占很大比重。如果贷款利率变得更加坚挺，货币传导可能会受损，从而降低负利率作为政策措施的有效性（IMF，2016）。与之相反，有学者认为作为一种货币政策工具，负利率似乎既有适度的好处，也有可控的成本（Bernanke，2016；Potter and Smets，2019）。哈佛大学的肯尼斯·罗格夫（Kenneth Rogoff，2017）提出，央行应将更深层次的负利率作为未来货币政策的主要路径，甚至建议实施 -3% 或更低的"激进"负利率政策。他认为，这将有助于阻止金融机构、养老基金和保险公司大量持有现金，从而缓解公司和地方政府实体的破产风险。根据欧洲央行的银行贷款调查，负存款便利利率已通过国内信贷渠道有效传导（ECB，2016a）。以下通过分析负利率对银行、存款客户、实体经济等方面的影响来分析其有效性。

（一）银行视角

从银行视角出发，围绕盈利能力、净息差、非利息收入、成本效率等方面对负利率传导效果进行研究。有学者批判负利率对银行盈利能力、利润率和利润的负面影响，因为银行由于担心失去存款基础，可能不愿意对存款实行负利率（Heider et al.，2019）。负利率实施后银行盈利能力的前景恶化，这与那些拥有高比例浮动利率贷款（并且高度依赖存款资金）的欧元区国家尤为相关，因为低信贷增长加剧了人们对银行盈利能力可持续性的担忧。有学者认为准备金（可能还有其他资产）的负利率如果阻止银行正常放贷，会挤压银行的利润（Bernanke，2016）。因为贷款渠道受到银行预期盈利能力的重要影响，进一步大幅降低存款利率可能会产生递减收益（IMF，2016），如果利润降低，银行补充资本的能力下降，其贷款的能力和意愿也会降低。阿森西奥（Arseneau，2017）使用美国银行数据，通过全面资本分析和审查（CCAR）压力测试，预测政策利率为负的情况下拥有大量短期流动资产的银行盈利能力将大幅下降。在负利率实施之前信贷增长已经疲软的高存款银行可能会面临提高成本效率的额外压力，因为负利率可能会进一步限制它们增加贷款量的能力（Molyneux et al.，2020）。通过削弱盈利能力对银行弹性造成的破坏性影响，已经成为一个重要的制约银行的因素（Bech and Malkhozov，2016；BIS，2016；IMF，2016）。负利率下利息收入的减少还因银行规模而异，大型银行由于具有更大的国际影响力、扩大海外贷款的潜力和更多样化的投资组合，能够更好地减轻负利率对利润率和利润的不利影响（Molyneux et al.，2019）。

负利率主要是通过压缩银行的净息差，来侵蚀银行的盈利能力，银行业利润空间遭到压缩，因为很难将它们传递给零售存款（Borio，2017；Nucera et al.，2017；Arce et al.，2018；Alcaraz et al.，2018；Xia and Wu，2018；Claessens et al.，2018；Molyneux et al.，2019；Potter and Smets，2019；Bubeck et al.，2020）。由于净息差下降，银行通过大幅增加非利息净收入来减轻净利息收入的损失，会减少非利息支出（Lopez et al.，2020）。由于负利率影响银行的渠道众多且复杂，总体影响模糊不清，而且因金融机构和司法管辖区而异。负利率可能会降低贷款利率和存款利率之间的利差，缩小净息差和银行盈利能力（Potter and Smets，2019）。有研究提出了一个存款处于零下限的银行模型，其中金融脆弱性来自银行在息差受到挤压时不再提供流动性服务（Porcellacchia，2023）。埃格特松利用瑞典银行层面的数据证明了类似的紧缩效应，一旦瑞典回购利率为负，依赖存款的银行就会经历较低的贷款增长，因为它们不会降低贷款利率以保持息差（Eggertsson，2020）。而且，大型银行可以有效地利用降息，从交易性固定收益证券中获得收益，同时比规模较小的银行更容易提高手续费和佣金收入（Molyneux et al.，2021），从而可以接受银行的净利息收入下降。非常规货币措施可能会对净利息收入产生负面影响，因为这些措施——尤其是在零下限时——会导致收益率曲线变平。在其他条件相同的情况下，这一机制对那些严重依赖传统中介活动的银行的影响可能更大（Albertazzi et al.，2021）。其他研究评估了负利率前后成本收入比的发展，证实了银行成本支出的改善（Scheiber et al.，2016；Madaschi and Nuevo，2017）。市场认为，一旦利率为负，采用传统业务模式（即发放贷款和发放存款）的银行在金融危机的情况下更有可能资本不足（Nucera et al.，2017）。

相反，也有学者估计低利率环境对银行利润的负面影响很小，而且可能会被低利率促进经济活动的正面影响所抵消（Genay and Podjasek，2014）。尽管一些银行更容易受到低利率环境的影响，但截至2020年，还没有证据表明负利率政策对不同银行业务模式的银行利润产生了整体负面影响（ECB，2020）。银行的盈利能力并没有恶化，因为迄今为止，积极影响已经超过了这些不利影响。许多欧元区银行通过提高贷款量、降低利息支出、减少风险拨备和资本收益，抵消了利息收入的下降（Cœuré，2016）。虽然银行盈利能力是许多欧元区国家长期面临的结构性挑战（Albertazzi and Gambacorta，2009），但在负利率持续了近1.5年之后，总的净利息收益率在2015年底甚至略有改善（IMF，2016）。

（二）存款客户视角

负利率对存款客户的传递可能会受到一些因素的限制，尤其是在短期内。银行可能不愿意对小额零售存款收取负利率，以避免失去长期客户，这些客户可能会选择持有现金或主权债券或转存其他银行（Bubeck et al.，2020；Altavilla et al.，2021）。与企业客户相比，零售客户可以轻松提取存款（Eisenschmidt and Smets，2019）。此外，对于小额存款，银行通常倾向于收取额外费用，而不是将存款利率降为负值（Altavilla et al.，2021）。丹麦国家银行发现负利率并未削弱对货币市场利率的传递，但对银行零售利率的传递有所下降，在零售层面，负利率尚未完全传导至家庭存款和贷款利率，但企业和机构投资者的大量存款普遍受到负利率的影响（Jensen and Spange，2015）。英格兰银行认为，即使政策利率为负，家庭储蓄和一些商业存款的利率也不太可能降至零以下。这是因为个人和一些公司可以从他们的银行账户中提取存款，并将现金"藏在床垫下"，从而避免负利率的惩罚。因此，该观点认为，银行不会向家庭和小企业提供负利率（Monetary Policy Report，2020）。零售和企业存款利率也有所下降，这使得大多数银行能够维持其贷款利润率并支持信贷增长（McAndrews，2015）。在存款粘性压缩了贷款利润率的情况下，银行已将其部分活动转向收费服务或增加贷款量，以抵消利息收入的下降（IMF，2016）。自采用NIRP以来，整个欧元区的货币传导变得更加不均匀，尤其是在家庭贷款方面，浮动利率贷款占比较高的国家的传导性更高。虽然存款利率在ZLB上的粘性还有待观察，但如果现金需求弹性很大，贷款利率在短期内的下降幅度可能会超过存款利率（Rognlie，2015）。如果贷款利率未能调整或客户从银行提取现金，进一步降息可能会削弱货币传导效应（Arnould，2022）。

（三）实体经济视角

负利率政策对整体经济提供的刺激效果在促进融资条件宽松方面非常有效，从而最终有助于维持价格稳定（ECB，2020）。采用 NIRP 意味着向在央行持有超额准备金的银行收取费用，因此，这增强了它们扩大放贷、试图减少准备金持有量的动机。此举旨在通过降低银行和借款人的融资成本，增加贷款供给和需求，从而对实体经济产生积极影响，即通过银行信贷供给影响实体经济（Arce et al.，2018；Bottero et al.，2019；Heider et al.，2019；Eggertsson et al.，2019；Demiralp et al.，2021）。与正领域的降息类似，负领域的政策降息增加了信贷供应，改善了宏观经济环境（Inhoffen et al.，2021）。贝特纳（2020）研究了德国高存款银行为应对欧洲央行 2014 年 6 月将存款便利利率降至负值的决定而承担风险的真实后果，发现风险较高的公司更有可能被银行配给，因此应该表现出更高的资本和劳动力的边际收益水平，那些与高存款银行形成新关系的企业——即高风险企业——确实投资更多并增加了就业。之后，贝特纳（2022）还记录了对意大利企业层面投资和就业的积极影响，并结合对葡萄牙和德国的估计，以及大量其他欧元区国家的银行资产负债表信息和存款利率，预测了将政策利率降至零以下对整个欧元区的影响。随着贷款标准的放宽，负利率也通过降低企业和家庭的贷款利率传导到更广泛的经济领域（IMF，2017）。在对日本负利率政策效果进行检验后发现，负利率政策在短时间内可以对降低失业率、提高产出产生积极的影响，但是幅度较小、期限较短（马理和尤阳，2019）。针对通货膨胀，部分学者研究表明负利率在一定程度上能够提振通货膨胀率（池光胜和肖雨，2020；谭小芬和李昆，2017；范志勇等，2017）。降低存款利率还支持了欧洲央行资产购买计划的投资组合再平衡渠道，鼓励银行将投资从过剩准备金转向风险较高的资产（IMF，2017）。负利率政策与其他政策措施相结合，对欧元区的扩张和支持通胀预期产生了积极影响。根据欧洲体系工作人员的估算，到 2019 年底，实际 GDP 水平比自 2014 年中期以来欧洲央行采取非常规措施之前高出了 2.5 到 3.0 个百分点，对于欧元区通胀率的政策贡献，估计每年平均在 0.33 到 0.5 个百分点。这些估计显示，1/6 的 GDP 增长归因于负利率政策。考虑到负利率领域整体有限的利率调整，这代表了一个切实可行的贡献（Boucinha et al.，2020）。

相反，有学者研究发现，负利率并没有刺激经济增长（伍聪，2012）。在意大利、葡萄牙和西班牙这样具有较高浮动利率贷款份额的国家中，高资产减值加剧了人们对银行盈利能力的担忧，并限制了它们向实体经济提供信贷的能力。对盈余国家的银行来说负存款利率的直接成本可能更大，由于欧洲央行只对超额流动性收取利息，所以在那些银行持有大量超额准备金的国家，收费更高，对经济产生不利影响（IMF，2017）。

（四）从其他长期负债机构视角

负利率和其他国家的政府债券市场在降低短期和长期政府债券收益率方面产生了相当大的影响，一些国家的政府债券收益率变为负值。投资者（尤其是保险公司）可能不愿意或无法购买负现金流证券，而发行担保债券的银行通常会在文件中包含零利率下限，或者隐含地假定零利率下限。这种下限可能会削弱浮动利率贷款、银行为融资而发行的债券以及利率互换（用于对冲相关风险并传递负利息支付）的现金流之间的联系，由此产生的套期保值困难导致了对新工具的需求增加。此类利率会削弱保险公司和养老基金等长期负债机构的盈利能力和稳健性，不仅投资回报能力被大大削弱，而且折现率大幅降低也会放大养老金的偿付义务（Borio et al.，2015；CGFS，2011；Domanski et al.，2015）。当政策利率为负的时候，并不代表其他货币市场利率也都降低为负值会严重扭曲债务人的资产组合以及债务负担能力（Caballero et al.，2008；Kwon et al.，2015），以及会消除投资盈利约束。最终贷款负利率还会给债务过剩的国家企业重组带来一定的滞后性，尤其是在通胀还没有上升的情况下，所以需要严格监督和解决不良贷款以及债务悬置问题（Syed et al.，2009）。这些养老基金和保险公司等金融机构，与银行的情况类似，也都会持有一些公共债券。目前负利率已经传递到国债等公共债券，这样的收益率下降显然没有办法满足这些金融机构持续不断的开支，很有可能使他们入不敷出，所以他们不能忍受长期的负利率水平。

（五）从现金需求视角

负利率一经实施，现金需求问题就引起了广泛的关注与争议。负利率的潜在好处是有限的，因为负利率水平太低会引发货币囤积现象（Bernanke，2016）。就像一些国家对大额存款所做的那样，如果银行最终决定将零售存款利率降至零以下，将增加存款"泄露"到现金的风险。从消费者在零售交易中对现金的偏好可以看出这一点。尽管现金支付的社会成本较高（即金融部门、零售商和家庭的成本），但经验证据表明，消费者有强烈的现金偏好，以避免电子支付的潜在费用。例如，2005年初，丹麦银行和零售商被允许将电子交易的部分成本转嫁给消费者，这在经济上相当于对每一个边际单位的货币支出实行负储蓄利率，此举导致货币交易数量急剧下降（DN，2010），表明社会可接受的最低存款利率可能不会远远低于零利率。负利率对现金需求影响仍然有限，而且现金需求对负利率的反应相当温和（Rognlie，2016）。

依据 2010 年的一项研究，美联储工作人员计算出，考虑到银行储存大量现金在金库里的成本，美国银行的准备金利率实际上不太可能低于大约 -0.35%。然而，自那时以来，一些国家已经实施了远低于这一推定上限的负政策利率，却并未触发大规模的现金囤积。例如，瑞士当前的政策利率为 -0.75%，而瑞典的为 -0.50%。负利率现象甚至已经扩展到了长期债券市场；在德国，8 年期的国债利率已转为负值。欧洲没有囤积货币，表明负利率工具可能比想象的更强大（Bernanke，2016）。各个实施负利率的国家没有明显的现金囤积迹象，这可能是由于零售存款利率的传导有限，并没有显示大面额纸币在总流通中的份额与负利率的实施有相关性（Ball et al.，2016；Jobst and Lin，2016）。

五、影响负利率传导的因素

（一）银行异质性

负利率政策的经济下限主要取决于负利率对金融中介的影响（IMF，2016）。所以，银行特征在负利率传导中发挥着重要作用，例如银行的超额准备金的量、商业模式、融资模式、盈利能力、流动性、规模、资产质量、信贷增长水平、竞争程度等都会导致负利率传递的效果。

负利率通常适用于银行在央行账户上持有的超过监管准备金要求的准备金（Bech and Malkhozov，2016）。然而，银行的超额准备金是内生的，它们反映了银行持有大量央行储备的收益和成本之间的权衡。每家银行可以决定从央行借入多少（或者决定向央行出售多少资产），然后决定在银行间市场交易多少准备金。此外，一些央行实施了超额准备金"分层"机制，分层给予低于某一阈值的超额准备金的报酬高于该阈值的超额准备金。在欧洲央行，这一门槛目前是银行存款准备金率的 6 倍（Heider et al.，2021）。瑞士分层机制导致了持有超额准备金成本的差异，并出现了类似的投资组合再平衡效应（Basten and Mariathasan，2018）。银行的融资模式与对存款的依赖程度对负利率传递很重要（Heider et al.，2019；Amzallag et al.，2019）。存款比率的变化反映了政策利率向银行融资成本传递力度的变化（Bech and Malkhozov，2016；Heider et al.，2019；Eggertsson et al.，2020）。例如，德国有许多规模较小的银行，这些银行往往比大银行更依赖存款、股本更少，与不太依赖零售存款的银行相比，政策利率进入负区间推动了高存款银行大幅提高成本结构，最有可能抵消利润收缩，所以更依赖零售存款作为资金来源的银行会通过提高成本效率，战略性地应对负利率对其业绩的不利影响（Avignone et al.，2022）。瑞典银行数据记录了依赖存款融资的瑞典银行的信贷增长放缓（Eggertsson et al.，2019）。拥有更多零售存款的欧元区银行减少了贷款，增加了风险承担（Heider et al.，2019）。贝特纳（2020）试图通过放大高存款银行与现有借款人和新借款人的借贷关系，剖析高存款银行在应对负政策利率时的风险承担。银行依赖于存款融资，更注重利息收入（Molyneux et al.，2019）。德米拉尔普等（Demiralp et al.，2017）考虑了欧元区银行超额准备金和存款依赖的综合影响，研究发现，更多依赖零售存款和持有更多超额准备金的银行面对负利率时会大幅增加对家庭和企业的贷款。负利率对更依赖零售存款的银行的中间业务利差施加压力，导致更健康的银行扩大了贷款供应或通过寻求收益来维持盈利能力（Heider et al.，2019；Demiralp et al.，2017），在欧元区引入负利率后，高存款银行对新的固定利率抵押贷款收取更多费用（Amzallag and Calza，2018）。相反，实力较弱、扩大信贷供应或增加风险能力有限的银行可能会保持贷款利率不变，甚至被迫提高利率。这在经济学文献中被称为"逆转利率"（Brunnermeier and Koby，2018；Eggertsson et al.，2019）。

盈利能力较低、资本实力较弱的银行在应对负利率的不利影响方面选择较少（Arce et al.，2018）。与盈利能力更强的机构相比，盈利能力较弱的高存款银行可能面临提高成本效率的额外压力，因为低盈利能力削弱了银行增加贷款和承担风险的能力，所以在负利率环境下，低利润的银行更愿意投资政府债券等更安全、流动性更强的资产，而不是增加风险资产（Bongiovanni et al.，2021）。低盈利能力通过留存收益削弱了资本积累，从而削弱了银行增加放贷的能力（Molyneux et al.，2020）。

在负利率传导中银行流动性受到普遍关注（Demiralp et al.，2017；Basten and Mariathasan，2018）。一旦政策利率变为负值，事先持有更多流动性资产的银行会将投资组合重新平衡为（非流动性）贷款（Bottero et al.，2019）。这与人们在利率为正值时观察到的情况不同，在正利率区间内流动性银行通常对货币政策变化的反应较小（Kashyap and Stein，2000）。负利率扩大了更安全的流动性资产和企业贷款收益率之间的利差，结果持有大量低收益流动资产的银行将其投资组合转向贷款等高收益资产（Bottero et al.，2022）。使用美国银行未来9个季度的数据，通过全面资本分析和审查（CCAR）压力测试预测政策利率为负的情况下银行盈利能力，发现如果利率为负，预计拥有大量短期流动资产的银行盈利能力将大幅下降（Arseneau，2017）。

负利率下利息收入的减少因银行规模而异。大型银行由于具有更大的国际影响力、扩大海外贷款的潜力和更多样化的投资组合，能够更好地减轻负利率对利润率和利润的不利影响（Molyneux et al.，2019）。而且，大型银行可以有效地利用降息，从交易性固定收益证券中获得收益，同时比规模较小的银行更容易提高手续费和佣金收入（Molyneux et al.，2021），从而可以接受银行的净利息收入下降。银行并没有大幅降低存款支出，这与名义存款利率将保持在零的假设是一致的，大型银行（资产超过100亿美元）似乎更有能力降低其存款支出，而小型银行存款支出的变化微不足道，银行通过大幅增加非利息净收入来减轻净利息收入的损失，在这方面，大银行比小银行更能减少非利息支出，比如工资（Lopez et al.，2020）。

负利率对银行的影响水平也取决于银行在 NIRP 之前的资产负债表和市场状况，因此，对于以零售为导向的小型银行来说，通过降低成本（比如关闭分行）来应对负利率危机可能会更加困难。而资产质量恶化的高存款银行（即拨备较高的银行）在负利率之后会提高成本效率（Avignone et al.，2022）。资产质量较差的受负利率影响的银行可能难以通过在负利率环境下增加贷款来维持利润，因此被迫采取不同的战略，包括改善成本结构。在负利率实施之前信贷增长已经疲软的高存款银行可能会面临提高成本效率的额外压力，因为负利率可能会进一步限制它们增加贷款量的能力（Molyneux et al.，2020）。在负利率环境下，银行业的竞争程度可能是鼓励银行提高成本效率的另一个关键因素，因为更高的银行竞争水平实际上可能会放大净息差的收缩（Molyneux et al.，2019）。

（二）经济周期阶段

经济环境决定欧洲央行的政策利率，并影响银行行为。此外，经济环境影响企业的（未观察到的）信贷需求，这与（未观察到的）银行信贷供应一起决定了观察到的贷款量。此外，欧洲央行的政策利率也会影响企业的信贷需求（Bittner et al.，2022）。

尽管关于传统和非常规货币政策传递的绝大多数文献都强调了银行层面特征的重要性，但金融周期的不同阶段也很重要（Avignone et al.，2022）。例如，在欧元区，尽管欧元区国家的商业周期和金融周期不一定完全同步，但是欧洲央行为19个不同的国家决定单一的政策利率。因此，欧洲央行的单一货币政策在成员国之间的传导可能会有所不同。阿里卡等（Ariccia et al.，2017）利用美国各地区商业周期的异质性，分析货币政策对银行冒险行为的影响。2021年9月22日，英格兰银行行长安德鲁·贝利（Andrew Bailey）在英国商业总会上表示："在尝试负利率的国家，结果是'好坏参半'"。8月份的货币政策报告称，丹麦、瑞典、瑞士和日本已经实施了负利率政策，其有效性取决于经济周期的阶段。例如，在不利的经济条件下，当贷款损失增加时，银行可能会选择特别谨慎。因此，他们更有可能通过减少放贷量，而不是降息来鼓励放贷。英格兰银行注意到新冠疫情造成的压力，得出结论称：在当前形势下，实施负利率在刺激经济方面的效果，可能不如改善银行资产负债表要好。当面临通货紧缩压力时，负利率的效果可能会降低，例如，与私营部门高负债水平或实体经济产能过剩相关的结构性因素，可能会延缓资产负债表的修复进程。此外，当利率长期处于低位、利差不断压缩，而这一影响又无法通过资产估值上升或不良贷款减少来抵消时，银行的盈利能力将受到抑制，进而削弱其放贷意愿。当经济处于低迷状态时，负利率在某种程度上总是最优的：提振总产出的一阶收益超过了偏离弗里德曼规则最优的二阶成本。根据最优货币政策模型，央行应在经济陷入低迷时重新引入更深程度的负利率政策。事实上，即使经济已摆脱零利率下限的限制，负利率仍应在一段时间内保留，以巩固经济复苏。尽管传统货币政策在零利率下限陷阱（即名义利率接近零时货币政策失效）中受到限制，前瞻性指引可在一定程度上缓解其负面影响；但引入负利率政策有助于推动总产出向最优路径靠近（Rognlie，2016）。

（三）现金需求

当负利率较低，家庭会有提取现金的需求，一旦现金需求上升就会使负利率传递效果大打折扣。对效用的二阶近似（对于基准校准而言极其准确）提供了对控制福利改善力量的洞察：当陷阱较长且衰退的福利成本较高时，负利率提供了更大的收益，当现金需求相对缺乏弹性时，负利率是最有用的工具，因为这是违反弗里德曼规则的扭曲最不严重的时候。相反，当现金需求的水平和弹性较大时，负利率就不那么有效了（Rognlie，2016）。例如，丹麦的负利率政策对市场利率传导比较顺畅，很大的原因是居民持有现金的成本很高，也就降低了对现金的需求（Jensen and Spange，2015）。

（四）其他政策

当前政策工具箱中的其他工具，特别是资产购买、前瞻性指引、定向长期再融资操作（TLTROs）和储备薪酬的两层制度，都能够补充并加强负利率的传输。资产购买增加了银行系统中的超额流动性，强化了各银行将超额流动性通过购买资产转移给其他银行的压力。前瞻性指引减少了对未来利率路径的不确定性。TLTROs确保银行可以以非常低的利率（低至存款设施利率）获得融资，并帮助将由此产生的融资成本减少引导到对企业和家庭（除购房以外）的新贷款中。储备薪酬的两层制度则在维持负利率的宽松效果的同时，缓解了由于超额流动性的负回报对银行盈利能力的下行压力（ECB，2020）。

（五）法律规定

零售存款通常未被纳入负利率政策的适用范围，这可能源于立法障碍、诉讼风险以及对银行体系稳定性（如存款大量流失）的担忧。到目前为止，立法者和法院一直维持着一套法律框架，这个框架对应用存款负利率提出了一系列的法律限制和诉讼风险。这些限制因国家、存款者部门以及是否适用于新旧合约的不同而不同。然而，在大多数欧元区国家，将负利率传递给公司存款不受法律限制，而且这确实是一个相对普遍的现象，并随着时间的推移越来越普遍（ECB，2020）。

法律规定，美联储可以向银行支付准备金利息，但目前还不清楚这一权力是否延伸到"支付"负利率。对准备金收取费用实质上相当于负利率。想必美联储持有银行准备金的直接成本很低（Bernanke，2016）。简而言之，正如耶伦在2016年2月份向美国国会发表讲话时所指出的，在美联储实施负利率之前，还有一些法律问题需要解决，即实施负利率政策面临着法律和政治方面的不确定性。虽然《美联储法案》授权美联储有权对商业银行的准备金支付利息，但该法案并没有明确规定对这些准备金征收费用是否属于合法行为。

六、负利率遇到的难题

虽然丹麦、瑞典、瑞士和欧元区最近的经验表明，这些经济体的有效下限确实为负，但需要更多的时间和分析来确定以下问题：利率可以合法地降低吗？利率可以低到什么程度？负政策利率在较长时期内是否是可行的政策工具？对金融稳定起到正向引导作用吗？因此，负利率仍遇到很多悬而未决的问题，包括市场参与者的信任、法律限制、金融市场混乱、演化财政问题。

（一）市场参与者的信任

一个普遍的难题是，央行需要市场参与者相信负利率将长期存在，才会对经济上重要的长期利率产生很大影响；但如果市场参与者相信这一点，他们将有更大的动力购买保险，并支付囤积现金所涉及的其他成本（Bernanke，2016）。

（二）法律限制

尽管前文已从传导机制的角度探讨了负利率在零售存款领域面临的法律限制，但从政策制定者的视角出发，现行法律框架本身也构成了对负利率政策持久性与制度稳定性的根本挑战。政策实施的法律基础在许多国家仍存在显著的不确定性。例如，部分欧元区国家已允许将负利率传导至公司存款账户，但在零售存款领域，立法与司法制度仍普遍存在障碍。在美国，《美联储法案》虽然授权美联储向商业银行准备金支付利息，但是否允许征收"负利息"则尚无明确法律依据，导致政策制定者在该问题上保持谨慎态度（Bubeck et al.，2020）。此外，各国在负利率适用于新旧合约、个人与企业账户等方面的法律规定也存在较大差异，进一步加剧了负利率政策实施的不确定性（Altavilla et al.，2021）。

（三）金融市场混乱

2010 年，美联储工作人员还担心负利率对一些关键金融市场运行的影响（Bernanke，2016）。可以体现在期限错配、风险管理、金融稳定、操作中断和传导机制受阻等方面。

就保险和养老基金而言，如果长期债券的收益率低于向保单持有人承诺的投资回报，期限错配可能会因负投资利差而加剧。这些挑战引发了人们的担忧，即通过挤压回报，负利率可能会刺激金融机构接受不适当的风险资产。更积极地追求收益率，可能会通过过高的资产价格估值和薄弱的信贷标准，反过来加剧金融失衡。与负利率相关的其他意想不到的后果，如资产估值过高和银行承担过度风险的倾向，可能对金融稳定构成风险（Avignone et al.，2022）。

在负利率的世界里，风险管理可能会受到影响，因为在规避风险的情况下，零利率附近的隐含波动率和已实现波动率可能会高于风险模型所显示的波动率在负利率下不起作用。格兰迪和吉尔（Grandi and Guille，2020）将这一原理应用于隔夜存款和定期存款，因为前者更短期，容易被提取。事实上，他们发现在依赖存款的银行中，那些由家庭存款而不是非金融公司存款资助的银行更有可能贷款给风险更高的公司。海德尔等（Heider et al.，2019）也提出证据表明，高存款银行通过将贷款集中在高风险公司，并可能给其他借款人来承担风险。阿尔塞和加西亚·波萨达（Arce and García - Posada，2019）证实了更多受到负利率负面影响的银行会减少信贷，提高贷款利率，并贷款给风险更高的公司。

（四）演化财政问题

在人口老龄化的大背景下，负利率政策可能进一步削弱社会保障体系的基础，从而增加政府的财政压力。此外，由于货币政策的财政化，央行可能会面临财务损失，例如持有负收益率的国债。尽管这些损失不一定会直接影响央行的长期运营能力，但减少的央行收益或产生的亏损最终仍可能引发财政问题（Bernanke，2016）。汉农（Hannoun，2015）提出担忧，负利率可能会降低进行财政整合和结构改革的动力，负利率会降低债务偿还比率，从而更积极地展现债务可持续性，并通过压缩主权债券收益率来减少市场约束。

七、负利率应对措施

负利率政策的实施效果"好坏参半"，目前有学者已经提出了一些针对负利率问题的解决方案，如银行措施、纸币机制、金融创新等方面。

（一）银行措施

许多论文研究了银行如何应对负利率带来的利润挤压，例如：银行调整收入来源（Altavilla et al.，2018）、重塑其资产端（Altunbas et al.，2023）、投资选择（Bubeck et al.，2020）、进行业务结构性变革（CGFS，2018）、贷款决策行为变化（Heider et al.，2019），这些都可能影响银行的市场力量，进而对货币政策和金融稳定产生影响。银行还可以通过其他收入来源，如手续费和佣金，来补充下降的息差（IMF，2016）。银行其他非利息收入的收益可以抵消利润压缩（Basten and Mariathasan，2018）。银行追求收益行为和冒险行为（Bubeck et al.，2020；Bongiovanni et al.，2021；Hong and Kandrac，2021；Avignone et al.，2022），利用其他杠杆（Arce et al.，2018；Bottero et al.，2019；Heider et al.，2019；Demiralp et al.，2021）。但是洛配兹等（López et al.，2018）警告说，增加非利息收入的战略可能不可持续。在可变利率抵押贷款盛行的西班牙，银行通过对新贷款收取高于银行间利率来应对负利率（Martínez Pagés，2017）。意大利贷款水平数据显示，在欧元区引入负利率后，高存款银行对新的固定利率抵押贷款收取更多费用（Amzallag and Calza，2018）。根据瑞士银行层面的数据，利用"分层"导致的持有准备金的差异成本，发现更多暴露的银行提高了抵押贷款利率，此外，风险敞口越大的银行承担的信贷和利率风险就越大（Basten and Mariathasan，2018）。欧元区银行的微观数据样本进一步支持了在引入负货币政策利率后客户存款成本更高的银行寻求收益率的观点。在这种情况下，受影响的银行通过将证券投资组合向高收益证券倾斜来应对（Bubeck et al.，2020）。欧元区的银行，特别是那些存款份额高的银行，通过扩大对非银行机构的贷款提高利润（Demiralp et al.，2017；Altavilla et al.，2019）。受负利率影响最大的银行通过提高成本效率做出了回应。此外，只有当突破零下限（ZLB）时，成本效率的提高才具有统计意义，这表明当政策利率为正时，利率对成本效率的传递是无效的（Eggertsson and Woodford，2003；Heider et al.，2019；Avignone et al.，2022）。

（二）纸币机制

在应对存款利率受到有效下限约束时，有关纸币机制变化的措施被提出来。

对现金征税、对存款和现金之间的可兑换性收费，或者最终取消现金（从而转向完全的电子货币），以进一步降低或取消有效下限，每一种方法都让负利率变得明确可行，但代价是货币体系发生重大变化：要么通过追踪技术对其征税废除现金，要么取消其计价单位的地位（Agarwal and Kimball，2015）。来自瑞典银行的信息表明，一些银行通过提高向客户提供服务的费用部分补偿了无法降低存款利率的情况（Sveriges Riksbank，2016）。对现金征税的想法起源于格塞尔（Gesell，1916），他提出在现金上加盖实体印章作为已缴税的证明；古德弗兰德（2000）探索了类似的想法，他建议在每张账单中加入一个磁条，以记录应付税款；比特和潘尼吉左格鲁（Buiter and Panigirtzoglou，2001，2003）将现金税整合到一个动态的新凯恩斯模型中；曼昆（Mankiw，2009）更是异想天开，他建议央行举行抽奖，让序列号包含特定数字的现金无效。此类政策中最极端的是废除现金，这一政策相当于对现金征收无限税。最极端的情况下，可以废除现金，但是更有限的措施，比如取消更大面额的钞票，也是合适的（Rognlie，2016）。将现金与计价单位脱钩的想法源于罗伯特·艾斯勒（Robert Eisler，1932），他设想了银行系统中现金和银行系统中的货币之间的浮动汇率，后者作为计价单位。这些想法包括区分纸币和电子货币，电子货币是记账单位"真实的东西"。这种区别使得涉及纸币相对于电子货币的贬值成为可能，从而在面临负利率时阻止大量纸币的储存。在现代形式中，比特提出了二种方法：印花货币、废除纸币以及取消纸币和电子货币之间的汇率（Buiter，2009b，2009c）。

（三）金融创新

尽管一些人认为，随着负利率变得更加普遍，有效下限可能会下降，但对负政策利率将持续的预期可能会鼓励金融创新，包括模仿货币的工具，允许避税，并破坏负利率的政策意图。如果利率足够低，银行可以向客户提供类似交易所交易基金的产品，作为回报更高的替代存款。他们将这些产品称为现金储备账户——一种由存放在金库中的现金支持的产品，允许轻松转移，可以替代存款。这意味着，负利率可能只会略低于零（他们认为约为 -0.5%），而且利率不会维持很长时间（Cecchetti and Schoenholtz，2015）。然而，在反驳这一论点时，其他人指出目前现金和存款之间可以自由兑换。收取将存款转换成现金的费用很容易，这将消除套利机会。

八、负利率理论模型

在现实中，负利率政策是一种非常规的货币政策，它的理论基础和实证效果仍在广泛研究中。在这个问题上，动态随机一般均衡模型（DSGE）作为一种微观基础的宏观模型，提供了一个理解负利率政策的重要框架。有些学者使用DSGE模型对负利率进行研究，阿巴迪（Abadi，2023）等学者使用一个新凯恩斯DSGE模型，包含银行部门和银行的净值约束，以说明逆转利率的存在，即央行继续降低政策利率，而不是刺激经济，反而抑制了银行的信贷供应，从而对经济产生负面影响的利率水平。埃格特松（2017）使用一个包含银行部门的DSGE模型，以解释负利率政策对增加银行信贷供应和提高通胀预期具有显著效果。并且引入了名义价格和利率，且名义利率存在零利率下界；考虑了诸如人口结构变迁、全要素生产率（TFP）的增长速度，以及投资品价格波动等多种因素，以分析这些要素如何影响实际利率。同时，该研究也探究了经济体是否有可能长期维持实际利率为负的状态。伊尔格曼和门纳（Ilgmann and Menner，2011）对历史上的负利率政策进行了概述，并讨论了几种可能的负利率政策实施方案。尽管此文主要关注负利率政策的历史和政策建议，但其分析框架也建立在DSGE模型的基础上。乌拉特（Ulate，2020）利用银行作为传导中介的DSGE模型，估计负利率合理有效的区间应该为正区间的2/3。贝特纳（2022）将政策利率传递到贷款利率的强度作为参数，用DSGE模型来解释实证结论。辛姆斯和吴（Sims and Wu，2021）应用DSGE模型发现负利率政策对产出缺口的影响很小。也就是说，为了达到传统货币政策工具所能达到的降低利率的效果，负利率政策加大降低政策利率的幅度。他们将负利率效应损失的原因归结于两个主要因素：首先，存款利率的零利率下限约束压缩了银行的短期盈利能力，最终影响银行净值水平；其次，其他非常规货币政策工具出现的时间，例如，如果在量化宽松后采取负利率政策，其效果较小，因为庞大的央行资产负债表削弱了额外货币政策工具的边际效应。有学者用DSGE方法研究发现负利率对产出缺口的反应更加积极（Xin and Jiang，2023）。以上文献不仅研究了负利率政策的理论和实证效果，还讨论了如何在DSGE模型中纳入银行部门和负利率政策。然而，研究负利率政策的DSGE模型仍在发展中，未来还需要进一步的理论研究。

九、负利率实证分析

这种双重差分（DID）测试是许多文献的实证分析方法。海德尔等（2019）使用了欧元区银团贷款的交易层面数据，并表明存款依赖型银行只有在引入负货币政策利率后才开始向（事前）风险较高的公司放贷，而不是在非负区域降低利率时放贷。为了证明冒险行为的增加是由高存款银行承担更高的融资成本引起的，他们利用了家庭存款利率比非金融企业存款利率面临更严格的零下限这一约束条件。

一些研究使用这种方法来研究负利率的影响（Eggertsson et al., 2017；Heider et al., 2019；Bubeck et al., 2020；Avignone et al., 2022）。这种方法使用一组面板数据来比较一组处理过的银行（受负利率影响）和一组对照组（未受负利率影响）（Molyneux et al., 2019；Lopez et al., 2020），采用了双重差分（DID）计量经济学识别方法。在该策略中，比较了在引入低于零下限的政策利率前后，具有不同零售存款比率的银行的行为（Avignone et al., 2022）。这种双重差分（DID）测试是本章许多论文的核心。海德尔等使用了欧元区银团贷款的交易层面数据，并表明存款依赖型银行只有在引入负货币政策利率后才开始向（事前）风险较高的公司放贷，而不是在非负区域降低利率时。为了证明冒险行为的增加是由高存款银行承担更高的融资成本引起的，他们利用了家庭存款利率比非金融企业存款利率面临更严格的零下限这一事实。

第三节 研究内容与方法

一、研究内容

本书总结了有关名义负利率政策传导的文献，拟讨论传导如何依赖于银行资产负债表的理论，以及一旦政策利率变为负值，解释负利率政策有效性如何变动，以及对实体经济如何影响。越来越多的证据表明，负利率是特殊的，因为零下限阻碍了向银行零售存款利率的传递，需要探寻关于负利率对银行存款、贷款和证券投资组合的影响以及对实体经济的影响。对比分析已经实施负利率政策的经济体与未实施名义负利率政策的经济体的政策传导效果，以解答我国现有货币政策在应对发达经济体负利率政策的有效性问题。

二、研究方法

（一）文献调研法

通过收集、阅读和总结负利率政策的前沿文献，梳理了负利率的传导机制、负利率政策有效性、影响负利率传导的因素、负利率实施遇到的问题和解决措施，汇总了实施负利率的国家和经济体的宏观经济状况以及各种市场利率水平。

对各派学者的研究成果进行归类汇总和研究方法总结，发现当前的研究多为对负利率政策有效性的实证检验，而负利率政策在理论分析和机制传导上还存在空白。因此，结合实施负利率政策国家的宏观状况与我国宏观经济现状，探索应该如何应对负利率政策的实施，提高负利率政策的有效性。

（二）宏观经济 DSGE 模型

动态随机一般均衡（Dynamic Stochastic General Equilibrium，DSGE）模型是宏观经济研究领域中近 30 年来主流的最优化一般均衡理论模型，对产品市场、劳动力市场以及金融市场等多个局部均衡市场进行跨期决策清晰描述，并利用动态优化的方法，在约束条件下对各个市场进行最优决策行为求解，在获得微观经济主体的行为决策方程后，进一步将微观行为方程转换为宏观行为方程。在加总过程中，要从微观主体的不同类型进行分类考虑，即可分为经济主体是同质的和异质的两种类型。DSGE 能够将坚实的微观基础和宏观经济中的不确定性都纳入模型，体现了长期与短期分析的有机结合，刻画了一个多经济体相互作用动态建模的新视窗。DSGE 模型中经济主体的行为决策、行为方程的参数依赖多维度的参数以及各经济冲击的设定，能对经济现象有较好的解释。因此，DSGE 模型具有显性建模框架、理论一致性、微观和宏观分析相结合以及长期和短期分析相结合的特点（刘斌，2008）。负利率是宏观经济现象之一，对其分析也涵盖了多个经济部门、技术进步、金融不确定性以及外生冲击等，因此，本书选取 DSGE 模型作为宏观理论分析可以透过现象看本质，使得政策制定者和理论研究者在建模研究时不再停留在数量结果，而是可以更加清晰透彻地分析出现象背后隐含的现实意义，并增强理论解释力为货币政策决策提供更加丰富的内容。

近年来，DSGE 模型是分析宏观经济以及货币政策的一个重要研究方向，目前已经有许多国家或地区的中央银行构建了自己国家的 DSGE 基准模型（Benchmark Model）。欧洲央行使用的是 NAWM（New Area – Wide Model）和 Christiano – Fitzgerald；日本央行使用的是 JEM；美国联邦储备系统（Fed）使用了多个 DSGE 模型，如 FRB/US，Sigma，和 Edo；加拿大央行使用的是 ToTEM（Total Economy Model）；英格兰银行使用的是 BEQM（Bank of England Quarterly Model）和 COMPASS（Comprehensive Model Platform for Applied Policy Analysis）；瑞典央行使用的是 Ramses（Riksbank Aggregate Macroeconomic System for Evaluation of Studies）。这些 DSGE 模型已经被这些国家央行用来评估、模拟以及预测在不同冲击水平下政策变化对未来经济的影响。

（三）金融理论模型

本书采用数理经济学描述工具，建立货币政策框架的利率传导机理的微观金融理论模型。该模型建立在马骏和王红林（2014）的四部门静态理论模型基础上，拓展构建两个零下限约束——政策利率下限"PLB"和银行可以提供的存款利率下限"DLB"，取代传统的零下限"ZLB"，构建利润最大化目标函数和约束条件，通过机制求导的方式推导出负利率空间下银行系统政策降息的效率。通过探讨政策利率与货币市场利率之间相互作用的机理，从理论上系统研究了负利率如何影响市场利率（贷款利率、存款利率、债券利率）以及存款准备金，最终分析银行从负利率中获得的利润空间如何变化。

（四）经济计量分析法

在理论模型的基础上，通过使用双重差分（Difference-in-Difference，DID）方法来检验负利率在银行系统传递效率。本方法广泛应用于项目或公共政策效果的计量经济学评估。值得注意的是，在这类评估中，政策处理组与对照组在样本分配方面通常并不完全随机。这种非随机分配的情境被称为自然试验（Natural trial），其核心特征在于：在政策实施之前，处理组与对照组可能已经存在系统性的差异。如果忽视这种初始差异，而仅仅比较政策实施后的处理组和对照组，那么估计出的政策效果可能会受到这些初始差异的混杂影响，从而产生偏误。阿申菲尔特和卡德（Ashenfelter and Card）在1985年首次提出了双重差分（DID）模型以解决这一问题，该模型自此逐渐受到广泛的关注。DID模型基于一个关键的"共同趋势假设"：如果处理组没有接受特定的政策或处理，它将会与对照组经历相同的变化。这实际上是一个反事实假设（counterfactual hypothesis）。显然，如果处理组和对照组除了是否接受政策处理外，在所有其他方面都完全相同，这个假设就自然成立。然而，在实际的自然试验中，如此完美的对照组通常是不存在的。幸运的是，DID模型对于对照组的要求相对宽松：即使处理组和对照组在其他方面存在差异，只要这些差异不会影响两者在没有接受政策处理的情况下所经历的变化路径，也就是说，满足了共同趋势假设，那么该模型便可有效应用。

三、研究思路框架

本书的研究思路是聚焦负利率——人类面临的全新的金融问题，结合各个国家和经济体特征事实、当前国内国际的政策形势以及现有研究成果探讨负利率政策有效性损失这一研究主线。具体而言，本书对以下几个章节展开研究。

第一章为绪论。阐明研究背景、目的、意义、研究基础、研究方法以及理论设计。对相关领域前人的研究进行文献梳理，从中寻找理论的空白并提出理论创新点。

第二章为负利率的历史脉络、国际由来和中国面临的挑战。通过归纳总结提供特征事实说明负利率的历史脉络、国际由来，还对比了中国当前的宏观经济指标与已实施负利率的国家和经济体，凸显了中国实施负利率政策的潜在可能性。更为重要的是，我国目前的货币政策框架与这些国家和经济体的策略高度相似，为本书提供了实施负利率政策的理论依据和政策支撑。因此，对于中国来说，必须以史为鉴，未雨绸缪，提前做好充分的准备。

　　第三章为负利率、银行异质性与经济效应——DSGE 理论模型分析。为了拓展已有文献，也为了结合我国实际情况，本书构建异质性企业的负利率理论模型。试图通过构建含有金融加速器的理论模型，更贴近现实地诠释负利率对宏观经济以及金融市场影响的传导机制和政策效果。

　　第四章为负利率、银行机制与银行盈利能力——理论模型分析。通过构建一个负利率政策在银行渠道传导的静态理论模型，寻求银行的盈利能力下降的机理，深入分析货币传导的有效性，创新性地构建了政策利率下限"PLB"和银行可以提供的存款利率下限"DLB"，取代了传统的零下限"ZLB"，探讨负利率空间下银行系统政策降息的有效性是如何变化的。

　　第五章为负利率、银行异质性与金融效应——实证分析。在数理基础上用计量实证方法，验证了金融中介在负利率实施过程中盈利能力蒙受损失，导致负利率政策传导有效性下降。

　　第六章为主要结论与研究展望，在研究基础上提出政策建议。

　　研究思路图如图 1-6 所示，大致呈现了发现、分析并解决问题的线性结构。

四、主要创新点

　　目前，国内文献关于负利率传导的研究大部分集中于实际负利率，而非名义负利率。而国外的相关文献，虽然大多数集中于研究名义负利率，但是大多基于实证研究，焦点主要集中在银行的微观效应上，少有的理论模型并没有深入探讨负利率传导机制。更难得的是，能够系统地融合实证与理论，以及微观与宏观的研究成果尚属鲜见。鉴于此，本书旨在基于经济停滞与通胀下行的特定经济环境中构建理论模型与实证检验，探索非常规货币政策——负利率是如何通过银行系统对金融稳定与经济发展产生影响的，同时寻求应对负利率政策传导过程中潜在问题的策略。基于这一目标，本书的创新之处具体表现为以下几点。

　　第一，构建了两个理论模型，第一个是基于新凯恩斯框架构建高度理论化的动态随机一般均衡（DSGE）模型，将主要市场主体（家庭部门、企业部门、金融部门、政府部门等）、经济特征事实（工资粘性、价格粘性）和我国货币政策

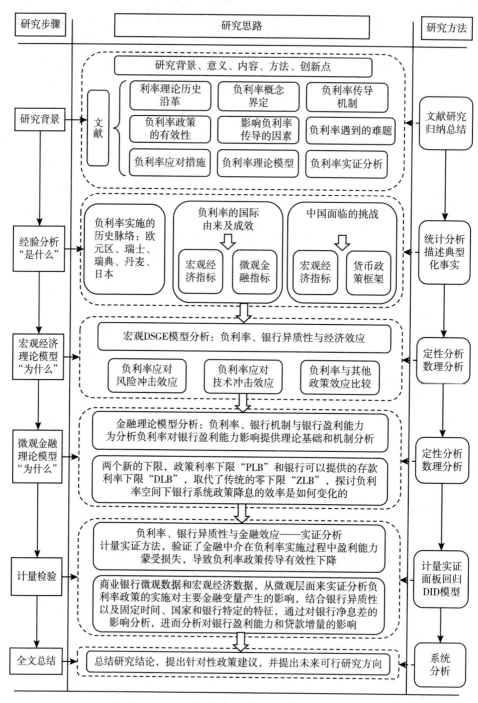

图 1-6　研究思路框架图

规则（数量型与价格型）纳入模型，通过施加外生冲击对经济系统进行数值模拟，对"负利率是否以及何时成为宏观经济稳定的有效工具"问题做出判断，从而为解答我国现有货币政策在应对名义负利率的有效性问题提供客观的理论依据。这是本书重要的理论和模型创新之一。第二个采用数理经济学描述工具，建立符合中国货币政策框架的利率传导机理的微观理论模型。从理论上系统研究了负政策利率如何影响市场利率以及存款准备金。突破传统利率框架，创新性地构建了两个零下限约束——政策利率下限（"PLB"）和银行可以提供的存款利率下限（"DLB"），来取代传统的零下限"ZLB"，填补了负利率微观理论模型的空白。

第二，在计量实证方面，一方面，在数据可得性方面，样本来源于多个数据库，其中银行资产负债表和业绩数据来源于 Bank Focus、SNL Financial 和 Fitch Connect，这还可以确保所提供信息更大的一致性，从而最大限度地减少潜在误报和异常值的影响；样本区间为 2010～2021 年，具有较强的时效性；样本总量涵盖 27 个 OECD 国家的 13668 家银行，样本容量足够大。另一方面，采取微观层面来实证分析负利率政策的实施对主要金融变量产生的影响，通过对银行净息差的影响分析，进而分析对银行盈利能力和贷款增量的影响，以及区分银行异质性，从中探讨影响负利率传导的银行特质因素，并且固定时间、国家和银行特定的特征，这些特征放大或削弱了 NIRP 对银行绩效的影响。为微观金融理论模型提供了实证结论的支持，详细阐明负利率政策的实施对银行的影响，进而降低了负利率的传导效率。

第三，整篇文章通过经验归纳总结、宏观理论模型、微观理论模型和数据实证检验，提出了负利率政策实施对宏观经济与微观金融的影响，以及全面探讨了负利率政策的传导有效性，为负利率政策的制定和实施提供了更为科学、综合的参考，为负利率理论研究作出边际贡献。

第二章

负利率的历史脉络、国际由来
和中国面临的挑战

在金融危机后期，随着经济活动急剧减少，失业率飙升，通货膨胀率降至中央银行的目标水平以下，许多中央银行面临着金融部门受损的局面，传统的宽松货币政策遭遇了零利率下限。世界各地的几家中央银行引入了非常规货币政策以提供额外的货币刺激。五家中央银行——欧洲中央银行（ECB）、瑞典央行（Riksbank）、瑞士国家银行（SNB）、丹麦中央银行（DN）以及日本银行（BOJ）——决定将其政策利率调至零以下。由于各个国家宏观调控背景、经济规模、汇率制度以及货币政策框架等方面存在很大的差异，因此，负利率实施的时点、原因、目标和操作方式也都不同。本章欲通过梳理负利率政策实施的历史脉络，比较这些国家的经济环境和政策措施，通过探索实施负利率的国家之间的共性特征，可以更全面地评估中国是否具备采取相似政策的潜在条件，进而提出中国可能面临的货币政策挑战，以便为中国可能在未来采取的货币政策提供参考。

第一节　负利率实施的历史脉络

2008 年国际金融危机发生后，全球各国央行采取不同的货币政策开展宏观调控，力图实现宏观调控的四大目标：经济增长、物价稳定、稳定就业、国际收支平衡。不可否认，一国经济增长会面临系统性风险冲击，而宏观调控措施往往是应对经济冲击的"强心剂"。2009 年 7 月，瑞典央行为挽救国民经济，史无前例地将隔夜存款利率下调到 −0.25%，成为有史以来第一个使用负利率政策的国家。随后欧洲央行以及丹麦、瑞典、瑞士和日本央行在内的一些央行实施负利率政策——实质上是让银行为存放在央行的超额存款准备金付费。其目的是增强银行扩大放贷、试图减少准备金持有量的动机，从而对抗 2008 年全球金融危机后持续的经济疲软增长。从2014年年中到2016年初，欧央行以及瑞典、丹麦、瑞士和日本央行也都将其关键政策利率降至零以下，宏观经济调控措施正在悄然演变，如图2－1所示。一些央行采取了负利率政策（NIRP）来应对低通胀（欧洲央行、日本央行、瑞典央行），另一些央行则侧重于减轻非常规货币政策（UMP）措施的溢出效应以及应对货币升值压力（丹麦央行、瑞士央行）。

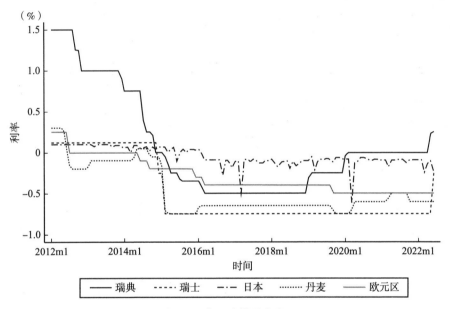

图2－1　主要政策利率水平

资料来源：欧洲央行、瑞士央行、瑞典央行、丹麦央行、日本央行和世界银行。

瑞典、丹麦、瑞士、欧元区、日本的央行不止一次进入负值区域，如表2－1所示。

2009年7月，瑞典央行为挽救国民经济，史无前例地将隔夜存款利率下调至－0.25%（回购利率被降至0.25%，以保持＋/－50个基点的利率走廊对称）。在2015年2月转向负利率和国内量化宽松之前，2014年底和2015年初的通胀预期急剧下降。在这一揽子措施之前，欧洲央行宣布了量化宽松计划，这增加了瑞典克朗的潜在升值压力，可能会阻碍通胀率的上升，从而强化了瑞典央行采取强有力政策行动的必要性。瑞典央行目标是"确保通货膨胀目标作为价格设定和工资形成的名义锚"（Riksbank，2015），并于2015年2月18日将其回购利率下调至－0.1%，在2015年4月降息至－0.25%，7月进一步降至－0.35%，2016年

2月，瑞典央行将准备金回购利率降至 -0.50% 的水平，同时结合自身的政府债务证券资产购买计划，累计购买金额达 2450 亿瑞典克朗，占市场的 35% 以上，这一比例略高于欧洲央行的计划。这一揽子措施的效果是使瑞典债券收益率与德国债券收益率大体一致，即使后者的收益率因欧洲央行的非常规货币政策而下降。2019 年 1 月，瑞典央行将回购利率上调至 -0.25%，2020 年 1 月恢复到 0。瑞典克朗对欧元的汇率大体保持稳定，避免了升值，而升值可能会严重阻碍瑞典央行将通胀率恢复到目标的努力。

　　2012 年欧债危机持续发酵，大量资金从欧元区出逃，购入具有 AAA 评级的丹麦克朗避险，丹麦克朗面临巨大的升值压力，这也危及了丹麦的出口。由于丹麦实施的是盯住欧元的汇率制度，2012 年 7 月在面临欧洲债务危机和国际资本大量涌入的压力时，丹麦央行实施了负利率政策——将定期存款利率下调至 -0.2%。丹麦实施负利率政策时使用的是分级利率，即设置隔夜存款利率上限，对超过上限部分隔夜存款征收负利率（2012 年上限由 231.5 亿克朗上调为 697 亿克朗）。进入 2014 年，随着欧元区经济逐渐展现复苏迹象，大量国际资金涌入该区域，导致丹麦克朗面临贬值压力不断加大。因此，2014 年 4 月，丹麦央行宣布加息，将存款利率提升至 0.05%，结束了近两年的负利率实验。然而，丹麦的正利率仅维持了不到 5 个月，随着欧洲央行实施负利率政策，丹麦央行在同年 9 月再次将存款利率降至 -0.05%。2015 年 1 月至 2 月间四次下调其关键存款利率，从 -0.05% 降至 -0.75%（创历史新低），以捍卫其与欧元挂钩的货币政策，使资本流入趋于平稳，成功保持了汇率稳定，同时较大幅度提升了通货膨胀水平。丹麦多次实施负利率的原因在于，欧洲的经济波动造成大量资金涌入丹麦，丹麦克朗面临很大的升值压力。因此，丹麦负利率政策实施的主要目的在于稳定汇率，避免丹麦克朗大幅升值。从这个方面来看，丹麦负利率政策的实施取得了一定的效果。随后资本流入趋于平稳，丹麦克朗对欧元开始逐步贬值，局势逐渐恢复正常，丹麦央行将其购买的部分外汇卖回了市场。丹麦国家银行行长拉尔斯·罗德（Lars Rohde）在 2015 年 3 月表示："为了阻止资本流入，丹麦国家银行对外汇市场进行了巨额干预，我们也多次降低了货币政策利率"。2015 年 3 月，丹麦宣布将经常账户限额从 370 亿丹麦克朗提高到 1450 亿丹麦克朗，从而增加了银行在中央银行的存款额，而无需支付存款利率减轻了对银行的影响。2016 年 1 月，丹麦央行将关键政策利率提高到 -0.65%，从而缩小了与欧元区的政策利率差距。2019 年 9 月再次降低政策利率到 -0.75%，与欧元区进一步降低政策利率同步，从而降低本币升值的压力，随后通过四次逐步加息操作，直至 2022 年 9 月将政策利率恢复为正（0.445%）。

　　欧元区新一轮货币宽松增加了瑞士法郎的升值压力，这导致瑞士央行在 2011

年对欧元实行了最低汇率。对外依存度很高的瑞士，则没能利用负利率保持汇率的稳定。瑞士曾在 2011 年设置了欧元兑瑞士法郎 1∶1.2 的下限，阻止瑞士法郎升值，然而在 2014 年欧洲央行实施负利率和量化宽松政策后，面对大量涌入的欧元，瑞士央行最终不得不取消汇率管制，瑞士法郎兑欧元立刻大涨，超过 20%。为了阻止资金流入和维持汇率下限，瑞士央行在 2014 年 12 月宣布对超过特定门槛的即期存款引入负利率（ -0.25%）（2015 年 1 月 22 日生效）。到 2015 年 1 月中旬，由于瑞士法郎升值的压力仍然存在，瑞士央行取消了最低汇率（将瑞士法郎对欧元汇率维持在 1.2 以下），并将即期存款账户的利率进一步降低到 -0.75%。目标是阻止资本流入，从而对抗由于瑞士法郎升值导致的货币紧缩。2015 年 6 月，瑞士央行指出："瑞士的负利率……将有助于瑞士法郎逐渐走软。"因此，一些瑞士银行能够以负利率获得批发资金，并将筹集到的资金以零利率存入瑞士国家银行，从中获益实现了额外的净利息收入。宣布降息后，银行间回购市场活动增加，因为拥有未使用豁免额度的银行有动力与超额准备金为负利息的银行进行交易，从而尽可能有效地在系统内分配流动性。尽管如此，货币上的压力仍然存在，瑞士央行在 2015 年下半年继续积累外汇储备。直到 2022 年 6 月瑞士政策利率有所回升（ -0.25%），在三个月后政策利率恢复为正（0.5%）。

2014 年 6 月 11 日，为刺激消费和投资，巩固中长期通胀预期，使通胀率回到欧洲央行的中期价格稳定目标，即低于但接近 2%（Draghi，2014），欧洲央行将主要再融资操作利率下调至 0.15%，并将存款便利利率下调至 -0.10%，后者被广泛认为是主要的政策利率。随后在 2014 年 9 月、2015 年 12 月和 2016 年 3 月进一步下调存款便利利率，每次下调 10 个基点，直到 2019 年 9 月存款便利利率达到 -0.5%。欧洲央行恢复购买抵押贷款债券并扩大其资产购买计划，包括购买政府债券和资产支持证券。2015 年 1 月，欧洲央行更是进一步大规模购买市场证券，将其资产负债表扩大至 1 万亿欧元。它还通过针对长期再融资操作为银行提供额外的长期融资。2015 年 3 月，欧洲央行正式启动了欧洲版的量化宽松。欧元区通胀水平有所上行，在 2022 年 7 月扭转了负利率态势，将政策利率恢复为 0，两个月后政策利率上升为 0.75%。

在国际金融危机后，日本央行在 2009 年开始保持零利率状态，特别是在安倍晋三第二次担任首相期间（2012 年 12 月至 2020 年 9 月），日本政府推动实施了一系列非常规的超宽松货币政策。2016 年 1 月 29 日，日本央行推出了三层准备金存款制度（2016 年 2 月 16 日生效），对边际超额准备金实行负利率，并宣布："为了尽早实现 2% 的价格稳定目标"（日本银行，2016），未来准备金的任

何增加都将适用 – 0.10% 的报酬①。日本央行是亚洲第一个实施负利率政策的央行，它制定了一种称为"三级利率"系统的新机制。在这个系统中，所有在中央银行存放的资金都被分为三个类别，每个类别都有不同的利率。第一层是"正常"存款（Basic Balance），报酬率为 0.1%，适用于 2015 年 1 月至 2015 年 12 月基准准备金维持期间各金融机构持有的平均未偿还余额（约 210 万亿日元）。第二层为宏观附加余额（Macro Add-on Balance），报酬率为 0%，包括规定储备金和相当于各种贷款计划金额的储备金（40 万亿日元）。随着时间的推移，第二层将根据货币基础目标增加额外部分。第三层是政策利率余额（Policy-rate balance），即剩余准备金存款，报酬为 – 0.1%。为防止金融机构大幅增加现金持有量，任何现金持有量的增加都将从零利率等级的经常账户余额中扣除。此时日本央行的法定存款准备金率处于 0.05% ~ 1.3%，处在历史较低水平，所以进一步降低存款准备金率的空间有限，只能寻求非常规货币政策——针对超额存款准备金实施负利率政策。日本（2016 年 1 月）、挪威（2015 年 9 月）和匈牙利（2016 年 3 月）②的中央银行仅降低了超额银行准备金的存款利率，同时将主要政策利率保持在正值范围内。2016 年 9 月，日本央行将货币政策操作目标由基础货币改为"收益率曲线控制"，如表 2 – 1 所示。

表 2 – 1 　　　　　　　　　　五人央行的负利率政策

各央行 政策利率	宣布 时间	利率 （%）	补充措施	政策目标
瑞典 （7 天回购利率 Repo Rate）	2009.7 2015.2 2015.4 2015.7 2016.2 2019.1 2020.1 2022.6	– 0.25 – 0.1 – 0.25 – 0.35 – 0.5 – 0.25 0 + 0.25	隔夜存款利率下调至 – 0.25%，以保持 +/ – 50 个基点的利率走廊对称。 回购利率首次到达负利率水平。 2015 年 3 月开始实施资产购买计划，购买国债和房屋抵押贷款债券，从 100 亿瑞典克朗政府债券购买扩大至 300 亿瑞典克朗，随后进一步扩大购买量至 750 亿瑞典克朗。逐步增加到 2016 年底的累计总额 2450 亿瑞典克朗，约占政府债券的 37%。 2020 年 1 月 8 日，瑞典政策利率恢复"零"	对抗经济衰退，刺激通胀，促进银行贷款和投资，增加货币供应量

① 根据其定量和定性货币宽松计划，日本银行正在购买资产，以每年增加约 80 万亿日元的货币基础。
② 匈牙利和挪威都不是真正的负利率市场机制，列入这两个国家只是为了完整起见。虽然匈牙利国民银行（Magyar Nemzeti Bank，MNB）使用负利率来促进新贷款和减少脆弱性，特别是在公共债务方面，但在匈牙利，市场层面并未建立起基于负利率的有效流动性定价机制，匈牙利国民银行每周在三个月期存款拍卖中以（正）政策利率提供固定利率全额拨款。在挪威，负存款准备金利率不是一项政策措施，而是正常流动性操作的一部分，目的是激励银行将准备金借给其他银行，而不是存入挪威银行。与匈牙利一样，关键政策利率仍为正值，负存款对货币市场（NOWA）利率几乎没有影响。在超额准备金没有超过一定限额（"准备金率"）的情况下，持有准备金而不是将其贷给其他银行的成本与准备金率为正时相同。

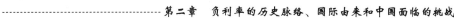

续表

各央行政策利率	宣布时间	利率（%）	补充措施	政策目标
丹麦（存单存款利率 Certificate of Deposit Rate）	2012.7 2013.1 2014.4 2014.9 2015.1 2016.1 2019.9 2020.3 2021.3 2021.10 2022.8 2022.9	-0.2 -0.1 +0.05 -0.05 -0.75 -0.65 -0.75 -0.6 -0.5 -0.6 -0.1 0.445	2013年丹麦央行发行了两种新货币。其中，"lånekassen"是一种低成本贷款工具，旨在支持银行贷款业务，而"the green obligation"则是一种债券，用于融资丹麦的环保项目。这两种新货币的发行是丹麦央行为了支持固定汇率和增加干预市场的能力所采取的措施。2015年1月30日暂停发行丹麦政府债券，以达到降低政府债券的收益率目的	阻止资本流动，抑制本币升值压力；提高经常账户上限，以降低负利率给银行业带来的成本
瑞士（隔夜活期存款利率 Rate on sight deposits）	2014.12 2015.1 2022.6 2022.9	-0.25 -0.75 -0.25 0.5	3个月Libor目标区间（-0.75%至0.25%）。对超过一定限额的活期存款实行-0.75%的利率。3个月Libor目标区间降至（-1.25%至-0.25%）。重申捍卫欧元对瑞士法郎汇率下降	阻止资本流入，特别是石油出口国资本流入，缓解货币升值压力
欧元区（存款便利利率 Deposit Facility Rate）	2014.6 2014.9 2015.12 2016.3 2019.9 2022.7 2022.9	-0.1 -0.2 -0.3 -0.4 -0.5 0 0.75	2014年9月宣布了资产购买计划，计划每月购买银行债券和抵押贷款支持证券（MBS）等资产，规模为每月600亿欧元。2014年10月启动了抵押贷款支持证券计划，计划每月购买抵押贷款支持证券，规模为每月40亿欧元。2016年12月8日宣将其每月购债规模从600亿欧元增加到每月800亿欧元，直至2017年3月。此外，欧洲央行还宣布，将购买期限超过两年的非金融债券，并且启动为期两年的定向长期再融资操作（TLTRO II）计划。2019年11月1日开始，按月购买20亿欧元的资产，重新开始其资产购买计划。2020年4月18日，为应对新冠疫情的暴发和日益扩散给货币政策传导机制以及欧元区前景的严重风险，启动新的大流行紧急购买计划（PEPP），总额度为7500亿欧元	提供额外的货币刺激，从而有助于促进信贷"脱虚入实"，刺激消费和投资，以抵御通缩风险，巩固中长期通胀预期的稳固

续表

各央行 政策利率	宣布 时间	利率 （%）	补充措施	政策目标
日本 （超额存款 准备金利率 Interest Rate on Excess Deposit Reserve）	2016.1	−0.1	日本中央银行制定了一种称为"三级利率"系统的新机制。在这个系统中，所有在中央银行存放的资金都被分为三个类别，每个类别都有不同的利率： 第一层是"正常"存款（Basic Balance），其利率为0.1%；第二层是"宏观附加余额"的资金（Macro Add-on Balance），其利率为0；第三层是"政策利率余额"（Policy-rate balance），其利率为−0.1%。 2016年9月日本中央银行推出了收益曲线控制政策（Yield Curve Control，YCC），该政策设置了两个主要的目标：将10年期政府债券的收益率控制在大约0的水平，以及维持短期政策利率在−0.1%的水平。连同资产购买计划	刺激经济活动，推动通胀，鼓励银行更多地借贷，并推动企业和个人的消费和投资。促进本币贬值，从而刺激出口并带动经济增长

资料来源：瑞典央行、丹麦央行、瑞士央行、欧洲央行和日本央行。数据更新到2022年9月。

丹麦和瑞士的目标主要是保持本币汇率稳定，瑞典和欧洲的主要目标是提振物价水平，日本的需求较多，既想实现物价上涨，又要压低日元汇率。各央行的负利率主要调整的是利率走廊的下限，即商业银行在中央银行的存款利率。发达经济体已经实现了利率市场化，所以日本、丹麦、瑞典、瑞士的央行及欧洲央行并不能直接控制零售市场的存贷款利率，只能通过用利率走廊调控政策设定央行与商业银行存贷款利率上下限的方式来调控银行间同业拆借市场的利率。总体而言，各央行实施负利率分两种情况：第一，对所有存放在央行的超额准备金统一实施负利率，如欧洲央行；第二，对部分超额准备金实施负利率，如日本央行采取分级利率制。

第二节　负利率的国际由来及成效

在金融危机后，全球面临着充满挑战性的宏观经济环境，各个国家和经济体的情况各不相同，在这"乱花渐欲迷人眼"的背后也存在一定程度的共性。政策性利率是内生的，央行引导市场利率向自然利率的方向变化，从而实现货币政策稳定物价和充分就业的目标。所以，本节旨在对已经实施负利率政策的5个国家和经济体的实践经验进行综合分析总结，探索实施前各国的经济状况的共性，初步探寻政策利率能否通过金融机构传递到银行间市场利率以及信贷市场，以及实施后宏观经济状况改善的效果。本节所使用的数据涵盖了从 2004 年 1 月至 2023 年 6 月的欧元区、瑞典、瑞士、丹麦、日本和中国的宏观经济和货币市场数据。数据来源于中经网统计数据库、CEIC Data 数据库、世界银行（World Bank）数据库、经济合作与发展组织（Organization for Economic Cooperation and Development，OECD）统计数据库、联合国统计司（United Nations Statistics Division）以及各国中央银行官方网站数据库（欧央行、瑞士央行、瑞典央行、丹麦央行、日本央行以及中国人民银行官网）。

一、宏观经济指标

宏观数据是观察经济运行的窗口，也是分析经济形势的根基。通过分析各国和地区的统计数据可以发现，实施负利率的国家和地区都不同程度地呈现出宏观经济增速较低、通货膨胀水平较低、人口增长缓慢、失业率较高、货币面临升值压力等特征，这些特征给均衡利率带来下行的压力。当以上这些因素发生变化时，就会影响央行政策的制定与实现。选择负利率政策以实现经济增长和物价稳定，既是货币政策的全新实验，也是全球经济深层次变革的必然结果。接下来考察负利率实施前、实施后主要宏观变量的变化效果。

（一）国内生产总值

国内生产总值（GDP）是目前衡量一国经济发展最重要的宏观指标，定义为一国（地区）在一定时期内生产的所有最终产品的市场价值。货币政策以中央银行的目标为指导，主要是在中期内将通胀率保持接近目标水平（在大多数先进经济体中，目标通胀率设定在 2% 的水平）。此处使用支出法 GDP（不变价）同比增速（%）的季度数据对 5 个国家和经济体进行描述。

从图 2 - 2 可以看出实施负利率的 5 个国家和地区，国内生产总值同比增速都较低，且都出现过负增长的情况，尤其是在 2008 年金融危机之后全部呈现出强负增长的情况，随后两年呈增长态势。自 2013 年第一季度以来，欧元区连续两年出现 GDP 同比负增长，欧洲主权债务危机导致的市场风险已渐趋平复，跨境资金加速流入欧洲，欧元汇率持续上行，出口贸易压力增大。就在这样看空为主流的背景下，2014 年 6 月欧央行宣布实施负利率政策，GDP 同比增速逐步恢复了稳步增长的势头，2015 年第四季度同比增长 2.3%，2016 年第二季度为 2.2%，经济逐渐复苏。可以说，欧元区已摆脱了 2012、2013 年负增长的局面，经济增长进入恢复通道，负利率政策实施后欧元区经济正在复苏。金融危机后，瑞典经济遭受重创，GDP 增速曾经一度降至 -6%。2009 年 7 月，瑞典央行为挽救国民经济，史无前例地将隔夜存款利率下调到 -0.25%。GDP 增速迅速扭转，经济逐渐复苏，之后 GDP 增速一直维持在零以上。2008 年金融危机爆发后，瑞士相对受到影响较小，部分原因是其相对稳定的金融体系和相对独立的货币政策，虽然 GDP 增速呈现了负增长，但是下降幅度相对较小。2010 年开始，瑞士的 GDP 增速逐渐回升，并在 2011 年达到相对较高的水平。在 2015 年瑞士央行解除瑞士法郎与欧元的最低汇率限制后，瑞士 GDP 增速又出现了一定程度的波动。2008 年金融危机对丹麦造成了一定冲击，丹麦的 GDP 增长率一直徘徊在 2%，2010 年之后 GDP 增长率开始下滑，一度逼近零增长的界限。2012 年采取负利率政策之后，丹麦的 GDP 增长率开始回升，从 2012 年的 0.23% 增长至 2013 年的 0.93%，此后便一直保持增长的趋势。2015 年初大幅度下调基准利率之后，丹麦的 GDP 有一个较大的提升，由 2014 年的 1.62% 升至 2016 年的 2.40%，实现了经济较快的增长，经济逐渐复苏。负利率政策的刺激只在短期内对丹麦经济有效果，长期来看丹麦的经济开始滑落，2018 年降至 1.49%。日本经济的长期停滞，表现在名义 GDP 大幅度萎缩。2008 年的全球金融危机对日本经济产生了重大冲击。作为出口导向型经济体，日本的出口受到了世界各地的需求下降的影响，导致 GDP 增速急剧下滑，日本央行采取了一系列刺激措施，在 2016 年 1 月实施负利率政策等，来应对经济困境。

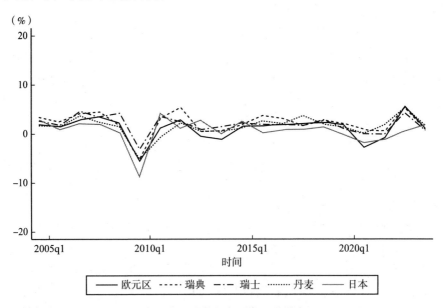

图 2-2　国内生产总值同比增速

资料来源：欧洲央行、瑞士央行、瑞典央行、丹麦央行、日本央行和世界银行。

GDP增长水平在很大程度上决定了利率有效下限，随着2008年金融危机爆发，各国经济增长水平都呈下降态势，经济处于长期停滞状态，通胀水平低于目标水平。在衡量利率水平时我们会参考"黄金法则（Golden Rule）"（Phelps，1967）。该法则认为，实际利率水平略低于实际GDP增长速度较为合理。对比同一时点的实际利率与实际GDP增长水平的时候，相当于对比没有剔除通胀水平的名义利率与名义GDP增长率，所以名义利率水平低于名义GDP增长率。在当前名义GDP增长水平较低时，名义利率水平也应该处于相对较低的水平，这意味着利率有效下限也在降低。

（二）通货膨胀率

各个国家一般采用消费者价格指数（CPI）同比增长率（%）来表示通货膨胀率，即用本期与去年同期的CPI同比增速来刻画物价变动情况。CPI是度量居民生活消费品和服务价格水平随着时间变化的相对数，综合反映居民购买的生活消费品和服务价格水平的变动情况。本书采用的是5个国家和经济体2004年1月至2022年12月的月度数据。泰勒（1993）提出的通货膨胀目标是2%。而基于每年的《政府工作报告》，谢平和罗雄（2002）将其设为4%。武娜和王群勇（2008）的研究指出，当通货膨胀率低于4.81%时，中央银行的主要任务应是促进经济增长。

从图2-3可以看出，2008年金融危机后通货膨胀率迅速下降，并降至中央银行的目标水平以下，经济疲软。消费者价格指数（CPI）同比增速处于较低水平，并且欧元区、瑞典、瑞士和日本还出现过负增长的情况。金融危机后欧洲面临严重的通缩压力，截至2013年9月末，欧元区居民消费连续八个季度同比下滑，2013年一季度，下滑幅度甚至达到了－1.8%。这个时期，财政与货币政策发力，带动经济运行触底反弹，消费需求回升并带动企业提高产能利用率，不过因为前期的高库存以及价格存在滞后情况，此时通货膨胀水平依然处于下行阶段。2014年开始，欧元区经济增长乏力，通胀率低位徘徊，亟待通过宽松的货币政策走出通缩阴霾。欧元区、瑞典和日本的目标是抑制通货紧缩，力求维持物价稳定。他们在经济衰退、持续低于目标通胀和下降的通胀预期下引入了负利率，努力使通胀率保持在2%左右的水平。欧洲央行管理委员会明确提出，将中期通胀目标设定为2%，有助于稳定物价和锚定通胀预期。2014年6月，欧央行正式实施负利率政策，欧元区通胀水平有所上行。2013年2月欧元区CPI同比增速跌破2，随后一路下跌，直到2014年6月CPI同比增速降到了0.5%，通胀降幅之大强化了市场对降息的预期，此时欧元区正式实施负利率政策将存款便利利率降到－0.1%。2012年1月瑞典CPI同比增速降至1.86%，随后不到一年的时间里 CPI 同比增速降到了负数（2012 年 11 月，－0.11%），在持续下跌的态势下，瑞典于 2015 年 2 月将回购利率降到－0.1% 的水平。瑞士 CPI 同比增速一直很低，金融危机后，从 2009 年 3 月至 2009 年 10 月以及 2011 年 10 月至 2013 年 10 月一直保持在负值水平，经过短暂的回调后，2014 年 9 月再次步入负值水平（－0.09%），随后同年 12 月瑞士实施了负利率政策。丹麦的 CPI 同比增速相比较其他国家具有较高水平，始终保持为正值，但是在 2010 年和 2011 年也出现了不同程度的下降趋势，丹麦于 2012 年 7 月实施了负利率政策。日本 CPI 同比增速水平波动较大，金融危机后从 2009 年 2 月至 2011 年 12 月，CPI 同比增速持续为负值，短暂的回调后，又在 2012 年 6 月至 2013 年 5 月进入负值区域，之后一路飙升至 3.7%（2014 年 5 月）。从此之后稳步下降至 2016 年 1 月的 －0.1%，也正是此时日本实施了负利率政策。

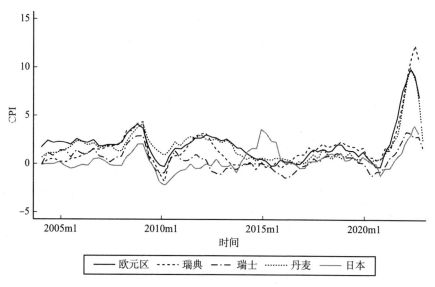

图 2 - 3　通货膨胀率

资料来源：欧洲央行、瑞士央行、瑞典央行、丹麦央行、日本央行和世界银行。

具体来看，在负利率政策出台后，短期内欧元区、瑞典、瑞士、丹麦和日本的通胀水平未出现上升的走势，没有达到短时间内提振经济的目标，如表 2 - 2 所示。本书选取这 5 个国家或地区在实施负利率的时点（滞后一期），观测负利率冲击出现后短期内（2 个季度）CPI 同比增速的变动情况。2014 年 12 月至 2015 年 2 月欧元区 CPI 同比增速不增反降，连续 3 个月出现负值，甚至进一步落入 －0.6%，也是金融危机之后首次出现负值的状况，可以看出短期内负利率政策在欧元区没有实现促进经济发展、稳定物价的目标。瑞典在实施负利率之后，从 2015 年 4 月至 2015 年 8 月，CPI 同比增速在 4 个月出现负值，瑞士在 2015 年 1 月后多个月内 CPI 同比增速连续出现负值。丹麦在实施负利率政策后的 8 个月内 CPI 同比增速不但没有提升反而有所下降，虽然始终保持正值水平。日本在 2016 年 4 月后多个月内 CPI 同比增速持续为负值，并且负值水平越来越大。2015 年 2 月，在瑞典宣布实施负利率政策之后，通货膨胀率出现上升趋势，到 2016 年初，通货膨胀率同比增长率达到了 2% 的水平，基本实现了通货膨胀的目标。然而欧元区和日本，分别在 2014 年 6 月和 2016 年 1 月实施负利率政策后，短期内通货膨胀同比增长率下降（日本在 2014 年有一段时间通货膨胀率快速大幅度上升，主要原因是"安倍经济学"的一系列量化宽松政策的出台，但后来由于政策乏力，2014 年下半年通货膨胀率开始下降）。

表 2 - 2　　　　　　　　实施负利率后 CPI 同比增速变动数值

日期	2014 年 7 月	2014 年 8 月	2014 年 9 月	2014 年 10 月	2014 年 11 月	2014 年 12 月	2015 年 1 月	2015 年 2 月
欧元区	0.4	0.4	0.3	0.5	0.3	-0.2	-0.6	-0.3
日期	2015 年 3 月	2015 年 4 月	2015 年 5 月	2015 年 6 月	2015 年 7 月	2015 年 8 月	2015 年 9 月	2015 年 10 月
瑞典	0.16	-0.23	0.06	-0.44	-0.08	-0.17	0.07	0.09
日期	2015 年 1 月	2015 年 2 月	2015 年 3 月	2015 年 4 月	2015 年 5 月	2015 年 6 月	2015 年 7 月	2015 年 8 月
瑞士	-0.49	-0.84	-0.87	-1.12	-1.18	-1.04	-1.28	-1.4
日期	2012 年 8 月	2012 年 9 月	2012 年 10 月	2012 年 11 月	2012 年 12 月	2013 年 1 月	2013 年 2 月	2013 年 3 月
丹麦	2.6	2.49	2.39	2.28	2.08	1.24	1.23	1.02
日期	2016 年 2 月	2016 年 3 月	2016 年 4 月	2016 年 5 月	2016 年 6 月	2016 年 7 月	2016 年 8 月	2016 年 9 月
日本	0.2	0	-0.3	-0.5	-0.4	-0.4	-0.5	-0.5

资料来源：欧洲央行、瑞士央行、瑞典央行、丹麦央行、日本央行和世界银行。

负利率政策出台后，长期分析中发现，负利率政策对提振经济有不同程度的正效应。2016 年 9 月欧元区 CPI 同比增速稳步上升，恢复到了实施负利率之前的 0.4%，但是依然距离预期值有一段距离，直到 2018 年 5 月欧元区 CPI 同比增速突破 2%，并且维持了 6 个月。可以看出负利率在长期内对提振经济起到一定的作用。瑞士从2015年9月开始CPI同比增速企稳回升，但是一直保持在负数水平，直到2017年1月CPI同比增速达到了正值区域（0.35%），在2022年2月CPI同比增速超过2%达到2.15%。2016年10月，日本CPI同比增速恢复为正值0.1%，随后稳步上升。

从欧元区、丹麦和瑞典央行实施负利率政策的经验来看，这些地区的通货膨胀水平确实有所上升。然而，只有在丹麦，通货膨胀的提升幅度较大并且具有一定的持久性。相对而言，欧元区和瑞典的通货膨胀水平直至量化宽松政策实施后才显著改善。与此不同，瑞士在采用负利率政策后，其通货膨胀水平反而持续下滑。主要的原因在于，央行在下调利率的同时取消了瑞士法郎与欧元1.2：1的汇率上限，这一举措导致瑞士法郎急剧升值，从而加剧了国内的通缩压力。观察五个经济体的经验，本书发现多数国家都面临通货紧缩的问题。长期的通货紧缩对经济增长不利，而负利率的主要效果是鼓励居民将储蓄转为消费，这不仅能提高消费需求和企业产出，还有助于提升物价水平。

（三）生产者价格指数

本书使用生产者价格指数（PPI）来衡量生产过程中使用的商品和服务的价格变化，定义为某个时期内工业企业产品第一次出售时价格变动的相对数。理论上看，PPI的波动会向CPI传递，PPI反映的是全部工业产品的出厂价格，而CPI反映的是一篮子消费品和服务的价格。价格水平的波动会先出现在生产领域，然后通过产业链逐渐向下游传导，最后影响消费领域，也就是说PPI的走势会略微领先于CPI，即PPI是预测CPI的一种手段。如果PPI持续下降，可能会引发通货紧缩担忧，中央银行将采取相应的货币政策。本书使用2004年1月至2022年6月PPI（基年=100）制造业的月度数据进行分析，如图2-4所示。

从图2-4可以看出，2008年金融危机之后，五个国家和经济体的生产者价格指数出现了加速下降的趋势，之后一直维持较低水平，且不同程度地都出现过负增长的情况。欧元区不仅面临全球经济衰退的挑战，还经历了欧洲主权债务危机，导致其内部一些成员国的经济受到严重影响，造成了一段时间PPI的下滑。在2013年10月以后PPI有所回升，但处于震荡走势，2014年6月出台了负利率政策，并没能在短时间内改善PPI的情况，而且在2016年7月再降到低点-0.5%，之后欧元区PPI逐渐稳定并在后续年份中有所回升。丹麦在金融危机后的PPI变化相对较为平缓。尽管全球经济衰退对其有所影响，但其强大的经济基础和灵活的政策应对策略使其PPI在一段时间后开始回升。瑞典和瑞士PPI出现了短暂的下滑，但随着瑞典央行实施的负利率等宽松的货币政策和经济刺激措施，PPI逐渐恢复。可见，欧洲经济虽然在复苏，但仍未处于全面稳定态势。直至 2021 年，除了日本以外，其他 4 个国家和经济体的 PPI 全面回暖出现持续上升的态势，这会引起通货膨胀的预期，中央银行陆续采取了紧缩的货币政策，政策利率水平随之上升，结束了负利率政策。

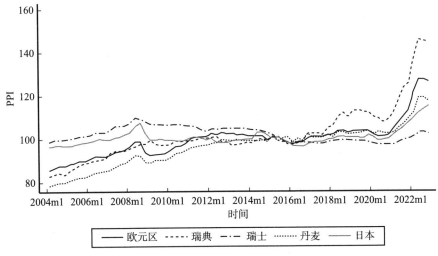

图 2－4　生产者价格指数

资料来源：欧洲央行、瑞士央行、瑞典央行、丹麦央行、日本央行和世界银行。

（四）失业率

劳动力市场健康状况与宏观经济状况是中央银行在指定货币政策时必须考虑的因素。本书采取 2004 年第一季度至 2022 年第二季度的 15 岁及以上人口失业率（%）的季度数据对各个国家劳动力市场健康状况进行描述。根据菲利普斯曲线，得到失业率与通货膨胀之间存在负相关关系，也就是失业率过高，通货紧缩的压力就会上升。高失业率也意味着经济产出低于其潜在产出水平，表明经济处于衰退或萎缩中，如图 2－5 所示。

从图 2－5 可以看出，经历欧洲主权债务危机后，欧元区失业率居高不下，2014 年突破 12%，同年 6 月欧洲央行实施负利率政策后，失业现象明显好转，2017 年失业率降至 10% 左右，远高于 5% 的充分就业水平，尽管负利率政策已经实施，整个欧元区的失业率仍然相当高。之后，欧元区的失业率一直下降，到 2019 年 8 月，欧元区失业率已经下降至 7.4%。具体到个别国家，2014 年 4 月希腊和西班牙的失业率分别达到了惊人的 26.5% 和 25.1%。然而，负利率政策实施后，欧元区的失业率有所下降，2014 年 6 月失业率为 11.5%，到 2016 年 6 月已降至 10.1%。截至 2014 年第二季度，欧元区平均失业率高达

11.8%，整个就业市场可以改善的空间较小。欧洲的这些国家和经济体的失业率基本在4%以上，2008年后瑞典经济遭受重创，GDP增速降至 -6%，出口大幅下降，劳动力市场状况继续迅速恶化，失业率急剧上升超过8%。日本的失业率在金融危机后略有上升，但总体上仍保持在较低水平。这部分归因于其文化和社会结构，在2010年后随着日本经济的温和恢复，失业率逐渐下降并持续低于4%。

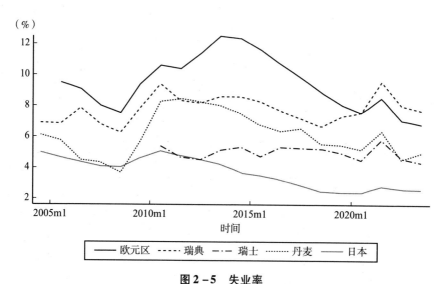

图2-5　失业率

资料来源：欧洲央行、瑞士央行、瑞典央行、丹麦央行、日本央行和世界银行。

（五）贸易依存度

贸易依存度可以衡量一个国家经济在多大程度上受到外部因素的影响，本书使用2004年第三季度至2022年第二季度的进口额占GDP百分比（%）的季度数据，来描述5个国家和经济体的贸易依存度水平。从国际收支的平衡角度看，除资本账户外，经常账户同样重要。观察实施负利率政策的国家或地区，本书发现这些地方通常具有较高的贸易依存度，并且近年来其进出口贸易状况不断恶化。从图2-6可以看出，欧元区与日本是大经济体，其贸易依存度水平较低。相反，瑞典、瑞士和丹麦的贸易依存度整体水平较高，即高度依赖外贸的国家，汇率波动对其国内价格、生产和就业会造成明显的经济冲击，所以在经济衰退的时候，瑞典、瑞士和丹麦这些国家为了避免本币升值而提出了负利率政策。2008年金融危机后，欧元区、瑞典、丹麦、瑞士和日本的贸易依存度都出现大幅下滑，甚至出现超过 10% 的负增长。结合图 2 - 2 分析，丹麦、欧元区和瑞士的进口额相对于 GDP 并没有明显下降，这主要是因为这些地区的 GDP 增长缓慢，甚至出现负增长。在这种背景下，负利率政策可能起到刺激本币贬值的作用，从而改善国际贸易条件。这不仅有助于优化进出口状况，还有助于在平衡国际收支的同时推动经济增长。

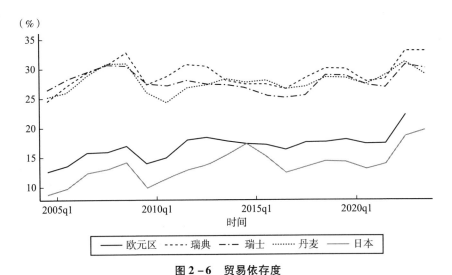

图 2 - 6 贸易依存度

资料来源：欧洲央行、瑞士央行、瑞典央行、丹麦央行、日本央行和世界银行。

（六）人口增长率

人口增长率可以影响一个国家的潜在产出，也就是该国在充分利用其生产资源（包括劳动力）时可以达到的生产水平。本书使用 2002 年至 2022 年人口年增长率（%）的年度数据，来分析 5 个国家和经济体的情况，如图 2 - 7 所示。随着人口增长，消费和投资需求都会随之增加，从而推动经济增长；不同的人口结构和增长速度还会影响一国储蓄率，年轻的人口结构会导致较低的储蓄率，反之老龄化的人口会增加储蓄；不同人口结构能够对公共产出（教育、养老金等）产生影响。所以当人口增长率下降，通常会压低自然利率水平，有效下限已经下降了至少一个百分点（Carvalho et al.，2016；Lisack et al.，2017）。

欧洲国家的人口增长多数来源于移民，瑞典的情况较为明显，尤其是 2015 年以后大量移民进入瑞典。日本的人口增长率在这个区间内持续减少，因为死亡率超过出生率且移民输入相对较低。日本面临着人口老龄化和人口减少的挑战，这导致了劳动力市场紧张和内需的疲软。这些结构性问题限制了经济增长潜力。

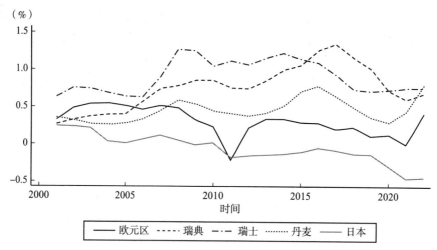

图 2 - 7　人口增长率

资料来源：欧洲央行、瑞士央行、瑞典央行、丹麦央行、日本央行和世界银行。

（七）汇率

全球金融危机之前，一个基本共识是浮动汇率制更有利于维护宏观经济稳定，可以从两层意思来分析：第一层是资本与金融账户开放的前提下，浮动汇率有利于货币政策的独立性，本国货币能够专注于本国的经济增长和物价稳定；第二层是汇率灵活性本身也是经济周期波动的一部分，能够起到自动稳定器的作用，避免出现国内外的持续失衡。汇率的波动对进出口有直接影响，进而会触及整体的国家经济状况。以本币贬值为例，这通常会激励出口增长，导致商品价格攀升，进而促使实际利率下行并鼓励投资活动。作为小型经济体的瑞典、瑞士和丹麦，为了确保国际收支平衡、遏制大量的投机性资本流入以及保持本币的稳定性，他们在不同的时间点选择实施负利率政策。然而，这些政策对于限制汇率上涨的效果似乎仍不尽如人意。本研究采用的数据范围是 2004 年第三季度至 2022年第二季度的本币对美元汇率指数（以基年为 100）的月度平均值，如图 2 - 8所示。

从图 2 - 8 能够看出来，在欧洲主权债务危机系统性风险过后以及美联储量化宽松的背景下，2012 年一年内欧元大致升值 6%，这对本就羸弱的欧元出口来说是雪上加霜。自 2013 年第一季度以后，欧元区连续两年出现 GDP 同比负增长，欧洲主权债务危机导致的市场风险已渐趋平复，跨境资金加速流入欧洲，欧元汇率持续上行，出口贸易压力增大。2014 年 6 月，欧洲中央银行实施负利率后，欧元整体呈现贬值态势，放松了欧元区的货币条件。欧元从原先的 0.73 欧元

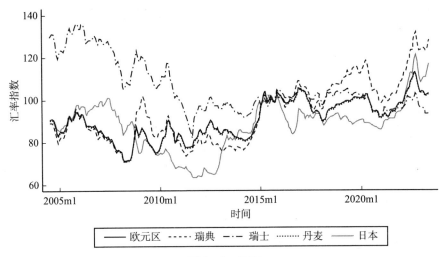

图 2-8　汇率

资料来源：欧洲央行、瑞士央行、瑞典央行、丹麦央行、日本央行和世界银行。

对 1 美元，下滑到 2015 年 3 月的 0.92 欧元对 1 美元的水平，通过汇率渠道的传递被认为是明显的，这导致自 2014 年 6 月以来欧元大约贬值了 20%。2012 年 7 月和 2014 年 9 月，丹麦央行两次采纳负利率措施，导致其汇率由此前的上涨趋势逐渐转为下行，使得丹麦克朗得到了明显的贬值效果。从此，它相对欧元保持了币值的稳定性。瑞士法郎被认为是避险货币，瑞士是国际金融市场中最安全的国家之一，在 2008 年金融危机之后一段时间内许多资金流入瑞士资金体系，导致瑞士法郎对美元大幅度升值。而在 2014 年 12 月，瑞士央行将超额活期存款利率调整为 -0.25%。尽管如此，瑞士法郎对欧元的坚挺走势并未得到有效遏制，导致央行最后被迫放弃了欧元兑瑞士法郎 1∶1.2 的汇率下限，其汇率维稳策略宣告失效。瑞士货币升值压力并未因负利率得到根本缓解，瑞士法郎在负利率政策实施后反而迅速升值，随后呈波动状态，但是整体水平依然高于实施负利率政策之前的水平，这与 2015 年 1 月瑞士宣布放弃瑞士法郎对欧元的汇率限制有关。这显示出，负利率确实可以一定程度上减轻本币升值的压力，但在各实施国家的效果并不一致。出乎预料的是，日本在采取负利率政策后，短期日元兑美元贬值，但长期却呈现了升值趋势。日本在 2016 年 1 月宣布实施负利率政策后，日元兑美元汇率不降反升，2016 年第一季度涨幅达到 11%，影响了对总需求刺激的效果。截至 2016 年 1 月末，1 美元可兑换 118 日元，而到了 2016 年 5 月则上升至 109 日元。这一变化的主要原因在于国际环境的不确定性增加。英国脱欧后，国际投资者将日元视为避险资产，导致美元兑日元汇率一度降至 100 日元以下。随着世界主要发达经济体普遍实施负利率或低利率货币政策，利率对本国货币汇率的反向影响逐渐减弱。负利率政策刺激汇率贬值的前提是其他主要发达经济体的利率总体高于本国利率。然而，一旦这一条件被打破，即使名义利率为负，也无法阻止国际资本流入，或者推动本国资本流向其他国家。负利率政策在一定程度上会促使本币贬值，有助于降低国际投机性资本的流入，改善本国出口商品的贸易环境，进而促进进出口的平衡，从而保证国际收支的稳定。那些选择执行负利率策略的国家和地区，其实在某种程度上，也在参与一种形式的竞争性货币贬值。日元和欧元兑美元都有明显的贬值。而当谈到负利率策略对刺激本币贬值的效果时，欧元区无疑是最为显著的例子。

（八）股票价格指数

各国资本市场主要股票价格指数的变化率，能够衡量金融体系内部向实体经济传导的效果。本书使用 2004 年 9 月至 2022 年 9 月股票价格指数（基年 = 100）的月度数据，对 5 个国家和经济体进行描述。货币政策通过证券市场的传导机制可以大致分成三类：（1）资产负债表渠道，利率水平下降→股票价格上升→金融资产价值上升→家庭资产负债表改善→风险溢价下降→贷款量上升→消费增加→产出上升；（2）财富效应（莫迪利安尼生命周期理论），利率水平下降→股票价格上升→金融资产价值上升→生命周期内可用资金水平上升→消费增加→产出上升；（3）托宾 q，利率水平下降→股票价格上升→q 值上升→投资额度提升→产出上升。

从图 2-9 可以清晰地看出，2008 年金融危机期间，5 个国家和经济体的股票市场受到了重创，并且指数大幅下滑。欧洲债务危机后，欧洲国家的股票市场进一步受到压力，在 2014 年 6 月欧元区宣布实施负利率政策后，欧元区股票市场开始逐渐复苏。瑞士的股票市场因为国家经济的稳定性和强大的金融部门而相对稳定，虽然 2008 年全球金融危机期间也受到了影响，但恢复得相对较快。瑞典和丹麦的股票市场在金融危机期间也受到了打击，但随后几年显示出了相对的恢复，这两个国家分别在 2009 年和 2012 年实施了负利率政策，随后他们的经济和股票市场在 2010 年至 2021 年之间表现相对强劲，丹麦是股票价格上升幅度最大的国家。日本股市同样在金融危机期间受到了冲击，2013 年以后市场开始缓慢恢复，2016 年 1 月实施负利率政策后，日本的股票市场得到了一定的刺激。

实施了负利率政策后，它对股价的潜在正面影响逐步显现，市场利率的下降在金融市场中得到了更广泛的传导，从而促进了资产价格的增长。从短期角度看，负利率政策激励了家庭消费和企业投资活动，这使得在宽松的货币环境中股价往往呈现上升趋势。然而，如果负利率产生了消极的经济预期，它不仅不会刺激股价上涨，反而可能导致股价短时急剧下跌。负利率的推出使固定收益证券和黄金价格上升，也吸引了大量资金投入房地产和股票市场。以丹麦、瑞士和欧元区为例，在采纳负利率政策后，其股票市场价格表现出明显增长。

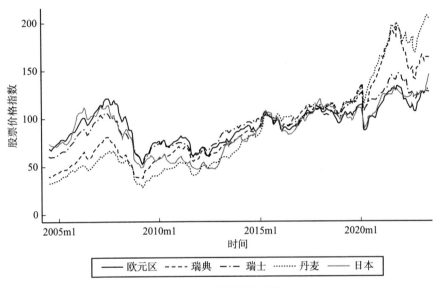

图2-9　股票价格指数

资料来源：欧洲央行、瑞士央行、瑞典央行、丹麦央行、日本央行和世界银行。

（九）现金需求

一些国家的货币局担心负利率会导致提取现金存款的风险。到目前为止，负政策利率并没有导致5个国家和经济体现金需求异常跃增，没有证据表明家庭、企业或非银行金融机构等储户会大规模将储蓄转向现金，这可能是因为零售存款者已经免受负利率的影响，这在维持现金需求稳定中发挥了关键作用。如图2-10所示，在丹麦、欧元区和瑞士，现金需求呈上升趋势，部分原因是利率已经很低，考虑到运输、储存、保险和持有大量现金相关的其他成本，名义利率的实际下界在零以下，丹麦中央银行将其解释为尚未达到利率的下限。欧元区2019年8月流通中的纸币高达1.2万亿欧元，创历史新高，而这一数字几乎是十年前的两倍。然而，在瑞典，现金的需求没有增加反而出现下降的趋势。银行在将负利率转嫁给储户方面一直犹豫不决，这限制了囤积现金的动机。事实上，一些国家（丹麦和瑞士）现金持有量的增加大部分可以用流通货币与短期利率变动之间的正常关系来解释，这反映了持有现金而非存款的机会成本降低。无论利率是正值还是负值，当利率下降时，流通中的货币量都会增加①。原则上，银行本身也可以利用其在央行持有的超额准备金来购买和持有钞票，以此来规避这些准备金的负利率。虽然在部分国家观察到银行现金持有量有所上升，但相关数据并未显示出银行体系流动性显著向实物现金转移的趋势。超额流动性与实际库存现金之间的低相关性也表明，银行通过持有现金进行利率规避的行为在实际中是有限的。目前的负利率水平似乎不足以激励银行为超额储备建立替代储存能力（IMF，2016）。日本实行负利率政策后，预期的居民消费增长并未实现，相反，许多居民选择从银行取出资金，并将其保存在家中的保险柜里。日本的家庭开始积极地囤积现金，导致保险柜成为热门商品甚至脱销，表明挤兑的担忧不是没有道理的。

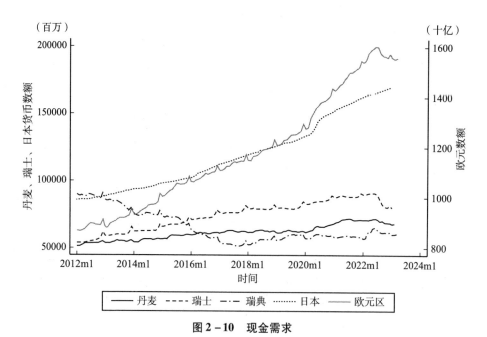

图 2-10　现金需求

资料来源：欧洲央行、瑞士央行、瑞典央行、丹麦央行、日本央行和世界银行。

---

① 企业规避负存款利率也会影响经济的其他部分。例如，丹麦税务机关不得不限制企业预缴税款的数额，以便从存款中获得适度的利息，这些利息将记入企业欠款或退税的贷方，从而限制了将税收作为准银行账户来使用，以避免应税收入的负利率（Campbell and Levring，2016）。

根据对银行在金库中储存大量货币的成本的计算，美联储工作人员在 2010 年得出结论，美国银行准备金的利率实际上不可能低于约 - 0.35%。自那以来，一些国家实施了低于 - 0.35% 的负利率政策，而没有引发大规模的货币囤积。例如，瑞士的政策利率 2015 年 1 月为 - 0.75%，瑞典在 2016 年 2 月为 - 0.50%，这些国家没有出现囤积货币的现象，表明负利率工具可能比想象得更强大（Bernanke，2016）。各个实施负利率的国家没有明显的现金囤积迹象，可能是由于零售存款利率的传导有限，没有显示大面额纸币在总流通中的份额与负利率的引入相一致的任何大的变化（Ball et al.，2016；Jobst and Lin，2016）。

尽管许多金融机构和大型企业受到负利率的影响，但这些利率并未直接转嫁给普通的零售存款者，这使得该政策对实际经济的效果受到了削弱。随着利率继续深入负值，除非有其他措施来中和这些不利影响，否则越来越多的人可能会选择持有现金，从而削弱了负利率政策的效果。

二、负利率传导效果

除日本银行于 1999 年 2 月引入的零利率外，在第二次世界大战后的时代很少出现这种被认为是下限的情况。随着中央银行将政策利率推至零以下，人们认识到有效下限可能会降低，但各司法管辖区背后的决策动机有所不同，导致在不同司法管辖区内政策实施的差异。接下来，回顾 5 个实施过负利率政策的国家和经济体的经验，关注负政策利率的实施技术方面，探讨各个国家或经济体负利率政策对货币市场的影响以及对其他利率的传递[①]。负利率是否通过对公司和家庭的较低贷款利率特别是与银行中介相关的利率，传递到更广泛的经济领域。制度和合同约束可能在零利率处造成不连续性，阻碍资金市场之外的传递，降低价格联动性。研究负利率对货币市场、资本市场等的传递，发现如果负利率不转化为家庭和公司的存款、贷款利率，它们在很大程度上就失去其存在的理由。另外，对于负利率传递给公司和家庭的存款、贷款利率，除非负利率也被施加到存款上，否则银行的盈利能力会受到消极的影响，这也引发了关于零售存款基础稳定性的问题。在任何情况下，银行作为金融中介的商业模式的可行性都可能受到质疑。

负利率政策导致银行间市场的利率下降至负值。这样的政策降低了批发资金

[①] 对于政府存款，待遇各不相同。在瑞士，联邦政府的即期存款是免税的，但余额受到监控。在丹麦，政府存款只有在超过一定门槛时才会产生负利率。而在欧元区，由于小额豁免，政府账户事实上受制于负利率。在瑞典，自 1994 年以来，瑞典央行就不再是政府的银行。

的成本，并进一步推动了银行的存贷款利率和债券市场的中长期利率下滑。5 个央行中隔夜利率一直跟政策利率降至零以下，此外，负利率已经传导至其他货币市场利率，但值得注意的是，各国央行的负债结构存在差异，具体的传导效果也会因此而异。

（一）欧元区

在欧元区，对利率走廊下限存款便利利率（DFR）实施负利率政策，当欧洲央行将其存款便利利率转入负值时，它继续以主要再融资操作（MRO）利率支付最低要求准备金，而全部超额准备金则以存款便利利率支付。例如 2015 年 12 月准备金获得再融资操作利率 0.05%，而超额储备则"获得" -0.3% 的报酬（DFR 为 -0.3%）。在欧元区，流动性盈余以隔夜存款的形式持有，对其账簿上的大多数账户实行负利率，以限制账户间套利的可能性。欧元区在利率走廊体系下，市场利率的走向有向中间值收敛的倾向。当存款便利利率下降至负值区间，主要再融资操作利率与边际贷款便利利率也同时同水平降低，通过这样的利率走廊进一步使同业拆借利率波动区间同步降低，如图 2－13 所示。2014 年 6 月和 9 月，欧央行做出存款便利利率为负的决定后，欧元区隔夜存款利率中值并未降至零以下，存款便利利率下调的传导延迟可能反映了市场参与者在新的负利率环境中进行操作性调整的成本，以及在欧元区范围内超额流动性分配方面的摩擦。相比之下，政策行动传导到更长的市场利率和其他细分市场：欧元银行间同业拆借利率（EURIBOR）、6 个月 EURIBOR、政府债券收益率普遍下降，负利率已经传递到其他货币市场利率，从而有助于促进信贷"脱虚向实"，刺激消费和投资，以抵御通缩风险，如图 2－11 所示。欧元区货币市场的短期利率在货币政策传导过程中发挥着至关重要的作用，是银行为企业和家庭贷款定价的主要参考点。由于法定准备金的规模较小，银行总准备金的平均利率实际上等于存款工具的负利率。当欧洲央行在 2014 年 6 月通过将 DFR 降至零以下，开始其负利率政策时，过剩流动性已经高于危机前水平，约为 2000 亿欧元。因此，短期利率徘徊在 DFR 和 MRO 之间，负利率政策只是构筑利率走廊下限突破负值，利率走廊乃至整个市场利率通道并非负值。资产购买计划注入的大量过剩流动性更果断地将利率推向 DFR，这在 2015 年 3 月公共部门购买计划（PSPP）启动以来最为明显。2016 年欧元区银行的隔夜存款（2970 亿欧元）和经常账户余额（6130 亿欧元）约为 9100 亿欧元。最低存款准备金要求为 1160 亿欧元，按 0% 的 MRO 利率计算，这就使 7940 亿欧元的超额存款准备金受到 -0.4% 的负利率作为边际政策利率的影响（IMF，2016）。2016 年 3 月，欧洲央行决定继续将存款准备金利率下调至 -0.4%，这也从侧面反映了负利率政策对解决欧元区经济衰退有一定的效果。欧元体系理论上可以容忍进一步下调存款利率，在 2019 年 9 月，欧元区进一步调低存款便利利率水平至 -0.5%。

负利率在欧元区存款和短期市场利率不平等传递，图 2 - 11、图 2 - 14 和图 2 - 15 显示了 2012 年 1 月至 2022 年 5 月欧洲央行的主要政策利率、1 个月期 EURIBOR（无担保短期债务市场利率的基准），以及欧元区银行向家庭与企业提供的隔夜存贷款平均利率的变动情况。只要政策利率处于正区间，存款利率和 1 个月期 EURIBOR 就会与政策利率同步变动；当政策利率在 2014 年 6 月降至零以下时，1 个月期 EURIBOR 和存款利率的路径出现分歧——1 个月期 EURIBOR 随着较低的政策利率而下降，而存款利率保持相当稳定。企业存贷款利率表示批发金融市场，家庭存贷款利率表示零售金融市场，从图 2 - 14 和图 2 - 15 中可以发现，批发与零售的金融市场存在不对称冲击。对于零售储户而言，现金的保管成本要小于批发储户，批发储户对负利率的容忍度要大一些。因此，负利率难以传导到零售储户身上，所以在存款利率下降的幅度上存在差异。

欧洲主权债务危机后，欧洲公共部门实施杠杆化操作来缓解风险，但是法国和德国 10 年期国债收益率依然较低。负利率政策实施后，长期国债收益率下行，短中期的国债甚至出现负的收益率。2016 年 3 月欧洲央行第四次降低负利率之后，法国、德国、意大利和西班牙的 10 年期国债，分别下降了 10 个、10 个、10 个和 18 个基点。2019 年欧元区 10 年期国债收益率已经触碰零收益，主要原因是，在负利率和其他非常规货币政策的综合作用下，欧元区货币市场和债券市场流动性持续下降，因此负利率已传递到长期债券市场。2019 年 7 月，法国 10 年期国债收益率降至负值 -0.07%，2019 年 3 月，德国 10 年期国债收益率一度降至 -0.03%，刷新历史新低，如图 2 - 12 所示。实施负利率政策后的收益率曲线比实行前更平坦，反映了市场普遍预期长期利率有进一步下降的空间，从而追加长期债券的购买量，进一步推高其价格，使其收益率下降幅度大于短期债券收益率。而众所周知，欧元区货币政策统一但财政政策分散导致国债市场的定价失灵、收益率趋同，这也是欧洲债务危机爆发的直接原因之一。也就是说，投资者如果把资金放在短中期的国债上，不仅得不到收益，反而还要付费。这种情况会导致资产价格（尤其是债券价格）上升，银行的资本利得收益上升，但是这样的利润拉动效果是一次性的。总体来看，负利率政策在欧元区改善了非银行部门的融资条件，基本符合负利率政策的预期作用。

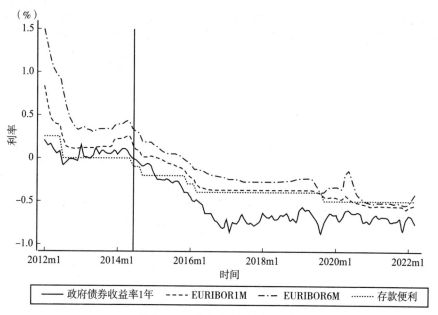

图 2 – 11　欧元区主要市场利率

资料来源：欧洲央行、世界银行。

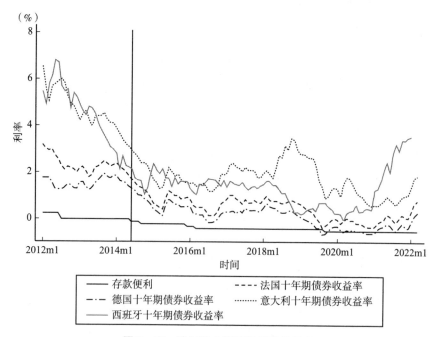

图 2 – 12　欧元区主要国家债券收益率

资料来源：欧洲央行、世界银行。

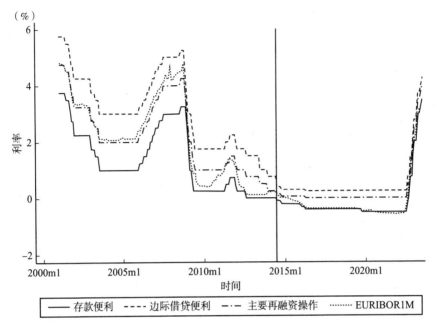

图 2 - 13 欧元区利率走廊

资料来源：欧洲央行、世界银行。

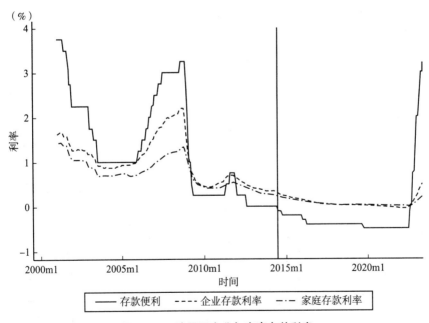

图 2 - 14 欧元区企业与家庭存款利率

资料来源：欧洲央行、世界银行。

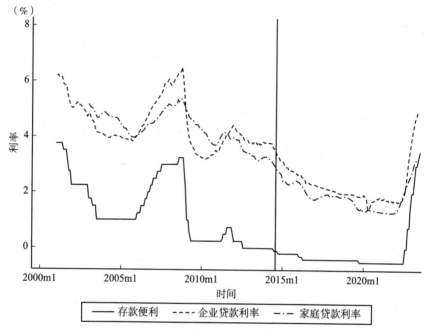

图 2 - 15 欧元区企业与家庭贷款利率

资料来源：欧洲央行、世界银行。

（二）瑞典

瑞典央行的政策利率是七天回购利率（Repo Rate），瑞典央行向银行提供的常备存款（Standing Deposit）和贷款便利（Loan Facilities）的存款和贷款利率分别比政策利率低 0.10 个百分点、高 0.10 个百分点，通过提高或降低政策利率，瑞典央行可以影响瑞典的其他利率，从而影响瑞典经济的需求，进而影响通货膨胀。瑞典央行发行的是为期一周的债务证书（7 天回购），为确保在日终前减少超额流动性，还进行了每日的微调操作，因此各银行在央行的隔夜存款只占少数。在瑞典，央行使用隔夜和一周负债的组合对其账簿上的大多数账户实行负利率，以限制账户间套利的可能性。瑞典中央银行（Sveriges Riksbank）分四步将其回购利率降至 -0.5%，进而传递到市场利率，包括短期国库券、一些政府债券和抵押债券都以负利率交易。2015 年 4 月瑞典 10 年期国债收益率出现短期反弹，主要原因是通货膨胀预期上升和对前期收益率过度下降进行的修正，如图 2 - 16 和图 2 - 17 所示。然而，政策利率的降低并没有完全传递给存款和贷款利率，银行将负利率传递给一些大公司和机构投资者的存款，但对零售存款人维持正利率，如图 2 - 18 和图 2 - 19 所示。

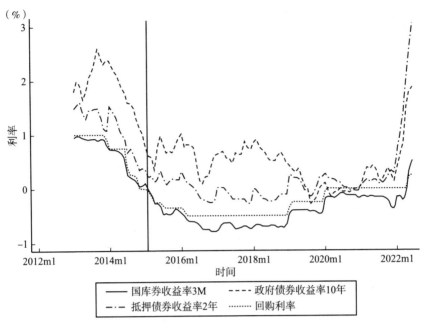

图 2－16 瑞典主要债券收益率

资料来源：瑞典央行、世界银行。

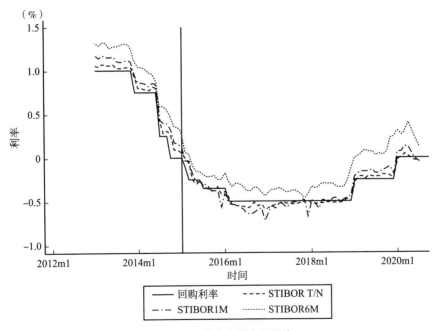

图 2－17 瑞典主要市场利率

资料来源：瑞典央行、世界银行。

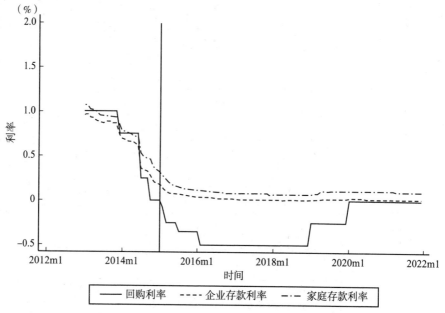

图 2－18　瑞典企业与家庭存款利率

资料来源：瑞典央行、世界银行。

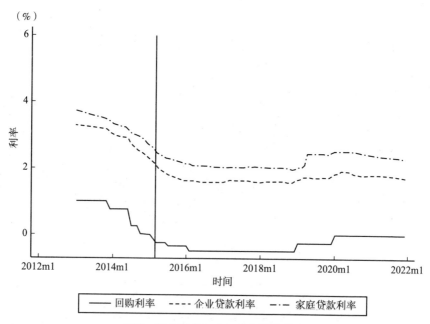

图 2－19　瑞典企业与家庭贷款利率

资料来源：瑞典央行、世界银行。

(三) 瑞士

瑞士被视为安全港，政治和通胀风险较低，不同于其他负利率政策的国家，不需要克服经济动荡来降息刺激经济。瑞士央行采用了某种形式的豁免标准，报酬制度的设计和校正均反映了政策目标与已有实施框架的综合效应。瑞士央行设定的豁免门槛有两种方法。第一种方法适用于所有需要满足最低准备金要求的银行。瑞士国家银行（SNB）曾大规模干预外汇市场，并多次降低货币政策利率。在 2014 年 6 月瑞士国家银行指出："瑞士的负利率……将有助于逐渐削弱瑞士法郎的强势。"截至 2021 年 12 月，该豁免门槛等于实施前最低准备金要求的 20 倍（静态部分）再加减上现金持有量的变化（动态部分）。此动态部分的设计目的是防止账户持有者用现金代替即期存款。第二种方法为不需要满足最低准备金要求的账户持有者设置了一个固定豁免额度，该额度定为 1 千万瑞士法郎，意在确保金融机构能够流畅地结算瑞士法郎交易。在瑞士，流动性盈余以隔夜存款的形式持有，中央银行对其账簿上的大多数账户实行负利率，以限制账户间套利的可能性。瑞士于 2014 年 12 月宣布对活期存款账户余额实行负利率 − 0.25%（2015 年 1 月 22 日生效）。2015 年 1 月中旬，由于瑞士法郎面临持续压力，瑞士央行停止了最低汇率。瑞士央行进一步将活期存款利率降至 − 0.75%，并宣布愿意在必要时干预外汇市场，以实现价格稳定的目标，如图 2 − 21 所示。负利率的影响现还蔓延至长期债券市场，自 2015 年瑞士成为史上首次以负利率（− 0.055%）发行长期国债的国家，以及瑞士银行间同业拆借利率为负，与此同时抵押债券收益率存在明显下降趋势但是依然维持较高正值水平，如图 2 − 20 所示。在瑞士，当政策利率转为负值时，贷款利率只作缓慢调整，这有助于提高银行的盈利能力，如图 2 − 22 和图 2 − 23 所示。

(四) 丹麦

在丹麦，中央银行提供为期一周的存款证书（存单存款利率，Certificate of Deposit Rate）。对于活期账户中的存款金额设有总量和个体上限。如果日终余额超过总限额，那么超出个人限额的部分将被转为存款证书。丹麦央行使用隔夜和一周负债的组合对其账簿上的大多数账户实行负利率，以限制账户间套利的可能性。当 2012 年 7 月引入负利率存款证书时，存在相当多的过剩流动性。对货币市场利率的传递是立即的，但不完整，因为下降幅度小于存单存款利率的降低，如图 2 − 25 所示。在实施负利率之前，1 年期政府债券的收益率和抵押债券的收益率已经略有下降，在宣布负利率后，政府债券的收益率和抵押债券的收益率进一步下降，这表明银行对其投资组合进行了一些调整，以利用其他流动性市场，

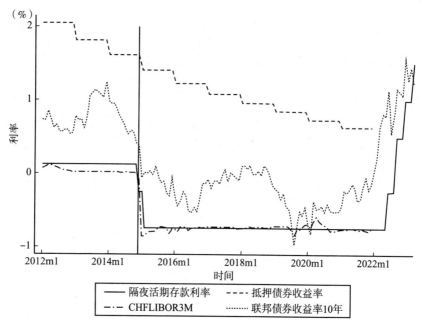

图 2 - 20　瑞士主要债券收益率

资料来源：瑞士央行、世界银行。

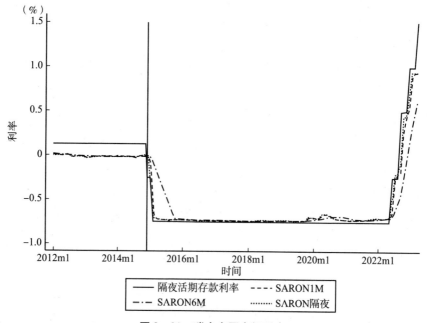

图 2 - 21　瑞士主要市场利率

资料来源：瑞士央行、世界银行。

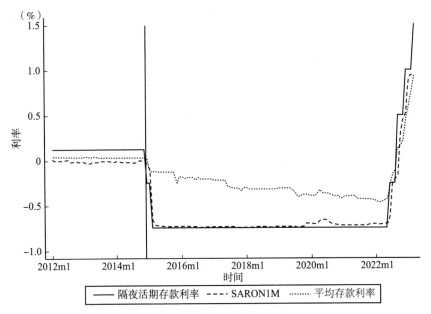

图 2-22 瑞士存款利率

资料来源：瑞士央行、世界银行。

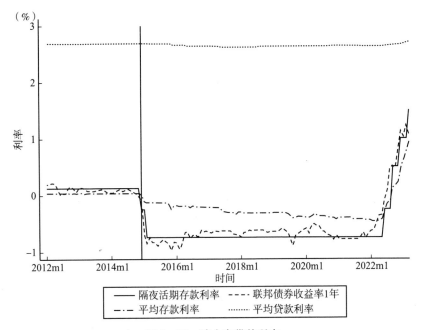

图 2-23 瑞士存贷款利率

资料来源：瑞士央行、世界银行。

如图 2 - 24 所示。有些学者担心，在负存单存款利率面前为了保护盈利能力，丹麦的银行可能会提高对家庭和企业的贷款利率，但是从图 2 - 27 中可以看出，这种担心是多虑的，家庭和企业的贷款利率随着政策利率下降而下降。到 2014 年 4 月，中央银行的存款利率被提高到零以上。由于资本流入进一步的压力，中央银行再次在 2014 年 9 月开始的一系列操作中将存款证书的利率降低到零以下。在瑞士国家银行决定取消瑞士法郎对欧元的上限之后，对丹麦克朗升值的压力加剧。在丹麦国家银行的建议下，丹麦政府宣布于 2015 年 1 月 30 日暂停发行丹麦政府债券，以达到降低政府债券的收益率的目的。这些行动共同推动了市场利率转为负值，即使在更长的期限内也是如此。

丹麦国家银行发现负利率并没有削弱对货币市场利率的传递，但对银行零售利率的传递已经下降。在零售层面，负利率短时间内并未完全传递给银行管理的存款和家庭贷款利率，但企业和机构投资者的大额存款广泛受到负利率的影响，如图 2 - 26 和图 2 - 27 所示。尽管如此，中央银行认为，存款利率可以进一步降低的空间是有限的。为了减轻对信贷机构的压力，中央银行自 2015 年 3 月开始已经两次提高了活期存款的上限。

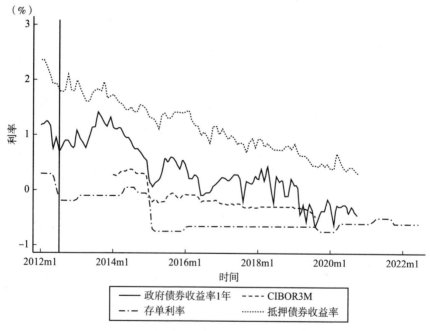

图 2 - 24　丹麦主要债券收益率及市场利率

资料来源：丹麦央行、世界银行。

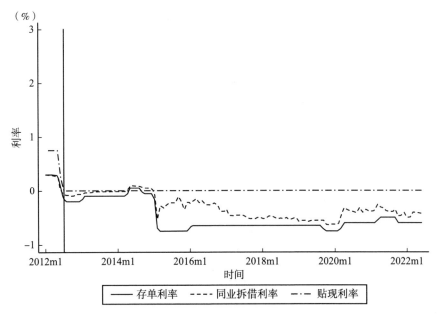

图 2-25 丹麦主要市场利率

资料来源：丹麦央行、世界银行。

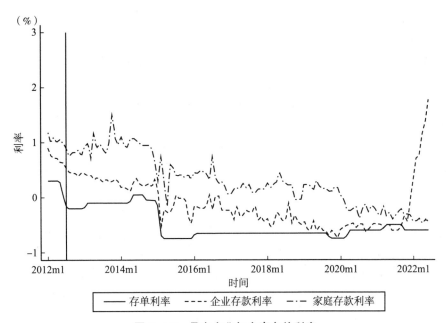

图 2-26 丹麦企业与家庭存款利率

资料来源：丹麦央行、世界银行。

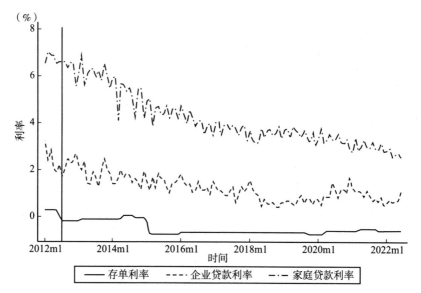

图 2 - 27　丹麦企业与家庭贷款利率

资料来源：丹麦央行、世界银行。

（五）日本

2016 年 1 月底，日本银行宣布："为了尽快实现 2% 的价格稳定目标，任何未来的储备增加都将适用 - 0.10% 的报酬。"日本央行采纳了一个分层的报酬制度，将金融机构在其活期账户中的余额分为三个层级，分别是 + 10 个基点、0 个基点和 - 10 个基点。2015 年 3 月，日本商业银行的法定存款准备金率在 0.05% ~ 1.3% 之间，进一步下降的空间十分有限，此时在货币政策工具选择方面更倾向于对超额存款准备金执行负利率政策。该政策实施后，日本货币市场的主要利率指标（包括隔夜回购利率、同业拆借利率以及中期回购利率）均出现不同程度的下降，回购利率数次进入负区间，反映出负利率政策对短期市场利率结构的冲击。如图 2 - 29 所示，自 2016 年初起，日本市场利率整体下移，短端利率波动性也有所增强。2016 年 3 月，日本政府拍卖了价值 2.2 万亿日元的 10 年期负收益率（ - 0.018%）债券，这是 1980 年以来日本国债首次低于日本央行政策利率。截至 2019 年 9 月，日本的 10 年期国债收益率降至 - 0.26%，如图 2 - 28 所示。同时，日本的经济情况也很复杂，正陷入低利率、低通胀、低增长的"流动性陷阱"。2001 年以来，日本已实施了十多轮量化宽松政策，但是都收效甚微，其精心设计的"三级利率体系"也无法将其汇率和物价拉出泥淖，日元兑美元汇率不降反升，2016 年第一季度涨幅达到 11%。并且，日本股市也依旧低迷，债市波动率屡创新高。银行存贷款利率降低的效应并不均等，平均存款利率依然保持为正值而且波动不大，而贷款利率依然处于高位而且波动幅度加大，如图 2-30 和图 2-31 所示。

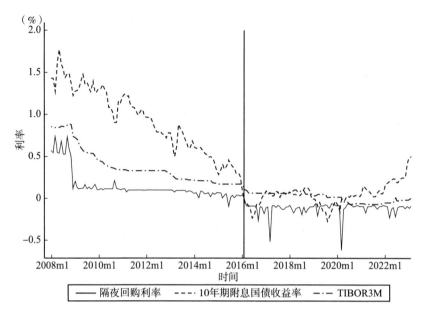

图 2-28　日本主要债券收益率及市场利率

资料来源：日本央行、世界银行。

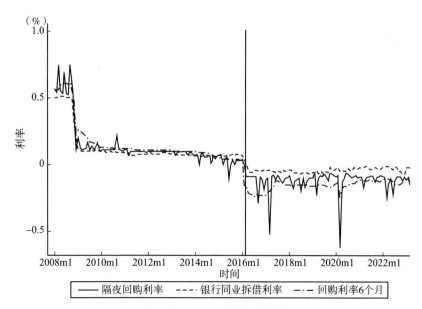

图 2-29　日本主要市场利率

资料来源：日本央行、世界银行。

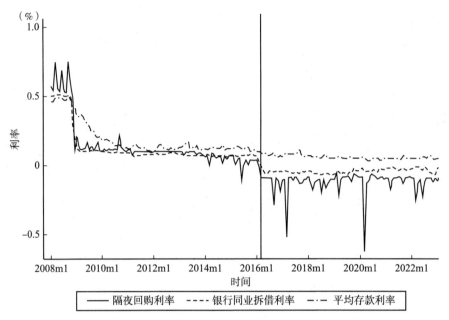

图 2 - 30　日本平均存款利率

资料来源：日本央行、世界银行。

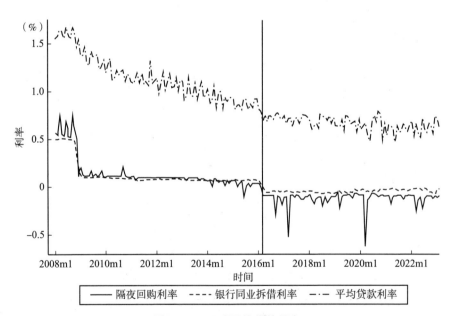

图 2 - 31　日本平均贷款利率

资料来源：日本央行、世界银行。

综上所述，当政策利率降至零以下时，传导可能会减弱。特别是，银行为了保护利润不太可能将政策利率的下降完全转嫁到贷款和存款利率上。鉴于银行无法将负利率的成本完全转嫁给储户，银行盈利能力的下降可能会减少信贷供应。同样，对消费的影响将取决于家庭行为，如果储蓄行为不变，其影响应该与利率为正时类似的降息没有什么不同。然而，如果消费者为了避免负利率（或更高的账户费用）而从存款转向现金，存款的减少将减少可贷资金的使用量，推高借贷成本，削弱负利率的刺激效应。在这种情况下，是否存在将存款转换为现金的抑制因素，以及储存现金的难易程度和成本，都将影响储户的预期和行为，对负利率的最终水平和持久性的预期也将产生影响。货币市场利率会随着政策利率下降而下降。考虑到期限问题，长期利率水平更能够影响宏观经济复苏水平。所以可以看出长期资产名义收益率也会随着负利率政策的实施呈下降趋势，甚至进入负区间。要实现正的真实收益率，长期名义利率为负可能意味着通缩预期的持续增加。即使这些经济体的国债收益率为负，投资者仍趋之若鹜。因为，无论政府债券的回报率高或低，国债相对股票、企业债券和大宗商品而言，仍具有安全的特性，大型机构投资者如保险公司和养老金机构为满足其资产配置的需要，仍然会持有一定比例的政府债券。

第三节　放眼中国未来货币政策的挑战

央行对政策利率的确定，应该立足本国的实际需求，建立在宏观调控、经济规律和跨周期效用水平之上。从历史来看，经济总是在周期性地波动，尽管不是简单的重复，但仍然呈现出一些相似的规律。发达国家的金融周期走在中国的前面，其经验教训值得我们借鉴。负利率策略是多个发达国家为了应对经济增长乏力和持续的低通胀问题所进行的大胆探索。尽管关于这一政策的实际效果尚难定论、众说纷纭，但其尝试所带来的积极启示是不可忽视的，并已对全球货币政策实践产生了深入的影响。面对我国经济增速的明显回落，尤其是在中美贸易摩擦和新冠疫情的连续打击下，中国经济指标同样存在现实不及预期的情况，"六稳"和"六保"政策的执行压力逐渐加大。在这种复杂的宏观经济环境下，是否应考虑负利率作为我国货币政策的备选方案呢？历史不会简单重复，但总会押着相同的韵脚。

一、中国宏观经济指标

经过分析各国和地区的统计数据可以发现，实施负利率的国家和地区都不同程度地呈现出宏观经济增速较低、人口增长缓慢、失业率较高、通货膨胀水平较低等特征。本节分析中国当前宏观经济指标的水平，放眼未来，探讨中国未来是否具有实施负利率的潜在可能性。

首先，使用2004年第三季度至2023年第三季度的支出法GDP（不变价）同比增速（%）的季度数据，对中国经济增速进行描述。从图2-32中可以看出，2020年之前，中国经济增速均高于5%，有条件实施正常货币政策，但是2020年新冠疫情的暴发，给经济蒙上了一层新的阴影，经济增速跌至负值。为了控制新冠疫情，物理性隔离措施实施后，企业停工停产，对生产端造成了冲击。与此同时，需求端也受到新冠疫情影响，由于居民出行意愿下降、就业形势恶化等原因，消费需求明显下滑，加之对经济前景预期不明朗、现金流压力较大，企业与个人不愿意追加投资，生产、消费、投资等方面对国内生产总值的贡献明显衰退。但随着中国政府对疫情良好的防控，海外出台相关的财政货币政策刺激，叠加海外产能没有恢复，全球的需求刺激依赖中国产能供应，在出口的带动下，四季度GDP企稳回升。在2021年下半年从最高点（18.7%）下降至5%的水平，经济增速明显放缓。中国经济内部的一些结构性问题逐渐暴露，我国也主动放缓经济增长步伐，更注重发展质量，并且许多支持中国经济高速增长的长期因素正在悄然变化。根据"黄金法则"，名义利率应低于经济增速并与其涨跌同步浮动，随着当前经济增速的下降，利率有效下限和利率水平也应随之下降。2023年第一季度《中国货币政策执行报告》表明，一季度国内生产总值（GDP）同比增长4.5%。然后，使用2004年1月至2023年6月消费者价格指数（CPI）同比增长率（%）的月度数据来表示通货膨胀率。如图2-33所示，从2017年至2019年，我国并未面临持续的通胀下滑或货币升值的压力，在这三年期间，我国的CPI同比增长率分别为1.6%、2.1%和2.9%。而到了2020年第一季度，受到新冠疫情的冲击，经济下行使得需求下滑，并带动通货膨胀下行，但是由于价格传导存在时滞性，CPI指数同比增长达到5.56%。但2023年6月的数据显示，我国的CPI同比增速已回落至0。消费潮落是经济下行的正常现象，这种现象在经济周期中表现得非常明显。在当前全球经济不景气的大环境下，中国经济也面临复杂的挑战。随着经济增长乏力和收入下降，居民的消费能力下降、消费意愿低迷。这种内在的扰动导致了广泛而深远的消费潮落现象。

其次，使用2004年1月至2023年6月生产者价格指数PPI（基年=100）制造业的月度数据进行分析。受2008年金融危机冲击，中国PPI水平明显下降，经济复苏乏力。自2012年3月以来，如图2-33和图2-34所示，中国的CPI呈现正增长，自中国PPI同比增速持续为负，表现出生产资料价格整体下降的趋势。

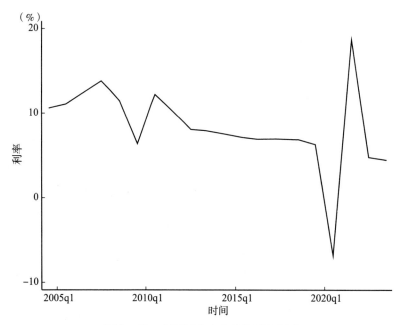

图 2 - 32 中国国内生产总值同比增速

资料来源：中经网统计数据库。

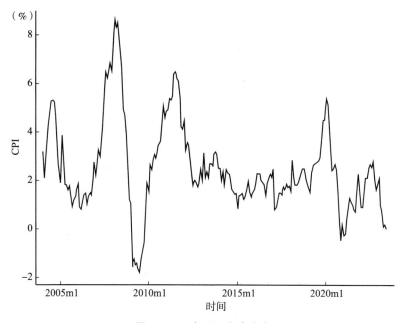

图 2 - 33 中国通货膨胀率

资料来源：中经网统计数据库。

长时间内，这两个指标展现出如此明显的差异在历史上是相当罕见的，这也引起了经济学家对于未来宏观经济发展趋势和相关政策建议的热议。2016 年后受益于中国的供给侧结构性改革、去产能政策和全球大宗商品价格的回暖影响，PPI止跌回升，带动了制造业企业利润修复，改善了企业盈利预期和内源融资状况。在 2017 年和 2018 年 PPI 上涨速度放缓，部分产能过剩问题得到一定程度的缓解。2020 年受到新冠疫情冲击影响，中国的生产和需求受到严重打击，但随着中国经济迅速恢复，PPI 在年中期开始回升。但是最新数据显示，2023 年 1 月至6 月 PPI 再次跌落。同时，使用 2004 年至 2022 年的失业率（%）年度数据进行分析，如图 2 - 35 所示，2008 年金融危机期间，许多出口导向型企业受到冲击，导致失业率上升，之后随着中国经济转型，从出口导向型向内需驱动型转变，稳定了失业率。2017 年至 2019 年期间得益于服务业和技术产业的增长，中国失业率保持在较低的水平。2020 年受到新冠疫情冲击，失业率迅速上升，尤其是在服务业，但随着政府采取的经济刺激措施落实，失业率在 2020 年年底前得以逐渐回落。中国失业率一直保持低于 5% 的水平，相较于实施负利率的经济体，中国失业率水平相对较低。

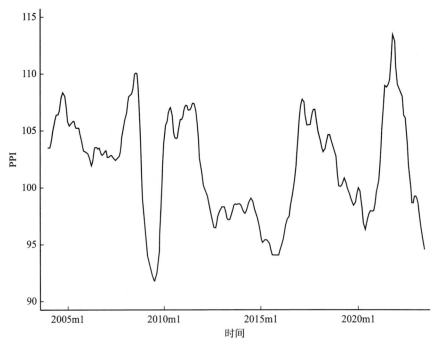

图 2 - 34　中国生产者价格指数

资料来源：中经网统计数据库。

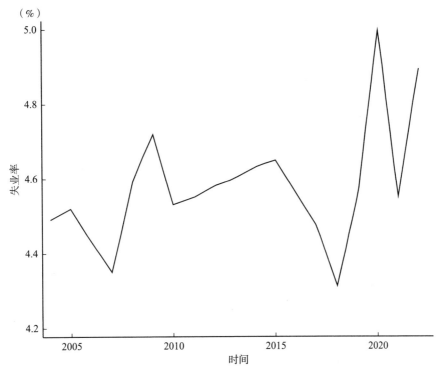

图 2 – 35 中国失业率

资料来源：中经网统计数据库。

使用 2004 年至 2022 年贸易依存度和人口增长率的年度数据进行分析，如图 2 – 36 所示，自从 2005 年 7 月汇率改革，人民币持续升值的态势，对进出口产生一定影响，进口量随之下降，贸易依存度呈下降趋势。2008 年金融危机导致世界贸易萎缩，中国的出口受到一定冲击。2011 年后，中国政府调整经济结构，加强内需，贸易依存度大幅度下降。如图 2 – 37 所示，从 2004 年到 2022 年，中国的人口增长率持续放缓，政府也多次调整生育政策以应对人口结构的变化和与之相关的社会经济挑战。

最后，采用 2005 年 1 月至 2023 年 6 月美元兑人民币汇率的月度数据进行分析。如图 2 – 38 所示，中国在 2005 年 7 月 21 日实施的一项重大经济改革措施，被称为"人民币汇率形成机制改革"。在改革之前，中国人民币（CNY）的汇率被严格管制，与美元挂钩，存在着固定汇率制度。这种制度使得人民币的汇率相对稳定，但也导致人民币被普遍低估。为了逐步实现人民币汇率的市场化，中国政府决定进行改革，转向一个与一篮子货币（包括美元、欧元、日元等）相关的

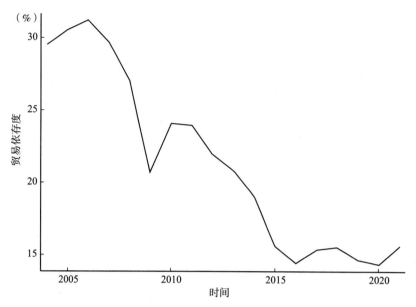

图 2-36 中国贸易依存度

资料来源：中经网统计数据库。

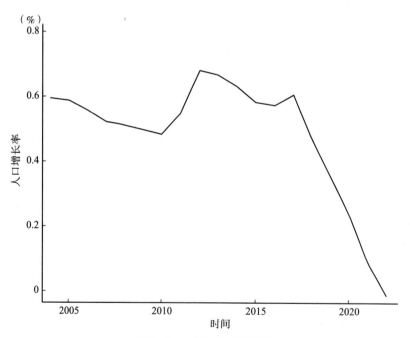

图 2-37 中国人口增长率

资料来源：中经网统计数据库。

浮动汇率制。这导致人民币开始逐渐升值。随后的几年里，人民币汇率继续改革，逐步放开了对汇率的管制，为中国经济的国际化提供了更加稳定和透明的汇率体系。由于2008年全球金融危机，中国暂停了人民币的升值，并保持其汇率相对稳定，以稳定国内经济。2010年至2015年，随着中国经济的恢复和全球压力，人民币再次开始逐渐升值，但升值速度较前几年放缓。到2014年和2015年，人民币开始出现一些贬值，这部分是由于中国经济增长放缓和资本外流。随后的几年里，人民币汇率经历了一些波动，既有升值也有贬值，这反映了全球经济情况、美国货币政策以及中国国内的经济和金融稳定需求。

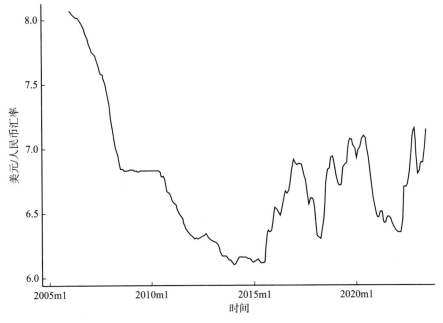

图2-38　中国汇率

资料来源：中经网统计数据库。

综上所述，将中国的情况与实施负利率的国家和经济体的主要宏观指标进行对照分析，可以发现既存在共性又存在差异：中国经济延续复苏势头，GDP增长率长期高于上述实施负利率的国家；中国与实施负利率的国家同样面临低通货膨胀或通货紧缩的风险；持续的负PPI意味着需求下滑，容易导致实施负利率政策，中国虽然没有持续的负PPI，但是也已经出现了负值的走势；高失业率是经济增长放缓的迹象，中国失业率虽然低于实施负利率的国家，但也出现了大幅上升的趋势；与实施负利率的国家相比，中国的贸易依存度较高，贸易下滑可能影响 GDP 和就业，从而影响货币政策选择；中国的人口增长放缓，与实施负利率的国家相似，人口老龄化可能会导致消费和投资减少，使得负利率政策更有吸引力；实施负利率的国家担心本币升值压力，但目前人民币汇率并没有出现大幅升值的趋势。中国自然利率有下行压力，中国的宏观经济指标（通货膨胀率和人口增长率）与实施负利率的国家十分相似，也有一些指标（生产者价格指数和失业率）存在一定的相似度，综合各种因素，中国具有实施负利率的可能性。最后，能否实施负利率政策面临法律和政治上的不确定性。

二、中国货币政策框架

在对比分析了中国宏观经济指标与实施负利率的经济体的情况后，本书需要简单介绍我国的货币政策框架。通过这样的分析，本书旨在探讨我国的货币政策是否与这些实施负利率的主要经济体有相似之处，以及是否可以参照这些国家的策略为我国货币政策制定提供有益的借鉴。

随着利率市场化的推进，中国人民银行与时俱进，不断改进和完善货币政策框架。长期以来，中国人民银行一直倾向于采用数量型货币政策工具。这种政策更注重直接控制货币供应量，央行通过公开市场操作和调整存款准备金率等手段来调节货币供应，从而影响主要经济指标。相比之下，价格型货币政策更倾向于间接调控价格水平，主要通过影响资产价格来影响微观主体的财富和预期收入，引导其行为。随着国际经济形势的复杂化和中国利率市场化程度的提高，仅仅依靠数量型货币政策工具已经不能很好地实现调控目标。因此，应该加强使用价格型货币政策工具，例如利率和汇率等手段。我国的货币政策框架正在经历从数量型向价格型过渡的阶段，即货币政策操控目标从以货币供给量为中介目标逐渐向以利率为中介目标的框架转型，这个过程中最关键的因素是货币政策中介目标的转变由货币供应量指标 M2 转向市场基准利率。为了保持货币政策调控的有效性，本书需要在量和价之间取得平衡，充分发挥市场在资源配置中的决定性作用，让价格成为调节供需的自动稳定器。在路径上，应逐步减少数量型中介目标的重要性，将公开市场操作目标逐步转变为以引导货币市场短期利率为主，并持续增强央行对金融市场利率的调控和引导作用。同时，长期来看，应探索构建利率走廊机制，更加重视货币政策工具的价格维度，进一步优化央行操作利率的传导机制，提高金融机构的自主定价能力，最终推动货币政策调整框架从以数量型为主向以价格型为主的转型。利率政策是货币政策实施的主要手段之一，中央银行通过运用利率工具，对利率水平和结构进行调整，进而影响市场利率走向，从而达到政策目标。2019 年 8 月，为深化利率市场化改革，提高利率传导效率，推动降低实体经济融资成本，中国人民银行决定改革完善贷款市场报价利率形成机制。经过多年来利率市场化改革持续推进，目前我国的贷款利率的上下限已经放开，但仍保留存贷款基准利率，处于贷款基准利率和市场利率并存的"利率双轨"状态。中国已形成较为完整的市场化利率体系，为发挥好利率对宏观经济运行的调节功能创造了有利条件，为中国以利率为主要操作目标的货币政策提供了可行性。

在价格型货币政策调控框架下，根据国际经验，多数经济体央行选择市场利率作为货币政策操作目标，并通过建立政策利率和利率走廊相结合的机制来实现利率调控，稳定利率与流动性水平，进而影响全社会投资、消费行为，达到稳定经济和物价的目的。政策利率是指中央银行确定并对外公布的利率或利率组合，用于反映货币政策调控意图，可以是市场利率或央行操作利率。同时，为了实现政策利率目标并更好地调控市场利率，许多中央银行还通过向金融机构提供存款和贷款便利来稳定和引导市场利率，即利率走廊机制。目前，欧洲央行、英格兰银行等已建立了政策利率与利率走廊相结合的调控模式。中国货币政策框架主要通过货币政策工具调节银行体系流动性，释放政策利率调控信号，在利率走廊的辅助下，引导市场基准利率以政策利率为中枢运行，并通过银行体系传导至贷款利率，调节和优化资源配置，为发挥好利率对宏观经济运行的重要调节功能创造了有利条件，其主要政策价值在于引导市场拆借利率形成，最终实现货币政策目标（易纲，2021）。我国已基本形成了以 Shibor（货币市场）、国债收益率曲线（债券市场）和 LPR（信贷市场）等为代表的金融市场基准利率体系。我国建立利率走廊和政策利率相结合的利率调控机制，将短期利率的波动控制在合理的范围内，利率走廊上限为常备借贷便利（SLF）（政策利率 + n 基点）、下限为超额准备金利率（政策利率 − n 基点），设置方式为以政策利率为中心的对称型，采取日反馈机制（当日调节政策利率，隔日调节利率走廊上下限）。我国货币政策利率传导渠道如图 2 − 39 所示。

在短端，我们要重点关注 7 天回购利率，持续释放政策信号，加强对金融市场利率的引导和调节。同时，逐步培育央行政策利率、市场基准利率和收益率曲线，探索构建利率走廊。在这一过程中，要发挥常备借贷便利（SLF，以 1 ~ 3 个月期限为主向金融机构提供资金）作为利率走廊上限的功能。同时，还要充分发挥中期借贷便利（MLF，以 3 个月 ~ 1 年期限为主向金融机构提供资金）在中期政策利率方面的作用。7 天逆回购利率与中期借贷便利（MLF）利率共同构成了我国央行政策利率。7 天逆回购利率是指中央银行与商业银行之间的短期（期限为 7 天）借款利率，是中央银行调控市场流动性的重要工具。这些创新工具有助于应对银行体系的流动性波动，控制短期利率变动的幅度。中央银行通过每日开展公开市场操作，向市场释放短期政策利率信号，当市场流动性不足时，中央银行可以通过逆回购操作向市场注入资金，相应地，这会使得逆回购利率下降；反之，当市场流动性过剩时，中央银行可以通过回购操作吸收市场上的资金，这会使得逆回购利率上升。这种方式可以使短期市场利率围绕政策利率波动，例如质押式回购 7 天加权平均利率，进而向其他市场利率传递。中央银行每月月中开展一次 MLF 操作，旨在通过向商业银行提供中期资金，使报价行在 MLF 利率的基础上，综合考虑风险溢价等因素报出贷款市场报价利率（LPR），这也能体现出市场供求情况，向市场投放中期利率政策信号来影响中长期市场利率，进而影响实体经济的投资水平，以此达到稳定宏观经济的目的。当前 LPR 已成为金融机构贷款利率定价的主要参考标准，代替贷款基准利率，从而提升了贷款利率市场化的水平，也增强了贷款利率与债券利率之间的相互关系。

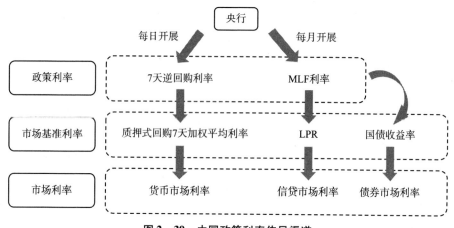

图 2 - 39　中国政策利率传导渠道

中国线性的货币政策的最终目标为"保持币值稳定，并以此促进经济增长"。利率作为货币政策中介目标的可行性提高，而货币供给量作为货币政策中介目标依然存在局限性，泰勒规则在我国当前市场经济环境下的应用具有重要的积极意义（王煜，张红地，余明，2002；谢平，罗雄，2002；刘斌，2003，2004，2006；王胜、邹恒甫，2006；张屹山，2007）。利率市场化后，货币市场利率就可以真实反映市场资金供需关系，增强经济主体的利率弹性，促进政策利率、市场基准利率与市场利率之间的联动性，强化价格在市场中的作用，提高市场利率的透明度，打破了过去中国人民银行对利率管制的时滞性。

各央行的负利率主要调整的是利率走廊的下限，即商业银行在中央银行的存款利率。发达经济体已经实现了利率市场化，所以日本、丹麦、瑞典、瑞士、匈牙利的央行及欧洲央行并不能直接控制零售市场的存贷款利率，只能通过用利率走廊调控政策设定央行与商业银行存贷款利率上下限的方式来调控银行间同业拆借市场的利率。

利率市场化改革的目标是完善贷款市场报价利率形成机制，提高贷款市场报价利率（LPR）的市场化程度，发挥好贷款市场报价利率（LPR）对贷款利率的引导作用，促进贷款利率"两轨合一轨"，提高利率传导效率，推动降低实体经济融资成本。2024 年 2 月 20 日，贷款市场报价利率（LPR）迎来 2024 年首度下调，5 年期以上品种大幅下降 25 个基点，1 年期品种保持不变。LPR 下行有助于进一步带动实际贷款利率降低，促进社会融资成本稳中有降。自 2019 年 8 月 20 日起，贷款市场报价利率（LPR）按新的形成机制报价并计算得出，根据中国人民银行发布的 LPR 数据，25 个基点是 5 年期 LPR 自新机制形成以来的最大降幅，如图 2 - 40 所示。

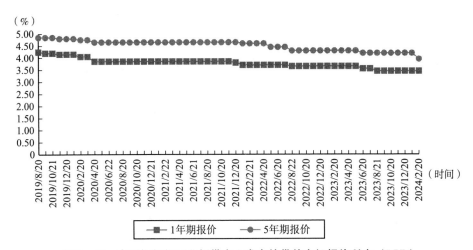

图 2 - 40　中国银行间同业拆借中心发布的贷款市场报价利率（LPR）

资料来源：中国人民银行。

从国际经验视角看，发达国家和多数中等收入国家，尤其是实施负利率的国家和经济体已经完成了货币政策转型，实现了价格型货币政策。与此同时，中国的货币政策框架逐渐与欧元区等主要经济体的政策框架接轨，使政策性利率能够通过类似的途径影响市场利率和债券收益率，进而对整体经济产生作用。因此，在这种相似的货币政策框架背景下，当中国考虑实施负利率的可能性时，完全可以借鉴那些已实践负利率政策的大型经济体的经验。

第四节 本章小结

　　本章中归纳总结了5个国家和经济体实施负利率政策的历史脉络、国际由来及成效，为后面几章的研究做了典型事实分析。使用从2000年至2023年的宏观经济指标（国内生产总值、通货膨胀率、生产者价格指数、失业率、贸易依存度、人口增长率、汇率、股票价格和现金需求）和微观金融指标（银行间同业拆借利率、政府债券收益率、企业与家庭的存款利率和贷款利率等）进行对比分析。本章探寻负利率政策出台前的宏观经济指标共性，以及负利率政策实施后短期与长期宏观经济指标的改善情况。发现，实施负利率前这些国家存在宏观经济增速较低、通货膨胀水平较低、人口增长缓慢、失业率较高、货币面临升值压力等共同特征。经过分析负利率政策传导至市场利率的情况，发现货币市场利率会随着政策利率下降而下降，但是零售银行客户已经免受负利率的影响，出现了零利率下限的约束情况。

　　这些情况背后反映的是，许多国家或地区经济的症结在于长期面临低增长和低通胀，因此选择实施了超宽松的货币政策，包括零利率、负利率和大规模资产购买。这些政策的核心目标是对抗萎靡不振的经济状况，并尽量刺激经济增长。总结分析了实施负利率国家的经验后，可以更全面地评估中国是否具备采取相似政策的可能性，当本章将这些宏观经济现象与中国的情况进行比对时，可以发现在某些宏观经济指标上，中国的宏观经济指标（通货膨胀率和人口增长率）与实施负利率的国家十分相似，也有一些指标（生产者价格指数和失业率）存在一定的相似度，因此，实施负利率政策在中国同样是一个可行的选项。值得一提的是，我国的货币政策框架与欧元区相似，均基于利率走廊制度。因此，在制定未来策略时，我们完全可以参照欧元区的经验，并综合考虑其优缺点，以确保在可能的风险面前做好充分准备。

第三章

负利率、银行异质性与经济效应
——DSGE 理论模型分析

本书第二章对实施负利率国家和经济体进行了典型事实分析，为理论模型分析做了事实铺垫，但是仅仅停留在事实描述与总结上，没有分析其中隐含的底层逻辑。本章将通过构建宏观理论模型，对负利率的经济效应进行分析，找出事实背后的传导机制。

负利率的传递存在两个层面的解释：实体经济与金融市场。利率的高低能够直接影响家庭的储蓄与消费行为、企业的投资行为和融资行为、银行的借贷成本等，最后影响生产水平进而影响整个经济活动。央行需要确立符合经济周期、宏观调控和跨期设计的需求，在低通胀和实际均衡利率下降的环境中，央行采取负利率能够有效消除零下限（ZLB）约束。均衡利率是由市场供求关系决定的，由经济活动中各个市场主体行为决定（家庭、企业、金融机构等主体的储蓄、投融资行为在金融市场中共同作用的结果）。本书采用动态随机一般均衡（DSGE）模型评估负利率对银行盈利能力的影响，以及当存款利率变得具有粘性时，负利率传导机制的情况。考虑到厂商融资结构以及外部融资风险溢价水平的差异，本书更进一步结合 BGG（Bernanke – Gertler – Gilchrist，1999）模型引入金融加速器理论，即资产价格通过资产负债表将金融与宏观经济联系起来，描述融资结构对实体经济产生的影响。构建了一个包含企业异质性（新兴产业和传统产业）的含有金融加速器的 DSGE 模型，并使用中国数据对模型参数进行校准并求得稳态水平。在该模型中，引入负利率、再贷款利率、财政支持（预算软约束），分析政策冲击是否可以很好地兼顾金融稳定、经济增长和产业升级。模型中包括的经济体有：商业银行、家庭、零售商、批发商、企业家（新兴产业和传统产业）、资本厂商、政府和货币当局。具体传导框架如图 3 –1 所示。

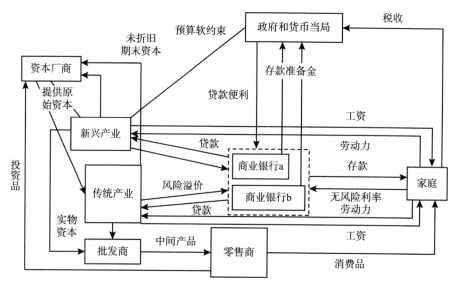

图 3 - 1　负利率、异质性企业与经济效应传导框架图

第一节　DSGE 模型概述

　　20 世纪 70 ~ 80 年代之后的宏观政策分析框架从之前的局部均衡转向一般均衡，从静态均衡转向动态均衡，从而形成了后来的动态随机一般均衡模型框架（DSGE 模型）。DSGE 模型最初可以追溯到基德兰（Finn E. Kvdland）与普雷斯科特（Edward C. Prescott）提出的真实经济周期模型（Real Business Cycle，RBC）。加利（Jordi Gali）2017 年将 RBC 模型视为 DSGE 模型的乌托邦；而布兰查德（Olivier Jean Blanchard）2017 年则将其称为最早版本的 DSGE 模型，即完全弹性价格和完全竞争设定，同时考虑外生技术冲击对经济增长的重要作用。因此，RBC 模型作为"前辈"，对 DSGE 模型的产生和发展起到了奠基性作用。

　　卢卡斯 1976 年提出了著名的"卢卡斯批判"，并倡导宏观政策分析框架使用理性预期替代传统的适应性预期。理性预期是指经济主体在做出经济决策之前，通过掌握的各种信息对与当前决策有关的经济变量的未来值进行预测。理性预期理论的应用广泛渗入金融领域，其在能够有效地利用一切可用信息的前提下，对经济变量做出在长期平均看来最为准确而又与所使用的理论模型相一致的预期。将金融价格与预期理论相结合就形成了预期收益率或者预期利率等预期金融价格指标，也就是联通金融学宏观与微观研究的重要纽带。

　　随后，DSGE 模型在 RBC 模型的基础上引入了各种经济行为主体（如厂商、金融中介、政府部门等)、各种市场(如产品市场、劳动力市场和金融市场等)以及各种摩擦(如粘性价格、粘性工资和粘性信息等)、扭曲(如垄断竞争、信息不对称等)和各种外生冲击,形成了新凯恩斯模型(New Keynesian)以及更为复杂的 DSGE 模型。这一模型利用动态优化方法来解决家庭、厂商、金融中介和政府部门等经济主体在资源、技术和信息等约束下的最优决策问题,即欧拉方程(Euler Equation)。DSGE 模型描绘了多个经济主体之间的相互作用和联系,具有坚实的微观基础和宏观经济整体特性。

新凯恩斯主义分析框架的诸多思想与旧的凯恩斯主义在本质上是相同的,特别是将利率而非货币总量作为货币政策的中间目标。然而,两者也存在以下几点明显不同:第一,新凯恩斯主义分析框架强调价格有粘性,甚至通货膨胀也有粘性。这意味着价格调整需要时间,表现为当期价格与上一期价格之间有很高的相关性。在这样的背景下,货币政策调整可以在短期内影响通货膨胀和真实经济产出,即短期内货币非中性。第二,基于微观厂商定价机制推导出一个短期的新凯恩斯菲利普斯曲线(NKPC)关系,刻画了通胀率与预期通胀率、历史通胀率和真实经济产出的动态关系。同时,基于微观层面的消费者福利优化问题推导出动态 IS 曲线等式,在 NKPC 和动态 IS 曲线中均引入了理性预期。第三,不以货币供应总量为核心来刻画中央银行的货币政策,而是假设中央银行能够设定短期名义利率。货币政策反应机制在于中央银行面对当前经济环境(如通胀率水平、真实 GDP 缺口)如何设定不同的名义利率。第四,分析框架从局部均衡发展到动态随机一般均衡(DSGE)。在新凯恩斯 DSGE 模型框架中,一般使用一系列加总等式来刻画家庭部门、企业部门和宏观政策制定部门的行为特征、市场出清情况与资源约束问题,以及经济波动最终来源的外生变量。这些等式基于优化问题求解获得,求解过程依靠理性预期假设。

综上所述,新凯恩斯主义分析框架不再假设商品市场是完全竞争市场,同时引入名义刚性假设。基于这一框架,外生货币政策对真实经济产出变量具有明显影响。同时,经济均衡状态对任何冲击的反应都与货币政策规则相关,因此这一框架可以用来分析不同货币政策规则带来的影响。此外,DSGE 模型能够清晰地呈现各经济主体的最优决策行为,并了解它们之间的相互关系,同时还能描述行为方程的长期均衡关系和短期调整过程,直观反映各种结构性冲击。由于 DSGE 模型考虑了经济主体的行为决策、行为方程中参数的多维度依赖以及各种经济冲击的设定,因此能够对经济现象进行较好的解释。所以,DSGE 模型具有显性建模框架、理论一致性、微观和宏观分析相结合以及长期和短期分析相结合的特点,是当前宏观经济研究的主流分析框架。本书使用 DSGE 模型推敲负利率政策及均衡条件,分析其逻辑、观察其影响,对负利率政策传导机制和影响做出比较客观的判断。

第二节 负利率—银行异质性—BGG 模型构建

BGG（1999）将不完美的信贷市场融入 DSGE 模型中，融入"金融加速器"这一概念，即表明企业进行外部融资时存在外部融资溢价（External Finance Premium）。该模型认为，信贷资金在经济衰退时期会向优质资产的借款人转移，从而减少对资产状况较差的借款人贷款，进而不断恶化资产状况放大对实体经济的不利影响。BGG 更注重金融系统与实体经济的相互作用机制，即金融不稳定能够间接地影响货币政策并传导至实体经济。

一、银行部门

假设商业银行资产负债表可以表述为：商业银行的负债（资金来源）由活期存款以及从央行获得的再贷款组成；资产（资金运用）由商业银行对厂商的贷款、商业银行需要在央行保留的法定存款准备金以及在央行保留的超额存款准备金组成。在商业银行行为决策的表述中，商业银行模型属于连续分布于区间 [0，1]，每个商业银行 $j \in [0, 1]$ 的行为决策可以描述为：在已有的资产规模的约束下选择最优的资产组合方式。经济中存在两种不同类型的银行，分别被称为 a 银行和 b 银行，它们分别向新兴产业企业和传统产业企业贷款，下标 a 代表新兴产业，下标 b 代表传统产业。

（一）商业银行 a

中央银行制定了支持性的新兴产业信贷政策，并使用结构性贷款货币政策工具向新兴产业企业转移流动性，以增加它们可获得的资金量并降低它们的融资成本。a 银行可以从中央银行的新兴产业信贷政策中以更低的成本获得资金，从而传递给新兴产业，进而降低新兴产业融资成本。

参考杰拉利等（Gerali et al. , 2010）的研究，假设每种类型的银行都连续分布于区间 [0，1]。为了获得贷款 $B_{a,t}$ 和 $B_{b,t}$，企业家需要从相应的银行获取贷款，如公式（3.1）所示：

$$\left[\int_0^1 (B_{i,t}^j)^{\frac{\kappa-1}{\kappa}} \mathrm{d}j \right]^{\frac{\kappa}{\kappa-1}} \geqslant B_{i,t} \tag{3.1}$$

$\kappa/\kappa - 1 > 1$ 表示企业家贷款利率的增加率，κ 表示不同银行贷款之间的替代弹性（中间替代弹性）。定义如下贷款利率指数，并在对称均衡的设置下，企业家的贷款需求来自最小化总还款额：

$$R_{i,t}^{l} = \left[\int_{0}^{1} (R_{i,t}^{l,j})^{1-\kappa} dj \right]^{\frac{1}{1-\kappa}} \tag{3.2}$$

$$B_{i,t}^{j} = \left(\frac{R_{i,t}^{l,j}}{R_{i,t}^{l}} \right)^{-\frac{\kappa}{\kappa-1}} B_{i,t} \tag{3.3}$$

银行受其资产负债表的约束。银行的资产由来自两个产业的现金和贷款组成，负债包括存款和来自中央银行的新兴企业信贷再融资。R_t^r 是中央银行要求的法定存款准备金率，所以 $R_t^r D_t$ 是法定存款准备金，R_t^p 是超额存款准备金率，$R_t^p D_t$ 是超额存款准备金，本书中的利率均为本金加利息与本金的比值。$B_{a,t}$ 和 $B_{b,t}$ 分别表示新兴产业与传统产业企业从银行获得的贷款量，$NA_{a,t}$ 和 $NA_{b,t}$ 分别表示 a 银行和 b 银行净值，D_t 是银行获得的总存款量，$H_{a,t}$ 表示新兴企业从央行获得的贷款量。商业银行资产负债表的平衡如下所示：

$$(B_{a,t} + B_{b,t}) + R_t^r D_t + R_t^p D_t = D_t + H_{a,t} + (NA_{a,t} + NA_{b,t}) \tag{3.4}$$

银行从家庭部门接受存款以及从央行获得给新兴产业的贷款，并向中央银行保留法定存款准备金和超额存款准备金，然后分别使用剩余资产向两类企业家发放贷款。根据这个理论，银行的收入来自企业家贷款的利息、法定存款准备金的利息和超额存款准备金的利息，而成本包括支付给家庭部门存款的利息、从中央银行获得贷款的利息和调整成本。银行需要选择企业家贷款的金额、法定存款准备金、超额存款准备金、存款金额以及从中央银行获得贷款，以最大化银行利润：

$$\max_{B_{a,t}} \prod_{Ba} = E_t \sum_{t=0}^{\infty} \beta^t \{ (1-o_a)[R_{a,t}^l B_{a,t} - B_{a,t+1}] + [i_t^r R_t^r D_{a,t} - R_{t+1}^r D_{a,t+1}] $$
$$ + [i_t^p R_t^p D_{a,t} - R_{t+1}^p D_{a,t+1}] - [i_t D_{a,t} - D_{a,t+1}] - [R_{a,t}^h H_{a,t} - H_{a,t+1}] $$
$$ - [NA_{a,t} - NA_{a,t+1}] - Adcost_{a,t} \} \tag{3.5}$$

$$\text{s. t. } Adcost_{a,t} = \frac{\psi_2}{2} \left(\frac{B_{a,t}}{B_{a,t-1}} - 1 \right)^2 B_{a,t} + \frac{\psi_3}{2} \left(\frac{D_{a,t}}{D_{a,t-1}} - 1 \right)^2 D_{a,t} + \frac{\psi_4}{2} \left(\frac{H_{a,t}}{H_{a,t-1}} - 1 \right)^2 H_{a,t} \tag{3.6}$$

$$\text{s. t. } B_{a,t} = (1 - R_t^r - R_t^p) D_{a,t} + H_{a,t} + NA_{a,t} \tag{3.7}$$

$$\text{s. t. } H_{a,t} = \varpi_t B_{a,t} \tag{3.8}$$

$$\text{s. t. } NA_{a,t} = \varphi_a B_{a,t} \tag{3.9}$$

$B_{a,t}$ 是银行为新兴企业家提供的贷款，$R_{a,t}^l$ 是相应的贷款利率，i_t^r 代表法定存款准备金利率水平，i_t^p 代表超额存款准备金利率水平，以捕捉可能导致银行愿意以负利率持有准备金的成本，i_t 代表银行支付的无风险存款利率，$D_{a,t}$ 是为新兴

企业贷款的银行 a 吸收的存款，φ_a 为 a 银行的资本充足率，o_a 为新兴产业企业不能偿还贷款的概率，$R_{a,t}^h$ 是由中央银行确定的新兴企业家的优惠再融资利率，而 $H_{a,t}$ 则是银行获得的新兴产业信贷再融资金额，$Adcost_{a,t}$ 代表为新兴企业贷款的银行的调整成本，其中 ψ_2 表示贷款的调整系数，ψ_3 表示存款的调整系数，而 ψ_4 表示新兴行业信贷再融资的调整系数。本书进一步将总体利差定义为贷款利率与存款利率之间的差额：$Pre_{a,t} = R_{a,t}^l - i_t$。假设银行从中央银行获得再融资的金额存在上限，并且新兴行业信贷再融资金额不能超过信贷资产抵押率的要求，即 $H_{a,t} \leqslant \varpi_t B_{a,t}$，其中 ϖ_t 是中央银行规定的信贷抵押再融资和现有新兴行业信贷的上限比例。进一步假设银行从中央银行获取新兴行业信贷的成本始终低于从家庭部门获取存款的成本，因此银行将首先从中央银行获取成本较低的资金，直到达到上限，然后再吸收家庭部门的存款，这意味着约束条件 $H_{a,t} = \varpi_t B_{a,t}$ 成立。

负利率意味着中央银行对银行持有的过剩流动性收取利息，即对超额准备金实施负利率，这会带来一些直接成本压力。银行持有超额准备金，通过削减央行存款利率（作为边际政策利率）可以有效地降低银行同业和其他利率，鼓励银行承担更大的风险并促进投资组合再平衡。对利润最大化方程（3.5）的 $B_{a,t}$ 一阶求导，可以得到银行 a 的行为决策方程为：

$$o_a - \left[\frac{\psi_2}{2}\left(\frac{B_{a,t}}{B_{a,t-1}} - 1\right)^2 + \psi_2\left(\frac{B_{a,t}}{B_{a,t-1}} - 1\right)\frac{B_{a,t}}{B_{a,t-1}} + \frac{\psi_3}{2}\left(\frac{\frac{(1-\varpi_t-\varphi_a)}{(1-R_t^r-R_t^p)}B_{a,t}}{\frac{(1-\varpi_{t-1}-\varphi_a)}{(1-R_{t-1}^r-R_{t-1}^p)}B_{a,t-1}} - 1\right)^2 \frac{(1-\varpi_t-\varphi_a)}{(1-R_t^r-R_t^p)}\right.$$

$$\left. + \psi_3\left(\frac{\frac{(1-\varpi_t-\varphi_a)}{(1-R_t^r-R_t^p)}B_{a,t}}{\frac{(1-\varpi_{t-1}-\varphi_a)}{(1-R_{t-1}^r-R_{t-1}^p)}B_{a,t-1}} - 1\right)\frac{(1-\varpi_t-\varphi_a)}{(1-R_t^r-R_t^p)}\frac{\frac{(1-\varpi_t-\varphi_a)}{(1-R_t^r-R_t^p)}B_{a,t}}{\frac{(1-\varpi_{t-1}-\varphi_a)}{(1-R_{t-1}^r-R_{t-1}^p)}B_{a,t-1}} \right.$$

$$\left. + \frac{\psi_4}{2}\left(\frac{\varpi_t B_{a,t}}{\varpi_{t-1}B_{a,t-1}} - 1\right)^2 \varpi_t + \psi_4\left(\frac{\varpi_t B_{a,t}}{\varpi_{t-1}B_{a,t-1}} - 1\right)\varpi_t\frac{\varpi_t B_{a,t}}{\varpi_{t-1}B_{a,t-1}}\right]$$

$$+ \beta\left[(1-o_a)R_{a,t}^l + (i_t^r R_t^r + i_t^p R_t^p - i_t)\frac{(1-\varpi_t-\varphi_a)}{(1-R_t^r-R_t^p)} - R_{a,t}^h \varpi_t - \left[-\psi_2\left(\frac{B_{a,t+1}}{B_{a,t}} - 1\right)\left(\frac{B_{a,t+1}}{B_{a,t}}\right)^2 \right.\right.$$

$$\left.\left. -\psi_3\left(\frac{\frac{(1-\varpi_{t+1}-\varphi_a)}{(1-R_{t+1}^r-R_{t+1}^p)}B_{a,t+1}}{\frac{(1-\varpi_t-\varphi_a)}{(1-R_t^r-R_t^p)}B_{a,t}} - 1\right)\frac{(1-\varpi_t-\varphi_a)}{(1-R_t^r-R_t^p)}\left(\frac{\frac{(1-\varpi_{t+1}-\varphi_a)}{(1-R_{t+1}^r-R_{t+1}^p)}B_{a,t+1}}{\frac{(1-\varpi_t-\varphi_a)}{(1-R_t^r-R_t^p)}B_{a,t}}\right)^2 \right.\right.$$

$$\left.\left. -\psi_4\left(\frac{\varpi_{t+1}B_{a,t+1}}{\varpi_t B_{a,t}} - 1\right)\varpi_t\left(\frac{\varpi_{t+1}B_{a,t+1}}{\varpi_t B_{a,t}}\right)^2 \right]\right] = 0 \tag{3.10}$$

于是可以得到稳态时中央银行确定的新兴企业家的优惠再融资利率，下标 ss 表示稳态：

$$R_{a,ss}^h = \frac{o_a + \beta(1 - o_a)R_{a,ss}^l + \beta(i_{ss}^r R_{ss}^r + i_{ss}^p R_{ss}^p - i_{ss})\dfrac{(1 - \varpi_{ss} - \varphi_a)}{(1 - R_{ss}^r - R_{ss}^p)}}{\beta \varpi_{ss}} \qquad (3.11)$$

（二）商业银行 b

同理，给传统产业放贷的银行从家庭部门接受存款，并向中央银行保留法定存款准备金和超额存款准备金，然后分别使用剩余资产向两类企业家发放贷款。根据这个理论，银行的收入来自企业家贷款的利息、法定存款准备金的利息和超额存款准备金的利息，而成本包括支付给家庭部门存款的利息和调整成本。银行需要选择企业家贷款的金额、法定存款准备金、超额存款准备金以及存款金额，以最大化其利润：

$$\max_{B_{b,t}} \prod_{Bb} = E_t \sum_{t=0}^{\infty} \beta^t \Big[(1 - o_b)\big[R_{b,t}^l B_{b,t} - B_{b,t+1} \big] + \big[i_t^r R_t^r D_{b,t} - R_{t+1}^r D_{b,t+1} \big]$$

$$+ \big[i_t^p R_t^p D_{b,t} - R_{t+1}^p D_{b,t+1} \big] - \big[i_t D_{b,t} - D_{b,t+1} \big] - \big[NA_{b,t} - NA_{b,t+1} \big]$$

$$- Adcost_{b,t} \Big] \qquad (3.12)$$

$$\text{s. t. } Adcost_{b,t} = \frac{\psi_5}{2}\left(\frac{B_{b,t}}{B_{b,t-1}} - 1 \right)^2 B_{b,t} + \frac{\psi_6}{2}\left(\frac{D_{b,t}}{D_{b,t-1}} - 1 \right)^2 D_{b,t} \qquad (3.13)$$

$$\text{s. t. } B_{b,t} = (1 - R_t^r - R_t^p)D_{b,t} + NA_{b,t} \qquad (3.14)$$

$$\text{s. t. } NA_{b,t} = \varphi_b B_{b,t} \qquad (3.15)$$

$B_{b,t}$ 是银行为传统行业企业家提供的贷款，$R_{b,t}^l$ 是相应的贷款利率，而 o_b 则是传统行业不良贷款比率，φ_b 代表 b 银行的资本充足率，i_t^r 代表法定存款准备金利率水平，i_t^p 代表超额存款准备金利率水平，i_t 代表银行支付的无风险存款利率，$D_{b,t}$ 是为传统行业企业贷款的银行 b 吸收的存款，$Adcost_{b,t}$ 代表为传统行业企业贷款的银行调整成本，其中 ψ_5 表示贷款的调整系数，ψ_6 表示存款的调整系数，o_b 为传统产业企业不能偿还贷款概率，本书进一步将总体利差定义为贷款利率与存款利率之间的差额：$Pre_{b,t} = R_{b,t}^l - i_t$。对利润最大化方程（3.12）的 $B_{b,t}$ 一阶求导，可以得到银行 b 的行为决策方程为：

$$o_b - \left[\frac{\psi_5}{2}\left(\frac{B_{b,t}}{B_{b,t-1}} - 1 \right)^2 + \psi_5\left(\frac{B_{b,t}}{B_{b,t-1}} - 1 \right)\frac{B_{b,t}}{B_{b,t-1}} + \frac{\psi_6}{2}\left(\frac{\dfrac{1}{(1 - R_t^r - R_t^p)}B_{b,t}}{\dfrac{1}{(1 - R_{t-1}^r - R_{t-1}^p)}B_{b,t-1}} - 1 \right)^2 \right] \frac{(1 - \varphi_g)}{(1 - R_t^r - R_t^p)}$$

$$+\psi_6\left(\frac{\dfrac{1}{(1-R_t^r-R_t^p)}B_{b,t}}{\dfrac{1}{(1-R_{t-1}^r-R_{t-1}^p)}B_{b,t-1}}-1\right)\frac{(1-\varphi_g)}{(1-R_t^r-R_t^p)}\frac{\dfrac{1}{(1-R_t^r-R_t^p)}B_{b,t}}{\dfrac{1}{(1-R_{t-1}^r-R_{t-1}^p)}B_{b,t-1}}$$

$$+\beta\left[(1-o_b)\ R_{b,t}^l+\left[(i_t^rR_t^r+i_t^pR_t^p-i_t)\ \frac{1}{(1-R_t^r-R_t^p)}\right]-\left[-\psi_5\left(\frac{B_{b,t+1}}{B_{b,t}}-1\right)\left(\frac{B_{b,t+1}}{B_{b,t}}\right)^2\right.\right.$$

$$\left.\left.-\psi_6\left(\frac{\dfrac{1}{(1-R_{t+1}^r-R_{t+1}^p)}B_{b,t+1}}{\dfrac{1}{(1-R_t^r-R_t^p)}B_{b,t}}-1\right)\frac{(1-\varphi_g)}{(1-R_t^r-R_t^p)}\left(\frac{\dfrac{1}{(1-R_{t+1}^r-R_{t+1}^p)}B_{b,t+1}}{\dfrac{1}{(1-R_t^r-R_t^p)}B_{b,t}}\right)^2\right]\right]=0$$

$$(3.16)$$

于是可以求得传统行业不良贷款比率 o_b 的稳态值，下标 ss 表示稳态：

$$o_b=\frac{\left[(i_{ss}^rR_{ss}^r+i_{ss}^pR_{ss}^p-i_{ss})\dfrac{(1-\varphi_b)\beta}{(1-R_{ss}^r-R_{ss}^p)}\right]+\beta R_{b,ss}^l}{(R_{b,ss}^l\beta-1)}\qquad(3.17)$$

二、代表性家庭

经济中存在大量同质且永续存在的代表性家庭，每个家庭的目标是在第 t 期最大化终身效用的现值。他们工作、消费、储蓄并拥有休闲时间。他们持有实际货币余额和利息收益的资产，在金融中介机构中获得无风险利率回报。其中，β 是贴现因子，$0<\beta<1$；r_t 是存款的无风险实际利率（本息和），$r_t=i_t/\pi_t$，其中 i_t 是无风险名义利率（本息和）；C_t 表示 t 期家庭的实际消费的边际效用，c_{t+1} 表示 $t+1$ 期家庭的实际消费的边际效用，欧拉方程 $C_t^{-\sigma_c}=\beta\,r_tE_tC_{t+1}^{-\sigma_c}$ 左边表示 1 单位商品消费掉所获得的效用，右边表示 1 单位商品储蓄到下一期得到的本息和（r_t）再将其消费掉获得的效用（$r_tE_tC_{t+1}^{-\sigma_c}$）；$M_t/P_t$ 表示在 t 期获取的实际货币余额，并在 $t+1$ 期继续持有，关于 ZLB（零下限）的传统逻辑是存款和现金是可替代的，现金的名义回报是零，因此存款利率不能低于零，否则家庭会囤积现金。本书可以允许家庭持有一个名为"现金"的非计息资产，并通过假设家庭从持有货币余额中获得效用；L_t 代表劳动供应；P_t 代表最终商品价格；σ_c 表示消费的相对风险厌恶系数，也表示跨期替代弹性的倒数；σ_m 表示货币持有的相对风险厌恶系数；σ_l 是劳动供应的 Frisch 弹性的倒数；W_t/P_t 是家庭劳动的实际工资；D_t 是金融中间机构的实际存款；T_t 是一次性的实际税收；PRO_t 表示来自零售公司所有权的实际红利。家庭在代表性家庭的预算约束条件下，选择消费、劳动、

资本存量和货币持有，以最大化他们的效用。

$$\max_{C_t, M_t, L_t} E_t \sum_{k=0}^{\infty} \beta^k \left[\frac{C_{t+k}^{1-\sigma_c}}{1-\sigma_c} + \zeta \frac{\left(\frac{M_{t+k}}{P_{t+k}}\right)^{1-\sigma_m}}{1-\sigma_m} - \xi \frac{L_{t+k}^{1+\sigma_l}}{1+\sigma_l} \right] \tag{3.18}$$

$$\text{s. t. } C_t + \frac{(M_t - M_{t-1})}{P_t} + D_t = \frac{W_t}{P_t} L_t - T_t + r_{t-1} D_{t-1} + PRO_t \tag{3.19}$$

劳动供给方程：

$$\xi L_t^{\sigma_l} = \frac{W_t}{P_t} C_t^{-\sigma_c} \tag{3.20}$$

欧拉方程：

$$\frac{1}{r_t} = \beta E_t \frac{\lambda_{t+1}}{\lambda_t} \tag{3.21}$$

货币需求方程：

$$\left(\frac{M_t}{P_t}\right)^{\sigma_m} = \zeta \left(\frac{r_t}{r_t - 1}\right) C_t^{\sigma_c} \tag{3.22}$$

拉格朗日乘子 λ_t：

$$\lambda_t = C_t^{-\sigma_c} \tag{3.23}$$

拉格朗日乘子 λ_t 代表消费的边际效用，也被称为影子价格，这意味着当单位的预算约束条件放宽时，它所能提供的效用就是 λ_t。

三、最终品与中间品厂商

（一）异质性企业最终品厂商

零售部门属于垄断竞争，意味着调整名义价格的成本较高，并旨在采用粘性价格模型。本书假设经济中存在一个代表性的最终制造商，使用生产技术（Dixit – Stiglitz）来生产最终产品 $Y_{i,t}$，其中 a 代表新兴产业，而传统产业用 b 表示。设 $Y_{i,t}^j$ 为由批发商 j 出售的每一个中间产品的产出。每个零售商品被组合在一起，以提供以下总的最终可用商品 $Y_{i,t}$：

$$Y_{i,t} = \left[\int_0^1 Y_{i,t}^{j\,(\epsilon_p-1)/\epsilon_p} \mathrm{d}j \right]^{\epsilon_p/(\epsilon_p-1)} \tag{3.24}$$

ϵ_p 是中间产品的替代弹性，且 $\epsilon_p > 1$，这意味着不同中间产品之间存在不完全替代，即中间产品制造商具有一定的垄断权力，因此他们拥有一定的定价权力。相应的价格指数由以下公式给出：

$$P_{i,t} = \left[\int_0^1 P_{i,t}^{j\ (1-\epsilon_p)} \mathrm{d}j \right]^{1/(1-\epsilon_p)} \tag{3.25}$$

在给定的生产技术下，最终产品制造商将最终产品价格 $P_{i,t}$ 和中间产品价格 $P_{i,t}^j$ 视为给定。选择中间产品数量 $Y_{i,t}$ 以最大化零售商的利润，其表达式为：

$$\max_{Y_{i,t}^j} P_{i,t} Y_{i,t} - \int_0^1 P_{i,t}^j Y_{i,t}^j \mathrm{d}j \tag{3.26}$$

$$\text{s. t. } Y_{i,t} = \left[\int_0^1 Y_{i,t}^{j\ (\epsilon_p-1)/\epsilon_p} \mathrm{d}j \right]^{\epsilon_p/(\epsilon_p-1)} \tag{3.27}$$

这表明中间产品 $Y_{i,t}^j$ 的需求取决于相对价格 $P_{i,t}^j / P_{i,t}$ 和价格需求的弹性参数 ϵ_p。中间产品的最优产出由以下公式给出：

$$Y_{i,t}^j = \left(\frac{P_{i,t}^j}{P_{i,t}} \right)^{-\epsilon_p} Y_{i,t} \tag{3.28}$$

可以看出，在给定价格指数的情况下，中间产品的需求呈现出下降的曲线。根据完全竞争的经典假设，利润为零，并且可以得到名义总产出（GDP）：

$$P_{i,t} Y_{i,t} = \int_0^1 P_{i,t}^j Y_{i,t}^j \mathrm{d}j \tag{3.29}$$

结合中间产品的需求函数，可以得到两类企业家价格指数的决策方程：

$$P_{i,t} = \left(\int_0^1 P_{i,t}^{j\ 1-\epsilon_p} \mathrm{d}j \right)^{\frac{1}{1-\epsilon_p}} \tag{3.30}$$

Y_t 是新兴企业产量 $Y_{a,t}$ 和传统企业产量 $Y_{b,t}$ 的 CES 函数加总。P_t^m 是新兴产业和传统产业的边际成本：

$$Y_t = \left[(\varphi)^{\frac{1}{\chi}} (Y_{a,t})^{\frac{\chi-1}{\chi}} + (1-\varphi)^{\frac{1}{\chi}} (Y_{b,t})^{\frac{\chi-1}{\chi}} \right]^{\frac{\chi}{\chi-1}} \tag{3.31}$$

$$P_t^m = \left[\varphi (P_{a,t})^{1-\chi} + (1-\varphi) (P_{b,t})^{1-\chi} \right]^{\frac{1}{1-\chi}} \tag{3.32}$$

在这里，φ 表示新兴产业商品的权重，χ 表示传统产业商品和新兴产业商品的替代弹性。为了选择最优的生产，中间企业应该解决以下问题：

$$\max_{Y_{a,t}, Y_{b,t}} \left[(\varphi)^{\frac{1}{\chi}} (Y_{a,t})^{\frac{\chi-1}{\chi}} + (1-\varphi)^{\frac{1}{\chi}} (Y_{b,t})^{\frac{\chi-1}{\chi}} \right]^{\frac{\chi}{\chi-1}} \tag{3.33}$$

$$\text{s. t. } P_{a,t} Y_{a,t} + P_{b,t} Y_{b,t} = P_t^m Y_t \tag{3.34}$$

在这里，$P_t^m Y_t$ 是给定的产量水平。在产出约束的情况下，该问题导出了所给出的需求函数：

$$Y_{a,t} = (\varphi) \left(\frac{P_{a,t}}{P_t^m} \right)^{-\chi} Y_t \tag{3.35}$$

$$Y_{b,t} = (1-\varphi) \left(\frac{P_{b,t}}{P_t^m} \right)^{-\chi} Y_t \tag{3.36}$$

为了描述价格的粘性，根据卡尔沃（Calvo，1983）的假设，本书假设在给定期间内，零售商以概率 θ_p 无法改变价格，但只能以概率 $1 - \theta_p$ 自由地将价格调整为最优价格 P_t^*。同时，本书定义 $\pi_t^* = P_t^* / P$。价格离散核 d_t^P 对产出产生摩擦，即产出下降，这是价格粘性设定的直接结果，因此价格粘性导致效率损失。

$$d_t^P = (1 - \theta_p)(\pi_t^*)^{-\epsilon_p} + \theta_p \pi_t^{\epsilon_p} d_{t-1}^P \tag{3.37}$$

$$Y_t = d_t^P Y_t^f \tag{3.38}$$

同样地，最终产品的价格可以得到：

$$1 = (1 - \theta_p)(\pi_t^*)^{(1-\epsilon_p)} + \theta_p(\pi_t)^{(\epsilon_p - 1)} \tag{3.39}$$

零售商从中间企业购买产品，并将其销售给最终企业。优化问题如下：

$$\max_{P_{i,t}} E_t \Big[\sum_{s=0}^{\infty} (\beta\theta_p)^s \Lambda_{t,t+s} (P_t / P_{t+s})(P_{i,t} - P_{t+s}^m) \Big] Y_{i,t+s} \tag{3.40}$$

中间产品的最优价格被定义为 P_t^*，并通过设置拉格朗日方程来解决最优的 P_t^*：

$$1 = \frac{\epsilon_p}{\epsilon_p - 1} \frac{E_t \Big[\sum_{s=0}^{\infty} (\beta\theta_p)^s \Lambda_{t,t+s} \Big(\dfrac{P_t}{P_{t+s}}\Big) Y_{t+s} \Big(\dfrac{P_{t+s}^m}{P_t^*}\Big)\Big(\dfrac{P_t^*}{P_{t+s}}\Big)^{-\epsilon_p} \Big]}{E_t \Big[\sum_{s=0}^{\infty} (\beta\theta_p)^s \Lambda_{t,t+s} \Big(\dfrac{P_t}{P_{t+s}}\Big) Y_{t+s} \Big(\dfrac{P_t^*}{P_{t+s}}\Big)^{-\epsilon_p} \Big]} \tag{3.41}$$

将中间产品的市场价格和最终价格之间的相对价格 $mc_t = P_t^m / P_t$ 代入上述公式，并简化 $\Lambda_{t,t+s}$ 为 $\lambda_{t+s} s$。通过递归求解，可以得到新凯恩斯主义菲利普斯曲线（NKPC）的最终形式：

$$\frac{P_t^*}{P_t} = \frac{\epsilon_p}{\epsilon_p - 1} \frac{f_t^1}{f_t^2} \tag{3.42}$$

$$f_t^1 = \lambda_t mc_t Y_t + \beta\theta_p E_t \pi_{t+1}^{\epsilon_p} f_{t+1}^1 \tag{3.43}$$

$$f_t^2 = \lambda_t Y_t + \beta\theta_p E_t \pi_{t+1}^{\epsilon_p - 1} f_{t+1}^2 \tag{3.44}$$

（二）异质性企业中间品厂商

中间品厂商旨在解决两个问题：一是成本最小化，以确定其边际成本；二是在中间品厂商的动态定价策略下实现利润最大化，并引入粘性价格设定。

首先，假设新兴产业中间产品企业使用简单的 Cobb - Douglas 生产函数，构建公式用于生产中间产品：

$$\max_{L_{a,t}, K_{a,t}} \prod_t = P_{a,t} Y_{a,t} - W_{a,t} L_{a,t} - R_{a,t}^k Q_{t-1} K_{a,t} + Q_t(1-\delta) K_{a,t} \tag{3.45}$$

$$\text{s. t. } Y_{a,t} = A_{a,t} K_{a,t}^{\alpha_a} L_{a,t}^{1-\alpha_a} \tag{3.46}$$

在第 t 期末，企业家以价格 Q_t 将折旧的资本卖给资本生产商，在价格 Q_{t-1} 的情况下从资本生产商购买新的资本 $K_{a,t}$，并以价格 $P_{a,t}$ 将产品卖给中间产品企业。

中间品企业劳动力供给：

$$L_{a,t} = (1 - \alpha_a)\, mc_{a,t} \frac{Y_{a,t}}{W_{a,t}} \tag{3.47}$$

资本品预期回报率：

$$E_t \{ R_{a,t+1}^k \} = E_t \left[\alpha_a mc_{a,t+1} \frac{Y_{a,t+1}}{K_{a,t}} + Q_{t+1}(1 - \delta) \right] \Big/ Q_t \tag{3.48}$$

边际成本：

$$P_{a,t} = mc_{a,t} \tag{3.49}$$

因此，这个传统产业企业家模型是类似的，相关公式如下所示：

$$\max_{L_{b,t}, K_{b,t}} \prod_t = P_{b,t} Y_{b,t} - W_{b,t} L_{b,t} - R_{b,t}^k Q_{t-1} K_{b,t} + Q_t(1 - \delta) K_{b,t} \tag{3.50}$$

$$\text{s. t. } Y_{b,t} = A_{b,t} K_{b,t}^{\alpha_b} L_{b,t}^{1-\alpha_b} \tag{3.51}$$

$$L_{b,t} = (1 - \alpha_b)\, mc_{b,t} \frac{Y_{b,t}}{W_{b,t}} \tag{3.52}$$

$$E_t \{ R_{b,t+1}^k \} = E_t \left[\alpha_b mc_{b,t+1} \frac{Y_{b,t+1}}{K_{b,t}} + Q_{t+1}(1 - \delta) \right] \Big/ Q_t \tag{3.53}$$

$$P_{b,t} = mc_{b,t} \tag{3.54}$$

假设批发企业的劳动力供给是同质的，本书可以得到总资本供给和总劳动力供给：

$$K_t = K_{a,t} + K_{b,t} \tag{3.55}$$

$$L_t = L_{a,t} + L_{b,t} \tag{3.56}$$

$$W_t = W_{a,t} = W_{b,t} \tag{3.57}$$

四、企业家

（一）享受预算软约束的企业家

从企业家和金融机构之间的合同优化角度出发，BGG（1999）对金融体系摩擦与经济波动之间的联系进行了深入分析，采用汤森德（Townsend，1979）方法将信息不完全的债务合同引入动态一般均衡的宏观经济模型中，并推导出企业家融资溢价与资本杠杆比之间的定量关系。本书建立了一个带有预算软约束的金融加速器系统，具有预算软约束的企业家融资溢价方程是通过优化企业家与银行之间的贷款合同得出的。其中下标 i 可以用 a 和 b 替换，分别表示新兴产业企业和传统产业企业，企业家的资产 $Q_t K_{i,t}$ 包括净财富 $N_{i,t}$ 和从银行借来的贷款 $B_{i,t}$，资

本杠杆比为 $LEV_{i,t}$：

$$Q_t K_{i,t} = N_{i,t} + B_{i,t} \tag{3.58}$$

$$LEV_{i,t} = Q_t K_{i,t} / N_{i,t} \tag{3.59}$$

下一期新兴产业企业家的资本回报率为 $\omega_{i,t+1} R_{a,t+1}^k$，其中 $R_{a,t+1}^k$ 代表资本的平均回报率，$\omega_{i,t+1}$ 代表企业家违约的临界值，即低于这个值不能从这些企业家获得利息和本金。政府对新兴产业企业家的担保金额为 G_{t+1}，因此 $g_{t+1} = G_{t+1}/(R_{a,t+1}^k Q_t K_{a,t})$ 代表政府对新兴产业企业家资本收入的担保比例。新兴产业企业家享受财政政策的"父爱"式优惠支持。政府担保的程度是外生的，债务合约的名义利率为 $R_{a,t+1}^l$，因此：

$$G_{t+1} + \overline{\omega}_{a,t+1} R_{a,t+1}^k Q_t K_{a,t} = R_{a,t+1}^l B_{a,t} \tag{3.60}$$

如果 $\omega \geqslant \overline{\omega}_{a,t+1}$，在 $t+1$ 期末，金融机构将获得 $R_{a,t+1}^l B_{a,t}$，而新兴产业企业家将获得 $\omega R_{a,t+1}^k Q_t K_{a,t} - R_{a,t+1}^l B_{a,t}$。如果 $\omega R_{a,t+1}^k Q_t K_{a,t} < R_{a,t+1}^l B_{a,t}$，政府将使用担保金帮助新兴产业企业家偿还债务，新兴产业企业家将负债于政府。

如果 $\omega < \overline{\omega}_{a,t+1}$，企业家的收入和政府的担保金额不足以偿还贷款，企业将进行清算并破产。政府将损失 G_{t+1}，金融机构将获得 $G_{t+1} + \omega R_{a,t+1}^k Q_t K_{a,t} - \tau \omega R_{a,t+1}^k Q_t K_{a,t}$。企业的收入为零。金融机构自由竞争贷款，监管成本（如审计和清算）与企业家 τ 违约时的资本收益成正比。

金融市场是完全竞争的，金融机构要求预期回报等于贷款的机会成本，用式（3.61）表示：

$$\left[1 - F(\overline{\omega}_{a,t+1}, \sigma_{\omega a})\right] R_{a,t+1}^l B_{a,t} + \int_0^{\overline{\omega}_{a,t+1}} \left[G_{t+1} + (1-\tau)\omega_a R_{a,t+1}^k Q_t K_{a,t}\right] \mathrm{d}F(\omega_a, \sigma_{\omega a}) = i_{t+1} B_{a,t} \tag{3.61}$$

新兴产业企业家与金融机构之间的债务合同优化是：

$$\max_{LEV_a, \overline{\omega}_{a,t+1}} E_t \left[1 - \Gamma(\overline{\omega}_{a,t+1}, \sigma_{\omega a}) - g_{t+1}\right] R_{a,t+1}^k Q_t K_{a,t} \tag{3.62}$$

$$\mathrm{s.\,t.} \left[\Gamma(\overline{\omega}_{a,t+1}, \sigma_{\omega a}) - \tau G(\overline{\omega}_{a,t+1}, \sigma_{\omega a}) + g_{t+1}\right] R_{a,t+1}^k Q_t K_{a,t} = i_{t+1}(Q_t K_{a,t} - N_{a,t}) \tag{3.63}$$

已知公式之间的关联 $\Gamma(\overline{\omega}_{a,t+1}, \sigma_{\omega a}) = \overline{\omega}_{a,t+1}(1 - F(\overline{\omega}_{a,t+1}, \sigma_{\omega a})) + G_\omega(\overline{\omega}_{a,t+1}, \sigma_{\omega a})$ 和 $G_\omega(\overline{\omega}_{a,t+1}, \sigma_{\omega a}) = \int_0^{\overline{\omega}_{a,t+1}} \omega_a \mathrm{d}F(\omega_a, \sigma_{\omega a})$，根据这个优化问题，本书可以得到具有软预算约束的新兴产业企业家的预期回报率与资本杠杆比之间的关系。政府担保的程度越大，企业家的融资溢价就越低。在相同的融资溢价下，具有预算软约束的企业家获得的可贷资金越多，资本杠杆比就越高。在相同的资本杠杆比下，具有预算软约束的企业家的融资溢价水平相对较低。

$$\left[1 - \Gamma(\overline{\omega}_{a,t+1},\ \sigma_{\omega a}) - g_{t+1}\right]\frac{R^k_{a,t+1}}{i_{t+1}} =$$

$$\frac{1}{LEV_{a,t}}\frac{1 - F(\overline{\omega}_{a,t+1},\ \sigma_{\omega a})}{1 - F(\overline{\omega}_{a,t+1},\ \sigma_{\omega a}) - \tau\,\overline{\omega}_{a,t+1}F_{\omega}(\overline{\omega}_{a,t+1},\ \sigma_{\omega a})} \qquad (3.64)$$

γ_a 是具有担保的企业家的自然生存率。因此，新兴产业企业家的净资产资本积累方程为：

$$N_{a,t} = \gamma_a\left[R^k_{a,t}Q_{t-1}K_{a,t-1}(1 - \tau G(\overline{\omega}_{a,t},\ \sigma_{\omega a}) + g_t) - i_t B_{a,t-1}\right] \qquad (3.65)$$

政府对新兴产业企业家的担保冲击情况如下：

$$\log g_t = (1 - \rho_g)\log g_{ss} + \rho_g \log g_{t-1} + \varepsilon^g_t,\ \varepsilon^g_t \sim N(0,\ \sigma_a{}^2) \qquad (3.66)$$

（二）未享受预算软约束的企业家

对于没有担保的传统产业企业家，预期回报等于贷款的机会成本。未享受预算软约束的传统行业与享受预算软约束的新兴行业差异在于没有政府的担保金支持，其他原理一样，过程不赘述。所以没有政府保证金支持，未享受预算软约束的企业家的债务合同的优化、预期回报率与资本杠杆比之间的关系以及净资产积累方程如下：

$$\overline{\omega}_{b,t+1}R^k_{b,t+1}Q_t K_{b,t} = R^l_{b,t+1}B_{b,t} \qquad (3.67)$$

$$\left[1 - F(\overline{\omega}_{b,t+1},\sigma_{\omega b})\right]R^l_{b,t+1}B_{b,t} + \int_0^{\overline{\omega}_{b,t+1}}\left[(1-\tau)\omega_b R^k_{b,t+1}Q_t K_{b,t}\right]\mathrm{d}F(\omega_b,\sigma_{\omega b}) = i_{t+1}B_{b,t}$$

$$(3.68)$$

$$\max_{LEV_b,\overline{\omega}_{b,t+1}} E_t\left[1 - \Gamma(\overline{\omega}_{b,t+1},\ \sigma_{\omega b})\right]R^k_{b,t+1}Q_t K_{b,t} \qquad (3.69)$$

s. t. $\left[\Gamma(\overline{\omega}_{b,t+1},\ \sigma_{\omega b}) - \tau G(\overline{\omega}_{b,t+1},\ \sigma_{\omega b})\right]R^k_{b,t+1}Q_t k_{b,t} = i_{t+1}(Q_t k_{b,t} - N_{b,t})$

$$(3.70)$$

$$\left[1 - \Gamma(\overline{\omega}_{b,t+1},\ \sigma_{\omega b})\right]\frac{R^k_{b,t+1}}{i_{t+1}} = \frac{1}{LEV_{b,t}}\frac{1 - F(\overline{\omega}_{b,t+1},\ \sigma_{\omega b})}{1 - F(\overline{\omega}_{b,t+1},\ \sigma_{\omega b}) - \tau\,\overline{\omega}_{b,t+1}F_{\omega}(\overline{\omega}_{b,t+1},\ \sigma_{\omega b})}$$

$$(3.71)$$

$$N_{b,t} = \gamma_b\left[R^k_{b,t}Q_{t-1}K_{b,t-1}(1 - \tau G(\overline{\omega}_{b,t},\ \sigma_{\omega b})) - i_t B_{b,t-1}\right] \qquad (3.72)$$

五、资本部门

资本生产商从零售部门购买最终产品，并从中间产品厂商购买折旧后的资本。随后，新兴产业和传统产业企业购买资本。资本生产商解决以下问题：

$$\max_{I_t} E_t \sum_{s=0}^{\infty} \beta^s \Lambda_{t,t+s}\left\{Q_{t+s}\left[1 - \Psi\left(\frac{I_{t+s}}{I_{t+s-1}}\right) - 1\right]\right\}I_{t+s} \qquad (3.73)$$

$$s.\,t.\,K_t = (1-\delta)K_{t-1} + \left[1 - \frac{\psi_1}{2}\left(\frac{I_t}{I_{t-1}} - 1\right)^2\right]I_t \qquad (3.74)$$

$$\Psi\left(\frac{I_t}{I_{t-1}}\right) = \frac{\psi_1}{2}\left(\frac{I_t}{I_{t-1}} - 1\right)^2 \qquad (3.75)$$

这里，$\Psi(\cdot)$ 表示凸函数投资调整成本，I_t 表示最终产品作为原材料的投入产出，δ 是资本折旧率，ψ_1 是投资调整成本参数。对 I_t 一阶求导可以得到资本价格的最优方程：

$$Q_t\left[1 - \frac{\psi_1}{2}\left(\frac{I_t}{I_{t-1}} - 1\right)^2 - \psi_1\left(\frac{I_t}{I_{t-1}} - 1\right)\frac{I_t}{I_{t-1}}\right] + \beta E_t \frac{\lambda_{t+1}}{\lambda_t}\psi_1\left(\frac{I_{t+1}}{I_t} - 1\right)\left(\frac{I_{t+1}}{I_t}\right)^2 Q_{t+1} = 1$$

$$(3.76)$$

六、政府

政府通过征收税负以及发行货币（获得铸币税）来满足支出需求，Gov_t 表示政府支出，ψ_7 代表政府支出占 GDP 比重，政府行为方程表示如下：

$$Gov_t + G_{t+1} = \frac{M_t - M_{t-1}}{P_t} + T_t \qquad (3.77)$$

$$Gov_t = \psi_7 Y_t^f \qquad (3.78)$$

将多种政策工具引入中央银行部门。中央银行可以考虑的政策工具包括常规货币政策和非常规货币政策。20 世纪 90 年代的货币政策规则论是价格型货币政策论的深化。货币政策规则论的代表内容是 1993 年泰勒提出来的泰勒规则，其不仅在宏观分析的理论框架中被广泛使用，而且成为很多中央银行用于调整货币政策的基本规则。泰勒规则是中央银行根据通货膨胀和真实经济产出指标的变化来调整利率的一种反应机制，刻画了中央银行如何调整短期名义利率，用来对产出缺口和通胀缺口的变化进行反应。

泰勒（1993）提出的政策规则隐含地假设实际联邦基金利率能够瞬间、准确地调整至目标值，但事实上利率的变化往往具有局部调整或平滑的特征，即实际利率并非在当期就准确调整至其目标值，而是需要持续几期（季度）的渐进调整。但实际利率每季度的调整幅度仅占上期利率与目标值之差的 10% ~ 30%（Clarida et al.，2000）。这就意味着直接将实际联邦基金利率作为泰勒型规则的短期利率调整目标会带来参数估计的偏误。为了修正这一点，后续许多文献探究了实际短期利率向目标值的平滑调整的原因和影响，绝大多数关于泰勒型规则的实证研究也都考虑了利率平滑因素。

关于利率局部调整的原因，主流文献认为是政策制定者主动平滑利率变动的行为。他们认为政策制定者通过平滑利率的方式引导经济中的主体在形成预期时关注央行的稳定化目标，从而达到优化产出、平抑波动的目的。

谢平和罗雄（2002）首次估计了中国1992～2001年的前瞻型泰勒规则，利用历史分析法和反应函数法检验了泰勒规则适用于中国国情，即可以使用泰勒规则作为货币政策分析工具。同时也有学者表示泰勒规则适用于中国，为中国使用货币政策在国民经济调控中提供了参考价值。陆军和钟丹（2003）利用协整方法检验了前瞻型与当期型泰勒规则，其中对预期通胀率的测算采用将菲利普斯曲线和奥肯定律结合的方法，两种规则都显示产出缺口系数与泰勒（1993）提出的原始泰勒规则十分接近，通胀缺口系数则低得多。张屹山和张代强（2007）将货币供给增长率引入前瞻型反应方程，并分别用银行间拆借利率，存贷款实际基准利率以及存贷款基准利率和拆借利率的利差作为方程的右侧变量进行检验，发现该规则能很好地描述三种利率的走势。欧阳志刚和王世杰（2009）考虑了货币政策对通胀和产出的非对称反应，发现我国货币政策对通胀和紧缩、经济过冷或过热有显著的非对称反应。

张成思和党超（2016）同时研究了货币政策对居民预期通胀率和专家预期通胀率的反应，发现央行对居民预期通胀率和专家预期通胀率均做出了显著反应，但对专家预期的反应更为强烈。在张成思和党超（2017）的研究中，他们进一步基于专家预期数据估计了带有通胀和产出双预期的货币政策。研究结果显示，无论是在数量型规则还是价格型规则的框架下，政策变量都对预期通胀率做出了反应，然而，对预期产出变量的反应并不显著。

以上研究结果表明，在利率市场化背景下，利率对通货膨胀率和经济增长率的反应可以较好地用泰勒规则进行描述。

（一）存款准备金率

1. 法定存款准备金率。

常规货币政策从数量控制向价格调控的过渡仍在进行中。为了实施数量调控，本书确立了常规货币政策，基于泰勒规则使用产出增长率和通货膨胀率的货币供应规则，并调整存款准备金率。

$$\widehat{R}_t^r = \rho_r \widehat{R}_{t-1}^r + (1-\rho_r)(\phi_Y \widehat{Y}_t + \phi_\pi \widehat{\pi}_t) + \varepsilon_t^{R^r} \qquad (3.79)$$

所有变量都是其稳态值的偏差。对利率平滑的泰勒规则进行建模需要考虑滞后一期的短期利率，参数 ρ_r 是法定存款准备金率的平滑系数，而 ϕ_Y 和 ϕ_π 分别是法定存款准备金率规则对产出和通货膨胀的反映系数。而 $\varepsilon_t^{R^r} \sim i.i.d. N(0, \sigma_{R^r}^2)$ 遵循 AR（1）过程是货币政策的冲击。

2. 超额存款准备金率。

$$\widehat{R}_t^p = \rho_p \widehat{R}_{t-1}^p + (1-\rho_p)(\phi_{Yp}\widehat{Y}_t + \phi_{\pi p}\widehat{\pi}_t) + \varepsilon_t^{Rp} \qquad (3.80)$$

参数 ρ_p 是超额存款准备金率的平滑系数，而 ϕ_{Yp} 和 $\phi_{\pi p}$ 分别是超额存款准备金率规则对产出和通货膨胀的反映系数，而 $\varepsilon_t^{Rp} \sim i.i.d. N(0, \sigma_{Rp}^2)$ 遵循 AR（1）过程是货币政策的冲击。

（二）存款准备金利率

1. 法定存款准备金利率。

谢平和罗雄（2002）首次结合中国实际情况，利用历史分析法和反应函数法检验了泰勒规则适用于中国国情，即可以使用泰勒规则作为货币政策分析工具。

$$\widehat{i}_t^r = \rho_{ir}\widehat{R}_{t-1}^r + (1-\rho_{ir})(\phi_{Yir}\widehat{Y}_t + \phi_{\pi ir}\widehat{\pi}_t) + \varepsilon_t^{i^r} \qquad (3.81)$$

其中，中央银行为了价格稳定和经济增长实施泰勒规则，同时引入了一个利率平滑项。ρ_{ir} 代表法定存款准备金利率平滑系数，ϕ_{Yir} 表示法定存款准备金利率对产出响应系数，$\phi_{\pi ir}$ 表示法定存款准备金利率对通货膨胀响应系数，而法定存款准备金利率冲击 $\varepsilon_t^{i^r}$ 遵循 AR（1）过程。

2. 超额存款准备金利率。

在瑞士，直到 2015 年底，负超额存款准备金利率平均占总准备金存量的 23%（对 75% 的准备金免于负利率的假设）（IMF，2016）。2015 年 3 月，日本商业银行的法定存款准备金率在 0.05% ~ 1.3%，当按正常的泰勒规则计算的利率低于这一下限时，利率将设定为此下限。中央银行的政策利率如下：当政策利率面临下限时，其描述如下。$i_t^p\_\text{min}$ 代表政策利率的下限，例如 99.25%（1 - 0.75%）。谢平和罗雄（2002）首次结合中国实际情况，利用历史分析法和反应函数法检验了泰勒规则适用于中国国情，即可以使用泰勒规则作为货币政策分析工具。同时也有学者表示泰勒规则适用于中国，为中国使用货币政策在国民经济调控中提供了参考价值（陆军和钟丹，2003；张屹山和张代强，2007）。银行同业利率可以为负，但在尝试负利率的国家，存款利率不为负。因为出于防范挤兑和对银行信誉、竞争力等方面的考虑，商业银行往往不愿意将负利率传导至储户和企业等经济个体。因此，本书在模型中实施负利率是假设零下限约束仅适用于存款利率，而不适用于超额存款准备金利率。

$$\widehat{i}_t^p = \rho_{ip}\widehat{i}_{t-1}^p + (1-\rho_{ip})(\phi_{Yip}\widehat{Y}_{total,t} + \phi_{\pi ip}\widehat{\pi}_{total,t}) + \varepsilon_t^{i^p} \qquad (3.82)$$

$$\widehat{i}_t^p = \max[i_t^p\_\text{min}, \rho_{ip}\widehat{i}_{t-1}^p + (1-\rho_{ip})(\phi_{Yip}\widehat{Y}_{total,t} + \phi_{\pi ip}\widehat{\pi}_{total,t}) + \varepsilon_t^{i^p}] \qquad (3.83)$$

其中，ρ_{ip} 代表超额存款准备金利率平滑系数，ϕ_{Yip} 表示超额存款准备金利率产出响应系数，$\phi_{\pi ip}$ 表示超额存款准备金利率通货膨胀响应系数，而政策利率

（超额存款准备金利率）冲击 ε_t^{ip} 遵循 AR（1）过程。

（三）央行再贷款利率

参照马理等 2017 年设定的模型，本书假设中央银行将为新兴行业企业家提供信贷，以鼓励新兴行业企业家的生产和发展。因此，中央银行主要决定以下两个政策变量：新兴行业再融资利率 $R_{a,t}^h$ 和再融资抵押率 ϖ 对新兴行业信贷总额 $H_{a,t}$ 的影响。假设新兴行业企业家的再融资利率与中央银行的存款基准利率有关，并考虑到中央银行给予新兴行业信贷增长率高的银行更优惠的再融资利率，相应的再融资利率为 $R_{a,t}^h = i_t (B_{a,t}/B_{a,t-1})^{-\mu_1}$。参数 $\mu_1 > 0$ 代表中央银行对新兴行业企业家信贷增长率的再融资利率的响应。根据上述规则，银行 a 信贷的增长率越高，中央银行给予的再融资利率越低，从而在新兴行业企业家的信贷支持中发挥作用。

$$\widehat{R}_{a,t}^h = \rho_h \widehat{R}_{a,t-1}^h + (1-\rho_h)\left[\hat{i}_t - \mu_1(\widehat{B}_{a,t} - \widehat{B}_{a,t-1})\right] + \varepsilon_t^h, \quad \varepsilon_t^h \sim N(0, \sigma_h^2)$$

(3.84)

最后，再融资抵押与金融行业的平均抵押率有关。另外，中央银行为新兴行业企业家信贷增长高的银行设定了较高的再融资抵押率作为激励措施，所以相应的再融资抵押率可以写为 $\varpi_t = \varpi_0(B_{a,t}/B_{a,t-1})^{\mu_2}$，再融资抵押率 $\varpi_t > 0$。根据上述规则，银行 a 信贷的增长率越高，相应的贷款抵押率越高。

$$\widehat{\varpi}_t = \rho_\varpi \widehat{\varpi}_{t-1} + (1-\rho_\varpi)\left[\mu_2(\widehat{B}_{a,t} - \widehat{B}_{a,t-1})\right] + \varepsilon_t^\varpi, \quad \varepsilon_t^\varpi \sim N(0, \sigma_\varpi^2) \quad (3.85)$$

其中，$\widehat{R}_{a,t}^h$ 和 $\widehat{\varpi}_t$ 分别是线性化的再融资利率和再融资抵押率。而 ρ_h 和 ρ_ϖ 分别是上述两项政策的平滑参数，满足 $0 < \rho_h, \rho_\varpi < 1$。

七、市场出清

整个经济体必须实现一般均衡，这要求劳动力市场、资本市场、产品市场和信贷市场同时达到平衡。

$$Y_t^f = C_t + Gov_t + G_{t+1} + I_t + \tau G(\overline{\omega}_{a,t+1}, \sigma_{\omega a}) R_{a,t+1}^k Q_t K_{a,t}$$
$$+ \tau G(\overline{\omega}_{b,t+1}, \sigma_{\omega b}) R_{b,t+1}^k Q_t K_{b,t}$$

(3.86)

为突出主文分析重点，本书将模型的动态方程组与稳态求解步骤整理于附录中，供查阅。

第三节　参　数　校　准

本书根据新凯恩斯文献中常见的参数进行参数校准，考虑到经济数据强烈的季节因素，模型中的一个阶段对应现实中的一个季度，对序列进行季节性调整。中国近 20 年平均季度存款利率为 0.6875%，将家庭贴现因子 β 校准为 0.993（$\beta = 1/\hat{R} = 1/1.006875$）；资本折旧率 δ 为 0.025（Christiano et al.，2005）。根据《中华人民共和国民法典》担保制度的相关规定，质押担保的具体比例可由当事人约定。在实际金融操作中，为控制信贷风险，部分监管机构或金融机构设定质押率上限为 70%，因此本章在建模时取 70% 作为参考质押率上限，所以 ϖ_t 为 70%；政府支出与 GDP 的比率 ψ_7 为 0.1025，是根据中国国民财政支出与 GDP 的比率（CSMAR）计算的；存款准备金率与产出缺口的响应系数 ϕ_Y 和与通货膨胀缺口的响应系数 ϕ_π 设为 GAMMA 分布，平均值分别为 0.1798 和 1.3507（马勇，2021）。通常在经验研究中，跨期消费替代弹性的设定在 1 到 5 之间，常见的取值为 2（Hall，1988）；货币持有的相对风险厌恶系数通常在 1 到 10 的范围内变动（Sidrauski，1967），此处参照货币持有的相对风险厌恶系数 σ_m 取 1；以及家庭劳动供给弹性倒数 σ_l 取 0.5（中国人民银行商业管理部研究小组，2017）；稳态求解得到家庭效用中的劳动供给份额 ξ 为 1.6949；传统产业企业主要集中在资本和能源密集型领域，其资本在总产出中所占的比例 α_b 参考了鄢莉莉和吴利学（2017）关于工业和建筑业的平均参数，设定为 0.75。相对于传统产业，新兴产业企业的资本投入参数相对较低，其资本在总产出中的比例 α_a 是根据张晓晶等（2019）的研究设定为 0.55；价格粘性参数 θ_p 遵循一般文献设定，参考马勇等（2021）文献 θ_p 设为 0.75；中间产品的替代弹性 ϵ_p 通常设定在 $[5，11]$ 之间，选择中位数 8 作为基准设定；根据巴塞尔协议要求，资本充足率设定为 8%，所以银行 a 与银行 b 资本充足率为 8%；投资调整成本 ψ_1 取值为 2.48（Christiano et al.，2005）；监管成本 τ 为 0.21（Christiano et al.，2014），这在 0.20 ~ 0.36 的范围内被定义为经验上相关（Carlstrom and Fuerst，1997）；稳态求解可以得到新兴产业产品权重 φ 取 0.5093，传统产业企业的自然存活率 γ_b 为 0.9927；新兴行业不能偿还贷款概率 o_a 为 0.0037，稳态求解得到传统行业不能偿还贷款概率 o_b 为 0.0789；根据中国人民银行在 2021 年第四季度发布的《中国货币政策执行报告》，中国非金融公司在 2021 年底的杠杆率为 153.7%，并将其定义为传统行业公司的杠杆率 $LEV_{b,t}$ 为 1.54；再融资利率对新兴产业信贷比例的反应参数 μ_1 和质押率对新兴产业信用比例的反应参数 μ_2 分别为 0.4412 和 2.1309；法定存款准备金率平滑系数 ρ_r 参考马勇和陈点点（2021）文献中的估计值为 0.743；新兴产业和传统产业的贷款调整成本分别为 2.47 和 2.53，存款调整成本为 2.48，再融资的调整成本为 2.5。同时，法定存款准备金率平滑系数、再融资利率平滑系数、再融资质押率平滑系数、新兴产业技术影响的持久性以及传统产业技术影响的持久性分别为 0.743、0.33、0.0536、0.9583 和 0.7348（马勇，2021）；法定存款准备金利率平滑系数、超额存款准备金利率平滑系数、超额存款准备金率平滑系数、法定存款准备金利率对产出缺口的反应系数、法定存款准备金利率对通货膨胀缺口的反应系数、超额存款准备金利率对产出缺口的反应系数、超额存款准备金利率对通货膨胀率缺口的反应系数、超额存款准备金率对产出缺口的反应系数和超额存款准备金率对通货膨胀缺口的反应系数分别为 0.743、0.85、0.835、0.5201、1.4878、0.5、1.5、0.18、0.36。以上参数和部分稳态变量的校准值如表 3-1 所示。

表 3-1　　　　　　　　　参数和部分变量稳态校准值

符号	含义	数值	符号	含义	数值
β	家庭贴现因子	0.993	φ_a	银行 a 资本充足率	0.08
σ_c	跨期消费替代弹性	2	φ_b	银行 b 资本充足率	0.08
σ_m	货币持有的相对风险厌恶系数	1	o_a	新兴行业不能偿还贷款概率	0.0037
σ_l	劳动力供给弹性的倒数	0.5	o_b	传统行业不能偿还贷款概率	0.0789
ζ	实际货币余额在家庭效用中所占的份额	1	φ_{Yp}	超额存款准备金率对产出缺口的反应系数	0.18
ξ	家庭效用中的劳动供给份额	1.6949	$\varphi_{\pi ip}$	超额存款准备金率对通货膨胀率缺口的反应系数	1.5
α_a	新兴产业生产中资本份额	0.55	ϖ_t	质押率	0.7
α_b	传统产业生产中资本份额	0.75	ψ_1	投资调整成本	2.48
δ	资本折旧率	0.025	ψ_2	银行 a 贷款调整成本	2.47
θ_p	价格粘性参数	0.75	ψ_3	银行 a 存款调整成本	2.48
χ	新兴产业与传统产业商品的替代弹性	2	ψ_4	银行 a 再贷款调整成本	2.5
ϵ_p	中间产品之间的替代弹性	8	ψ_5	银行 b 贷款调整成本	2.53
φ	新兴产业产品权重	0.5093	ψ_6	银行 b 存款调整成本	2.48
γ_b	传统产业企业的自然存活率	0.9927	ψ_7	政府支出占 GDP 比重	0.1025
τ	监管成本	0.21	μ_1	再融资利率对新兴产业信贷比例的反应参数	0.4412
$LEV_{b,t}$	传统产业企业杠杆率	1.54	μ_2	质押率对新兴产业信用比例的反应参数	2.1309

续表

符号	含义	数值	符号	含义	数值
φ_Y	法定存款准备金率对产出缺口的反应系数	0.1798	ρ_{ba}	传统产业技术影响的持久性	0.7348
φ_π	存款准备金率对通货膨胀缺口的反应系数	1.3507	ρ_{ir}	法定存款准备金利率平滑系数	0.743
ρ_r	法定存款准备金率平滑系数	0.743	ρ_{ip}	超额存款准备金利率平滑系数	0.85
ρ_h	再融资利率平滑系数	0.33	φ_{Yir}	法定存款准备金利率对产出缺口的反应系数	0.5201
ρ_ϖ	再融资质押率平滑系数	0.0536	$\varphi_{\pi ir}$	法定存款准备金利率对通货膨胀缺口的反应系数	1.4878
ρ_{aa}	新兴产业技术影响的持久性	0.9583	φ_{Yip}	超额存款准备金利率对产出缺口的反应系数	0.5

第四节 负利率影响效应分析

央行调控短期利率，通过市场套利传导至中长期利率、资产价格、银行信贷等，随后总需求和物价发生变化，对微观个体行为决策和宏观经济产生不同程度的影响。也就是说，利率的高低能够直接影响家庭的储蓄与消费行为、企业的投资行为和融资行为、银行的借贷成本等，最后影响生产水平进而影响整个经济活动。基于含有金融加速器的 DSGE 模型，本节对负利率影响效应进行三方面分析：第一，负利率在应对经济衰退的风险冲击效应；第二，负利率在应对技术水平上升的冲击效应；第三，负利率冲击、再贷款利率冲击以及财政支持冲击的效应对比。通过以上三类效应分析，可以全面分析负利率两个层面（金融市场和实体经济）的传递效果，即负利率在金融市场传递是否畅通，进而能否有效传递到实体经济。

一、负利率应对风险冲击效应

当经济面临进一步衰退风险时，在既有负利率政策下对实体经济（产出、通货膨胀、消费、资本收益率、投资和货币持有量）的影响效应如图 3-2 所示，对金融市场（风险溢价、贷款量、存款量、实际利率、企业净值以及银行净值）的影响效应如图 3 - 3 所示。黑色实线描绘了负利率应对风险冲击上升 1% 的反应，每期表示一个季度。

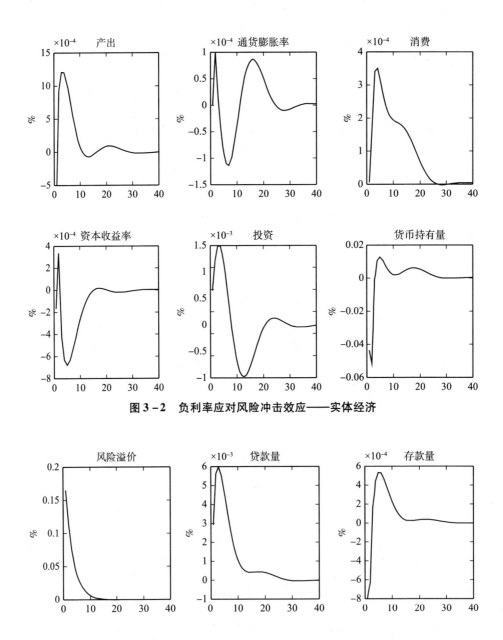

图 3 - 2　负利率应对风险冲击效应——实体经济

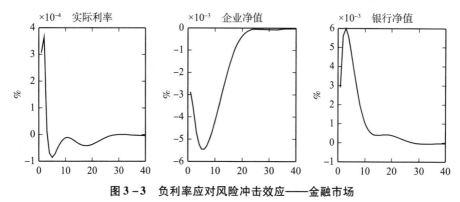

图 3 - 3　负利率应对风险冲击效应——金融市场

当经济衰退风险冲击上升，短期内产出水平迅速下降，企业净值水平下降。但由于处在负利率环境下，融资成本随着政策利率下降而下降，所以可以扩大企业融资水平进而扩大投资量，在很短的时间内产出能够大幅度上升，提升资本收益率，随之带来的是通货膨胀的上涨，成为短期内促进经济增长的"一剂猛药"。根据消费与净财富的关系，边际消费倾向取决于实际利率水平、家庭净资产值、收入水平。所以，资产价格对家庭消费影响很大，基于财富和替代效应（来自较低的贴现率）推高了贷款需求，支持了消费和投资，因此对产出有积极影响，货币持有量以及存款会用来增加消费，所以此时货币持有量会呈现下降趋势。政策利率到存款利率的传递保持不变，银行同时降低存款利率和贷款利率，随着产出和通胀结果的改善，银行的盈利能力会逐渐提高。贷款量已经扩大，借款者的信用状况也有所改善，从而缓解了较低的利息收入对银行整体盈利能力的影响。银行在设定存款利率时面临调整成本（即具有"粘性"），银行以暂时偏离最低资本要求为代价，最优化地选择降低贷款利率以增加贷款量。由于贷款量最初不足以抵消存款利率粘性对贷款利润率的压缩，银行盈利能力大幅下降，面临提高净值水平的压力。

虽然资产价格上涨提高银行的投资收益，降低了融资成本，但在政策利率转嫁率高、信贷需求高的情况下，相对于压缩息差的不利影响，这些好处会随着时间的推移而减弱。由于批发性资金的替代有限（由于存款基数较大），银行（最初）提高贷款利率并抑制信贷增长，长期负利率会使低盈利能力银行通过留存收益削弱资本积累，从而削弱银行增加放贷量的能力，同时贷款减少与存款减少密切相关。因为新贷款的贷款利率下降和现有（可变利率）贷款重新定价，而存款利率仍然存在粘性，所以银行净息差会压缩，进而会降低银行盈利能力，损害贷款利率传导。经济衰退以及长期实施负利率将改变公众预期，可以使人们寻找避免负利率的方法，例如大量提前偿还债务或税收（以在提前偿还期间获得零利率），或者债权人持有支票而不是将其存入银行，所以长期存款量回落。

负利率在短期内放松了借款人的财务约束，但 3 期后实际利率变成负数，它们可能扭曲借款人的长期债务承受能力。在负利率下减少的债务服务负担可能会延迟公司的退出，从而通过增加过剩产能和延迟资本和劳动力的有效配置来损害健康公司的需求前景。实际借款利率降至零下限甚至更低，使得企业在投资决策中面临的盈利约束被大幅削弱。在这种情况下，负利率政策可能会延迟高负债国家的企业重组进程，特别是在通胀水平未能同步上升时。这不仅削弱了资源配置效率，也可能进一步加剧债务持续性风险。

二、负利率应对技术冲击效应

当技术水平上升时，在既有负利率政策下对实体经济和金融市场（产出、通货膨胀率、消费、资本收益率、货币持有量、风险溢价、贷款量、实际利率以及企业净值）的影响效应如图 3 - 4 所示。深色实线描绘了新兴产业技术冲击，浅色实线描绘了传统产业技术冲击，负利率应对技术冲击上升 1% 的反应，每期表示一个季度。

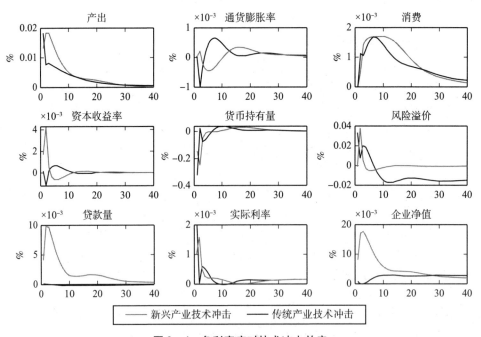

图 3 - 4　负利率应对技术冲击效应

当技术水平提升，产出水平明显提升，不过可以很明显地看出新兴产业技术水平提升能够维持较长时间的产出增长，而传统产业技术创新水平上升只能短暂地提升产出水平，这将有利于提升企业净值。产出水平整体上升能够拉动消费水平上升，存款与货币持有量短期内下降，资本收益率能随着新兴产业技术冲击更好地提升，从需求侧有效地提高对贷款量的需求。应对技术冲击时，负利率在短期内能够为经济注入一剂"强心剂"。

短期内，负利率的实施使银行同时降低存款利率和贷款利率，随着产出和通胀结果的改善，风险溢价上升，银行的盈利能力会逐渐提高。资本收益率上涨提高了银行的投资收益，降低了融资成本，减少了拨备支出，从需求侧增加了贷款量的提升，由于信贷风险溢价和流动性不足，以及市场参与者降低了利率预期，压缩了长期利率，这些好处会随着时间的推移而减弱，由于预期经济会持续低迷，会出现消费水平长期下降，资本收益率会下降并趋于稳态，企业盈利能力降低，企业净值受到负面影响，从而贷款需求随之下降。通过财富效应，激励人们扩大消费，最终传导至一般性商品价格上涨；但资产泡沫一旦破灭，社会财富大量缩水，会造成贷款损失和债务通缩循环，产生的通缩效应往往比单纯的一般性商品通缩更为剧烈。银行压缩净利差，从而降低银行利润，通过减少留存收益侵蚀银行的资本基础，引发金融不稳定的担忧。减少的留存收益和随之而来的银行资本侵蚀也可能限制负利率政策对银行贷款的传导，因为留存收益是银行自有资金的最重要来源。这创造了一个恶性循环，被挤压的利差和低利润限制了银行留存收益和建立资本缓冲的能力，最终增加了风险，并阻碍了负利率政策的货币传导。资产的泡沫起伏，还具有社会财富再分配的效果，在国际资本自由流动的背景之下，又兼具国别间财富再分配的效果——这都意味着在经济停滞期，负利率的选择可能进一步强化低通胀的水平。所以，无论是新兴产业还是传统产业技术冲击，在负利率背景下都会提振短期经济水平，但是长期来看整体经济改善水平会被弱化。

三、负利率与其他政策效应比较

通过上面内容研究了负利率应对风险冲击和技术冲击，接下来对比负利率冲击与再贷款利率冲击和政府支持冲击之间的差异性，同样通过从实体经济和金融市场两个方面来对比：第一，产出、通货膨胀率、消费、资本收益率、投资和货币持有量方面的影响效应如图 3－5 所示，考量负利率政策释放的信贷最终能否转化为生产，还取决于资金能否顺利地从虚拟经济流入实体经济。第二，风险溢价、贷款量、存款量、实际利率、企业净值以及银行净值的影响效应如图 3－6

所示。图中三条线分别描绘了政策利率冲击、再贷款利率冲击以及财政支持冲击，对比负利率政策冲击和再贷款利率冲击下降1%以及财政支持上升1%的反应，每期表示一个季度的变化水平。

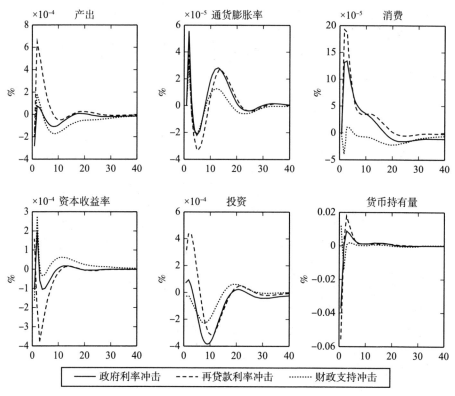

图3-5 负利率与其他政策效应比较——实体经济

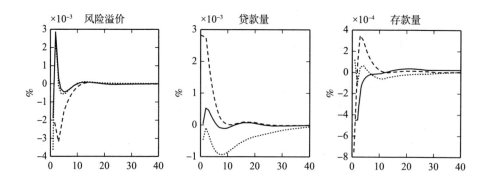

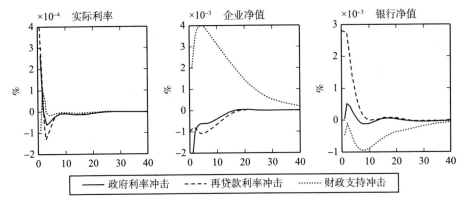

图3-6 负利率与其他政策效应比较——金融市场

当受到不同政策冲击时，产出水平略微下降后迅速上升，尤其是再贷款利率降低冲击能够有效提高产出水平，相比较而言负利率政策冲击对产出的积极作用并不是很大，反而在一开始是很明显的负向影响，原因是存款利率受到摩擦，一般对机构和大型企业借款人收取负利率，但这些并没有传递给零售存款人，这将减缓政策行动对实体经济的传导。在对通货膨胀率的影响上，负利率政策冲击短期内表现出极为有效的积极性，如促进消费、提升资本收益率、增加投资的优势。负利率虽然能够刺激资产价格上升，短期有利于消费，但会增加贫富分化，不利于消费的可持续发展。长期实施负利率政策，企业部门的杠杆率高企、产能过剩的情况下，负利率对投资的刺激有限，而且会出现消费减少，就业岗位缩减，与政策制定的目标背道而驰。从整体来看，负利率效应对消费的影响，在短期内可能会有促进作用，特别是对固定资产的消费有促进作用；从长期来看，消费水平主要还是取决于收入水平的增加，仅仅依靠负利率的刺激，还难以长期维持积极的消费水平。

相比较而言，再贷款利率下降，基于成本驱动来推动经济社会的新兴产业发展，同样可以提升实际利率水平，降低企业净值水平，给银行净值带来了上升的压力，再贷款利率下降直接降低了企业贷款成本。银行贷款量对再贷款的反应是积极活跃的，改善借款人的还债能力，降低银行的坏账率，对银行的利润有提升作用。财政支持力度上升，能够有效地提升企业净值水平，由于有政府支持降低了银行贷款风险，所以银行净值出现明显下降趋势，由于企业得到政府的财政支持，产生预算软约束的效果，对企业起到资本支持作用，从而能够大幅度提升资本收益率水平，提高贷款能力。

负利率冲击能够提升实际利率水平，降低企业净值，给资产负债表增加负担，银行面临较大的贷款风险，所以应该增加其净值水平，由于贷款利率受到政策利率传导效应影响，融资成本降低进而贷款量有所上升，但是由于存款利率也受到政策利率影响，存款存在挤出的风险。当政策利率在负利率区间内调整时，对下行变动反应敏感的零售存款利率变得更加粘性。由于银行持有的资产的回报并未受到同样的下行粘性，这导致了银行的利息利润被压缩，对银行的盈利能力产生压力。也就是说，银行难以把负利率转嫁给一般储户，银行面临贷款等资产端收益下降，但负债端资金成本难以同比例减少的问题，导致利差收窄、利息收入减少。

此外，银行倾向于持有相对长期的资产，这些资产的重新定价速度比它们的负债慢，所以，长期的负利率可能会损害银行的净值，从而破坏货币政策基于银行的传递机制，信贷增长放缓，累积的债务负担难以消化。长时间的低利率耗尽了进一步降息的可能性，这伴随着利润率和利润的压缩，可能会促使银行重新调整其证券组合，从交易持有转向可供出售或持有至期末。持续的超低利率和利差收窄会促使银行追求高风险资产，包括信用评级较低的债券和一些中小企业贷款，这会给金融机构带来坏账率上升的问题。利率不仅是一种价格，更重要的是它可以作为一种筛选机制。许多没有盈利能力的企业仅仅因为资金成本低廉而大量借贷，最终导致风险和坏账的出现。当利率被控制在较低水平时，其筛选功能将受到抑制；但如果提高利率并取消资本配给，那么只有那些盈利能力超过此价格的企业才会申请借贷。所以说，负利率政策也需要防范"道德风险"和"逆向选择"的风险。

负利率压缩了流动性资产的回报率，随着政策利率进一步降至负值以及对未来加息预期的推迟，这种压缩会传递给企业存款。负利率政策与收益率曲线平坦化联系在一起（长期利率比短期利率下降更多，投资者预期未来短期利率进一步下降，和央行量化宽松降低期限溢价），对银行的利差不利，对银行造成一定冲击，可能会破坏金融系统的稳定。从社会影响上来看，长期实行负利率政策，会干扰银行、保险、养老和社保机构的正常运行，影响其盈利模式，银行、保险、养老和社保机构在负利率的刺激下倾向于从事风险更高的投资。长此以往，为未来经济发展埋下金融风险隐患。如果央行的负利率政策持续很长时间或者加大负利率下降的程度，银行很可能把负利率转嫁给一般储户，而小型储户会通过持有现金来避开存款成本，银行将会面临存款流失和脱媒的压力。当出现这样的情况，银行的信贷能力将会下降，并且增加金融不确定性的风险。

竞争可能放大银行对负利率的敞口，尽管如果竞争相对激烈的市场对净息差施加下行压力，银行可能会倾向于更安全的投资，但市场力量和竞争不那么激烈的市场之间的关联预示着，银行可能会提高贷款利率以增加利润，从而增强银行发放风险更高贷款的能力。在负利率环境下，银行追求收益率的动力更强。银行通常不愿意首先向储户收费，以免将存款流向竞争对手。

与此同时，银行会变相地向客户出售更多服务，以提高手续费和佣金收入。如果银行试图通过转向非利息收入活动来维持低利率环境下的利润，将不会增加对实体经济的贷款。当央行对超额存款准备金征收负利率，银行就会考虑收回准备金，当征收负利率的水平超过了储存现金的边际成本时，商业银行会转而持有纸币，用它来防范流动性风险，也就是说即使外部融资利率跟随政策利率进入负区间，银行不会更加依赖政策利率。因此，会限制货币政策的传导有效性。

持有大量受负存款利率影响的流动性资产的企业有动力通过增加非金融投资来减少这些流动性资产，可以增加对自己企业的投资，所以企业净值有所上升。当面临通货紧缩压力时，负利率的效果可能会降低，一方面，私营部门的高负债水平和实体经济的产能过剩可能会延缓资产负债表的调整进程；另一方面，若利率息差长期受压，而这一不利影响又无法被资产估值上升或不良贷款减少所抵消，银行的利润空间和信贷供给意愿也将受到显著抑制。

第五节　本章小结

本章通过构建负利率、异质性企业和异质性银行、金融摩擦、金融中介决策以及各经济主体的 DSGE 模型，模拟分析负利率在应对风险冲击和技术冲击时对主要经济变量和金融变量的影响，以及对比负利率冲击、再贷款利率冲击以及财政支持冲击之间对经济变量和金融变量的影响。通过研究这些变量的变动规律厘清负利率传导的内在机制，有助于政府制定更优的应对措施，进而设计出更优的宏观经济调控手段。研究结果发现，负利率环境下的金融体系对宏观经济带来了扭曲的影响。负利率在应对风险冲击时，通过影响资产负债表，导致债务人抵押品贬值、偿债能力下降、市场风险上升，增加外部融资溢价水平，推高企业杠杆率和企业信贷违约率，但是融资成本随着负利率政策下降而下降，所以可以扩大企业融资水平进而扩大投资量，在很短的时间内产出能够大幅度上升，提升资本收益率，随之带来的是通货膨胀的上涨，支持消费与投资；但长期来看，随着风险持续增加，负利率政策转嫁率高、信贷需求高的情况下，相对于压缩息差的不利影响，这些好处会随着时间的推移而减弱。负利率在应对技术冲击时，短期内产出水平明显上升，推动企业净值上升，资本收益率随着技术冲击能够很好地提高，短期内，银行存款利率和贷款利率随着负利率政策同时降低，随着产出和通胀结果的改善，风险溢价上升，银行的盈利能力会逐渐提高；但是长期来看，由于信贷风险溢价和流动性不足，以及市场参与者降低了利率预期，压缩了长期利率，这些好处会随着时间的推移而减弱。负利率政策同样从成本驱动来降低企业融资成本，有利于扩大信贷总量，对企业产出有正向激励作用，提高企业的净资产，降低企业生产的风险溢价和违约率，相比较于其他两种政策冲击，负利率政策冲击短期内表现出极为有效的积极性，如促进消费、提升资本收益率、增加投资的优势。负利率下的投资组合再平衡降低了期限和信贷风险溢价，放松了金融状况，支持了信贷创造和经济活动，但是长期的负利率可能会损害银行的净值，从而破坏货币政策的基于银行的传递机制。信贷增长放缓，利率压缩了流动性资产的回报率，随着政策利率进一步降至负值以及对未来加息预期的推迟，这种压缩会传递给企业存款，因为实际借款利率下降到零甚至低于零下界，负利率还可能延迟在债务过度的国家进行企业重组，尤其是在通货膨胀没有上升的情况下。

负利率在短期内改善了宏观经济环境，资产价格上涨（尤其是在通胀率上升的情况下）可能会提高未来收入，增强借款人的还款能力，从而降低银行的预期不良贷款费用。但从长期来看，负利率政策的实施效果不仅会大打折扣（利率传导有效性降低，对信贷的改善作用被削弱，对经济改善水平会被弱化），甚至可能与政策初衷背道而驰，把经济体带入更加复杂、更加难以解决的困境，对其长期的发展产生不良影响。如第二章典型事实分析一样，负利率政策在欧元区、瑞典和日本的实施，短期内起到了刺激经济增长的作用，但效果并非十分显著。长期来看，负利率政策不但无法从根本上解决以上各国经济低迷的问题，反而容易积累风险，损害经济增长。

第四章

负利率、银行机制与银行盈利能力
——理论模型分析

本书第三章使用 DSGE 的方法建立了宏观理论模型，对负利率的经济效应进行分析，并得出负利率在传导过程中遇到摩擦、经济有效性有所降低的结论。本章进一步分析负利率传导摩擦是否来源于金融中介——是否通过削弱银行的盈利能力，减弱了货币政策传导效果。在金融理论中，经济体是以间接融资为主的，所以考虑到负利率传递的有效性，需要特别注意负利率政策对于银行体系的影响。

本章通过构建一个政策利率在银行渠道传导的理论模型，研究负利率如何引导市场利率（贷款利率、存款利率、债券利率）以及存款准备金。首先，构建一个银行部门理论模型，探索政策利率在银行渠道的传递机理；其次，结合家庭、厂商、中央银行部门，寻求四个市场的均衡；最后，当政策利率为负时，模型得出了两个新的下限——政策利率下限"PLB"和银行可以提供的存款利率下限"DLB"，取代了传统的零下限"ZLB"，探讨负利率空间下银行系统政策降息的效率是如何变化的。本章模型中的临界摩擦是存款利率的零下限和货币持有成本下限。如果没有这种摩擦，负利率传导将类似于传统的货币政策。

第一节 基准理论模型构建

构建政策利率理论模型，分析央行的政策利率通过银行资产负债渠道如何影响各种市场利率（贷款利率、存款利率、债券利率）以及存款准备金。并且在该传导机制基础上，分析央行使用非常规货币政策——负利率工具将如何通过银行系统传递影响各种市场利率。

一、商业银行

假设商业银行数量足够多、无差异并且风险中立，没有一家商业银行能够在市场上自主定价。

（一）商业银行利润最大化

要想确定负利率和银行利润之间的关系，就需要将模型构建在银行资产负债表的基础上，因为利率会影响银行资产负债表的资产和负债两方面。银行的资金一方面可以来源于居民手中的存款（D_t），另一方面可以来源于其他外源融资（F_t）。银行将资金用于信贷市场对企业放贷（L_t），还包括流动资产：存款准备金（R_t）、银行持有债券（B_t^b）和货币（M_t）。假定央行规定政策利率（存款准备金利率）为 i_t^r，并且银行的股利为 DIV_t、利润为 $\prod$，资产负债表如图 4 - 1 所示。

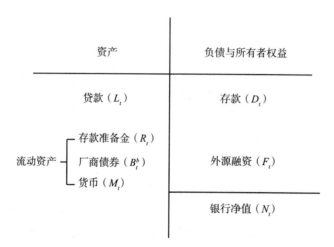

图 4 -1　银行资产负债表

银行的利润表达式为：

$$\prod = DIV_t + L_t + R_t + B_t^b + M_t - D_t - F_t \tag{4.1}$$

$$R_t = \alpha D_t \tag{4.2}$$

银行的利润最大化表达式为：

$$
\begin{aligned}
\max_{L_t, D_t, B_t^b, M_t, F_t} \prod &= \max_{L_t, D_t, B_t^b, M_t, F_t} \{ DIV_t + L_t + \alpha D_t + B_t^b + M_t - D_t - F_t \} \\
&= \max_{L_t, D_t, B_t^b, M_t, F_t} \{ (1 + i_t^l) L_t + (1 + i_t^r) \alpha D_t + (1 + i_t^b) B_t^b + M_t \\
&\quad - (1 + i_t^d) D_t - (1 + i_t^f) F_t - C(L_t, \ D_t, \ B_t^b, \ M_t, \ F_t) \}
\end{aligned} \tag{4.3}
$$

银行只能持有正数量的非贷款资产，即施加非负约束：

$$R_t \geq 0, \quad B_t^b \geq 0, \quad M_t \geq 0 \tag{4.4}$$

其中，α 为存款准备金率。i_t^l 代表贷款利率，i_t^r 代表央行规定的存款准备金利率，i_t^d 代表存款利率（以家庭存款利率为例），i_t^b 代表债券收益率，i_t^f 代表外源融资的利率水平（以非金融企业存款利率为例），M_t 代表没有收益的流动性现金，$C(L_t, D_t, B_t^b, M_t, F_t)$ 代表银行的业务管理、资产负债表控制的成本，以达到提高商业银行经营效率、保持银行体系稳定的目的，该成本是贷款数量、存款数量、持有债券数量、银行持有货币和外源融资资金数量的方程。

（二）商业银行方程

对利润最大化目标方程（4.3）的 L_t、D_t、B_t^b、M_t、F_t 分别求一阶偏导，能够得到银行的贷款供给方程、存款需求方程、债券需求方程、外源融资需求方程、货币持有方程。

银行的贷款供给方程为：

$$1 + i_t^l = C'_{L_t}(L_t, D_t, B_t^b, M_t, F_t) \tag{4.5}$$

银行的存款需求方程为：

$$(1 + i_t^r)\alpha - (1 + i_t^d) = C'_{D_t}(L_t, D_t, B_t^b, M_t, F_t) \tag{4.6}$$

银行的债券需求方程为：

$$1 + i_t^b = C'_{B_t^b}(L_t, D_t, B_t^b, M_t, F_t) \tag{4.7}$$

银行的外源融资需求方程为：

$$-1 - i_t^f = C'_{F_t}(L_t, D_t, B_t^b, M_t, F_t) \tag{4.8}$$

银行的货币持有方程为：

$$1 = C'_{M_t}(L_t, D_t, B_t^b, M_t, F_t) \tag{4.9}$$

由于假设成本方程 $C(L_t, D_t, B_t^b, M_t, F_t)$ 具有严格凸性和二阶连续可导的性质，此处可以定义成本方程为：

$$C(L_t, D_t, B_t^b, M_t, F_t) \equiv \frac{1}{2}(\theta_L L_t^2 + \theta_D D_t^2 + \theta_B B_t^{b2} + \theta_M M_t^2 + \theta_F F_t^2) \tag{4.10}$$

θ_L、θ_D、θ_B、θ_M、θ_F 是一系列大于零的正数，分别代表不同资产负债的边际经营成本。例如，银行放贷时对厂商的信用评级、风险评估以及监管所付出的成本，在一定资本总额的约束下，银行过度吸收存款、外部融资和发放贷款的难度，以及银行持有现金作为应对风险的流动资产所产生的成本。将方程（4.10）分别代入方程（4.5）、（4.6）、（4.7）、（4.8）和（4.9），便可以得：

银行的贷款供给方程为：

$$L_t^s = (1 + i_t^l)/\theta_L \tag{4.11}$$

银行的存款需求方程为：

$$D_t^d = [(1 + i_t^r) \alpha - (1 + i_t^d)] / \theta_D \qquad (4.12)$$

银行的债券需求方程为：

$$B_t^b = (1 + i_t^b) / \theta_B \qquad (4.13)$$

银行的外源融资需求方程为：

$$F_t^d = (-1 - i_t^f) / \theta_F \qquad (4.14)$$

银行的货币持有方程为：

$$M_t^d = 1 / \theta_M \qquad (4.15)$$

从以上方程表达式可以清晰地看出，随着银行贷款利率的上升和贷款成本的下降，银行愿意提供更多的贷款量；银行的存款需求受到央行存款准备金率的限制并且与其呈正相关关系，而且与存款利率水平和存款经营成本呈负相关关系；当企业债券发行价格下降、收益率上升且债券经营成本下降时，银行对债券的需求量上升；银行的外源融资需求与外源融资利率水平和融资经营成本呈负相关关系，也就是说当外源融资成本越高银行对其需求就越小；货币持有量与货币持有成本有关，并且当货币持有成本越高银行对其持有量越小。

二、厂商

与商业银行类似，假设厂商数量足够多、无差异并且风险中立，没有一家厂商能够在市场上自主定价。厂商要获取资金可以通过在市场上发行债券，而不仅仅是依赖银行贷款。所以此处设定厂商通过两种渠道进行融资：银行贷款（L_t）和发行债券（B_t），厂商受到融资约束 $\overline{FC_t}$ 条件（外生变量），该融资约束是厂商所需融资的总量。

在融资约束下，厂商融资追求利润最大化成本最小化的目标方程为：

$$\max_{L_t, B_t} \prod_F = \max_{L_t, B_t} \{ (1 + \varphi_t^F) (L_t + B_t) - (1 + i_t^i) L_t - (1 + i_t^b) B_t - C_F (L_t, B_t) \}$$

$$(4.16)$$

$$\text{s. t. } L_t + B_t \leqslant \overline{FC_t} \qquad (4.17)$$

其中，$\varphi_t^F > 0$ 是资金（贷款和债券）的回报率，此处默认短期内劳动力是常数，仅考虑资本回报的情况。$C_F (L_t, B_t)$ 代表厂商贷款和债券融资发行管理成本。这些管理成本都将非线性地提高，所以，同样定义发行管理成本的具体方程形式如下：

$$C_F (L_t, B_t) \equiv \frac{1}{2} (\theta_{FL} L_t^2 + \theta_{FB} B_t^2) \qquad (4.18)$$

$\theta_{FL} > 0$，$\theta_{FB} > 0$ 分别表示厂商贷款与债券融资的成本系数。在约束条件方程

（4.17）下，将成本方程（4.18）代入利润最大化目标方程（4.16）中，通过求导能够得到厂商贷款需求方程和债券供给方程。

厂商的贷款需求方程为：

$$L_t^d = \frac{(i_t^b - i_t^l) + \theta_{FB}\overline{FC_t}}{\theta_{FL} + \theta_{FB}}$$

（4.19）

厂商的债券供给方程为：

$$B_t^s = \overline{FC_t} - L_t = \frac{(i_t^l - i_t^b) + \theta_{FL}\overline{FC_t}}{\theta_{FL} + \theta_{FB}}$$

（4.20）

由此可知，对于厂商来说通过贷款融资和通过债券融资之间是有相互替代作用的。厂商的贷款需求量与贷款利率和贷款管理成本呈负相关关系，且当债券融资成本与贷款利率之间的差值越大，厂商越愿意以贷款的形式获得资金；同理，厂商在选择以债券形式融资的时候，会考虑债券融资成本与贷款融资成本之间的差值，当贷款成本升高就会出现替代效应而选择债券融资，且发行债券的管理成本越小，厂商获得的利润越大。所以说，厂商在选择融资方式时会以利润最大化、成本最小化为准绳。

三、家庭部门

居民在该模型中是资金供给方也可以说是投资者，投资两类资产：存款（D_t）和债券（B_t）。银行存款定义为无风险投资，企业债券定义为有风险投资，居民追求一定风险下的投资收益最大化。在预算约束（$\overline{BC_t}$）下，家庭投资收益最大化方程为：

$$\max_{D_t, B_t^h} \prod_H = \max_{D_t, B_t^h}\left\{(1 + i_t^d)D_t + (1 + i_t^b)B_t^h - \frac{1}{2}\theta_{HB}B_t^{h2}\right\}$$

（4.21）

$$\text{s. t. } D_t + B_t^h \leq \overline{BC_t}$$

（4.22）

$\theta_{HB} > 0$，为家庭债券投资的风险系数，债券市场面临市场和信用风险所以存在风险溢价，投资者要权衡投资债券市场的风险和收益，做到合理的资产配置。本书假设家庭对于债券风险的厌恶程度随着持有的债券量（B_t^h）的增加而非线性地上升。$\overline{BC_t}$ 为该家庭的预算约束（外生变量），该预算约束是家庭所持有的可投资的资金总量。将预算约束条件公式（4.22）代入公式（4.21），家庭的投资收益方程变为：

$$\max_{D_t, B_t^h} \prod_H = \max_{D_t, B_t^h}\left[(1 + i_t^d)D_t + (1 + i_t^b)(\overline{BC_t} - D_t) - \frac{1}{2}\theta_{HB}(\overline{BC_t} - D_t)^2\right]$$

（4.23）

通过对公式（4.23）一阶求导，能够得到家庭方程：

家庭的存款供给方程为：

$$D_t^s = (i_t^d - i_t^b)/\theta_{HB} + \overline{BC_t} \qquad (4.24)$$

家庭的债券需求方程为：

$$B_t^h = \overline{BC_t} - D_t^s = (i_t^b - i_t^d)/\theta_{HB} \qquad (4.25)$$

由此可知，对于家庭来说投资于存款与投资于债券之间是有相互替代作用的。有风险的债券利率显然要高于无风险的存款利率，才能够吸引家庭投资从而进行合理的资产配置。家庭存款额度会受到总资产约束的影响，且呈正相关关系。

四、中央银行

在该模型认定中央银行的操作目标是设定并管理存款准备金，并规定存款准备金利率（i_t^r），该利率作为政策利率来稳定市场。

在正常情况下，政策利率调整会改变金融体系的流动性。央行的政策利率水平取决于央行对银行体系流动性需求的判断。前文已经得出，从商业银行对央行的融资需求的角度来说，这种关系可以表达如下：

$$R_t = \alpha D_t \qquad (4.2)$$

$$D_t^d = [(1 + i_t^r)\alpha - (1 + i_t^d)]/\theta_D \qquad (4.12)$$

$$R_t = \alpha[(1 + i_t^r)\alpha - (1 + i_t^d)]/\theta_D \qquad (4.26)$$

如果央行确定一个短期货币市场流动性水平的目标 R_t^*，也就是说确定了一个相对应的政策利率水平 i_t^r。通过银行的利率传导效应，政策利率的变化也会影响存款利率水平：

$$i_t^d = (1 + i_t^r)\alpha - \frac{R_t^* \theta_D}{\alpha} - 1 \qquad (4.27)$$

在一般均衡的条件下，R_t 是许多其他利率和参数的方程，从公式（4.26）能够看出，存款准备金随着存款准备金率的增加而非线性地上升，并且与存款形式融资的成本系数（θ_D）成反比，由此可见，当存款融资成本上升银行会选择替代产品进行融资从而减少存款量，在一定存款准备金率的情况下存款准备金总量也随之下降。

五、均 衡 条 件

（一）贷款市场

银行的贷款供给方程为：

$$L_t^s = (1 + i_t^l)/\theta_L \tag{4.11}$$

厂商的贷款需求方程为：

$$L_t^d = \frac{(i_t^b - i_t^l) + \theta_{FB}\overline{FC_t}}{\theta_{FL} + \theta_{FB}} \tag{4.19}$$

当 $L_t^s = L_t^d$，贷款利率的均衡解：

$$i_t^l = \frac{\theta_L i_t^b + \theta_L \theta_{FB}\overline{FC_t} - \theta_{FL} - \theta_{FB}}{\theta_{FL} + \theta_{FB} + \theta_L} \tag{4.28}$$

由此可知，贷款市场均衡时贷款利率与存款利率呈正相关关系，即当银行存款融资成本较高时，银行将高成本转嫁给贷款厂商，所以贷款利率也会随之上升；贷款利率与厂商融资约束量呈正相关关系，当厂商对贷款需求量增加时，会推动贷款利率水平的上升。

（二）存款市场

银行的存款需求方程为：$D_t^d = \big[(1 + i_t^r)\alpha - (1 + i_t^d)\big]/\theta_D \tag{4.12}$

家庭的存款供给方程为：$\quad D_t^s = (i_t^d - i_t^b)/\theta_{HB} + \overline{BC_t} \tag{4.24}$

当 $D_t^d = D_t^s$，存款利率的均衡解：

$$i_t^d = \frac{(1 + i_t^r)\alpha\theta_{HB} + \theta_D i_t^b - \theta_{HB}\theta_D\overline{BC_t} - \theta_{HB}}{\theta_{HB} + \theta_D} \tag{4.29}$$

由此可知，存款利率水平受央行存款准备金率（α）、存款准备金利率水平（i_t^r）、家庭投资预算约束（$\overline{BC_t}$）以及债券收益率（i_t^b）的影响。可以理解为在家庭资产配置过程中，存款利率与存款准备金率、存款准备金利率、债券收益率之间呈正相关关系，而与家庭投资预算约束呈负相关关系。可以解释为，央行向商业银行收取越多存款准备金，商业银行可放贷的数量越少，为了提高放贷量，商业银行通过更高的存款利率水平吸收存款量；当央行提升存款准备金利率，商业银行会将风险资产转移到无风险的存款准备金获息，可放贷数量有所下降，为扩大放贷数量可以通过推高存款利率吸引更多存款额；当债券收益率水平提升，家庭通过合理的资产配置，会将更多的资金转移到购买厂商债券从而获取更高的收益，会将较少的资金投资于储蓄，此时商业银行为了吸引家庭进行储蓄，将会提高存款利率以改变家庭的资产配置情况；当家庭预算约束额有所下降，即家庭可支配投资的总量减少，在投资产品替代弹性不变的情况下，家庭会同等程度减少所有投资产品，也就是会减少储蓄量，此时商业银行为了吸引存款会提高存款利率水平。

（三）债券市场

银行的债券需求方程为：

$$B_t^b = (1 + i_t^b)/\theta_B \qquad (4.13)$$

家庭的债券需求方程为：

$$B_t^h = (i_t^b - i_t^d)/\theta_{HB} \qquad (4.25)$$

厂商的债券供给方程为：

$$B_t^s = \frac{(i_t^l - i_t^b) + \theta_{FL}\overline{FC_t}}{\theta_{FL} + \theta_{FB}} \qquad (4.20)$$

当 $B_t^s = B_t^b + B_t^h$，债券的均衡方程为：

$$i_t^b = \frac{\theta_B\theta_{HB}i_t^l + (\theta_{FL}\theta_B + \theta_{FB}\theta_B)i_t^d + (\theta_B\theta_{HB}\theta_{FL}\overline{FC_t} - \theta_{FL}\theta_{HB} - \theta_{FB}\theta_{HB})}{\theta_{FL}\theta_{HB} + \theta_{FB}\theta_{HB} + \theta_{FL}\theta_B + \theta_{FB}\theta_B + \theta_B\theta_{HB}} \qquad (4.30)$$

从上式可以得到，债券收益率与贷款利率和存款利率之间均呈正相关关系，可以解释为，当贷款利率上升，厂商通过替代效应会更多地选择债券融资，所以债券供给上升，债券价格下跌，债券收益率会随之上升；当存款利率上升时，家庭对储蓄的需求上升，通过资产重组导致对厂商债券需求下降，债券价格会随之下降，则债券收益率上升。

（四）存款准备金市场

央行通过控制存款准备金数量 R_t，来锚定一个政策利率 i_t^r。

$$R_t = \alpha[(1 + i_t^r)\alpha - (1 + i_t^d)]/\theta_D \qquad (4.26)$$

在一般均衡的条件下，R_t 是许多其他变量的方程，表明存款准备金利率及存款利率的变化都会影响存款准备金量，进而影响货币市场流动性，因此，央行需要根据市场的变化来调节流动性投放，保持政策利率的稳定。经过代数变换，可以得出：

$$\frac{\partial i_t^d}{\partial i_t^r} = \alpha \qquad (4.31)$$

上式表明，如果没有其他市场的存在，并且不考虑债券市场风险溢价和家庭风险偏好的影响，央行调整政策利率会导致 α 倍存款利率的变化。由于非常规的货币政策存在，名义负政策利率对债券收益率的传导会变得更加复杂。

六、四个市场与政策利率的关系

从模型的角度讲，模型有四个内生变量：贷款利率 i_t^l、存款利率 i_t^d、债券市场收益率 i_t^b、存款准备金数量 R_t，而四个市场同时达到均衡的条件也组成了四个约束方程：

$$i_t^l = \frac{\theta_L i_t^b + \theta_L \theta_{FB} \overline{FC}_t - \theta_{FL} - \theta_{FB}}{\theta_{FL} + \theta_{FB} + \theta_L} \tag{4.28}$$

$$i_t^d = \frac{(1 + i_t^r)\alpha\theta_{HB} + \theta_D i_t^b - \theta_{HB}\theta_D \overline{BC}_t - \theta_{HB}}{\theta_{HB} + \theta_D} \tag{4.29}$$

$$i_t^b = \frac{\theta_B\theta_{HB} i_t^l + (\theta_{FL}\theta_B + \theta_{FB}\theta_B)i_t^d + (\theta_B\theta_{HB}\theta_{FL}\overline{FC}_t - \theta_{FL}\theta_{HB} - \theta_{FB}\theta_{HB})}{\theta_{FL}\theta_{HB} + \theta_{FB}\theta_{HB} + \theta_{FL}\theta_B + \theta_{FB}\theta_B + \theta_B\theta_{HB}} \tag{4.30}$$

$$R_t = \alpha[(1 + i_t^r)\alpha - (1 + i_t^d)]/\theta_D \tag{4.26}$$

求解该方程组，可以得到均衡状态时贷款利率（i_t^{l*}）、存款利率（i_t^{d*}）、债券收益率（i_t^{b*}）和央行的存款准备金的储备总量（R_t^*），为了简化方程，做符号的替换[①]，可以得到方程如下：

$$i_t^{l*} = \frac{\theta_L[\beta(1 + i_t^r)\alpha + \gamma] + \theta_L\theta_{FB}\overline{FC}_t - \theta_{FL} - \theta_{FB}}{\theta_{FL} + \theta_{FB} + \theta_L} \tag{4.32}$$

$$i_t^{d*} = \frac{(1 + i_t^r)\alpha[\theta_{HB} + \beta\theta_D] + \gamma\theta_D - \theta_{HB}\theta_D\overline{BC}_t - \theta_{HB}}{\theta_{HB} + \theta_D} \tag{4.33}$$

$$i_t^{b*} = \beta(1 + i_t^r)\alpha + \gamma \tag{4.34}$$

$$R_t^* = \alpha[(1 + i_t^r)\alpha - (1 + i_t^{d*})]/\theta_D \tag{4.35}$$

（一）债券收益率与政策利率的关系

债券市场收益率（i_t^b）与政策利率（i_t^r）的关系。从方程（4.34）可以证明，均衡状态时债券收益率（i_t^{b*}）与存款准备金利率（i_t^r）之间的关系为：

$$0 < \frac{\partial i_t^{b*}}{\partial i_t^r} < 1 \tag{4.36}$$

因为，$\dfrac{\partial i_t^{b*}}{\partial i_t^r} = \alpha\beta$，且 $\alpha < 1$，

$$\beta = \cfrac{1}{1 + \cfrac{\theta_{HB}}{\theta_D} + \cfrac{\theta_{FL}(2\theta_{FL} + \theta_{FB} + \theta_L) + \theta_{FB}(\theta_{FB} + \theta_L) + (\theta_{HB} + \theta_D)(\theta_{FL} + \theta_{FB})}{(\theta_{FL} + \theta_{FB} + \theta_L)(\theta_{FL} + \theta_{FB})}}$$

[①]

$$\beta = \frac{\theta_B(\theta_{FL} + \theta_{FB})(\theta_{FL} + \theta_{FB} + \theta_L)}{(\theta_{FL} + \theta_{FB})(\theta_{FL} + \theta_{FB} + \theta_L)(\theta_{HB} + \theta_D) + \theta_B[\theta_{FL}(2\theta_{FL} + \theta_{FB} + \theta_L) + \theta_{FB}(\theta_{FB} + \theta_L) + (\theta_{HB} + \theta_D)(\theta_{FL} + \theta_{FB})]} \tag{4-34-1}$$

$$\gamma = \frac{\theta_B(\theta_{HB} + \theta_D)(\theta_L\theta_{FB}\overline{FC}_t - \theta_{FL} - \theta_{FB}) + (\theta_{FL} + \theta_{FB} + \theta_L)[(\theta_{HB} + \theta_D)(\theta_B\theta_{FL}\overline{FC}_t - \theta_{FL} - \theta_{FB}) - \theta_B(\theta_D\overline{BC}_t + 1)(\theta_{FL} + \theta_{FB})]}{(\theta_{FL} + \theta_{FB})(\theta_{FL} + \theta_{FB} + \theta_L)(\theta_{HB} + \theta_D) + \theta_B[\theta_{FL}(2\theta_{FL} + \theta_{FB} + \theta_L) + \theta_{FB}(\theta_{FB} + \theta_L) + (\theta_{HB} + \theta_D)(\theta_{FL} + \theta_{FB})]} \tag{4-34-2}$$

得：$0 < \beta < 1$，所以 $0 < \dfrac{\partial i_t^{b*}}{\partial i_t^r} = \alpha\beta < 1$

$$0 < \frac{\partial i_t^{b*}}{\partial i_t^r} < 1$$

首先，说明在均衡状态下债券市场收益率与政策利率（存款准备金利率 i_t^r）之间呈正相关关系；其次，也说明政策利率向债券市场收益率传导时并不完全，也就是说，当政策利率变化 1% 时，债券市场收益率变化小于 1%；最后，当存款准备金率（α）越大，政策利率对市场利率影响越大。因此，当央行采取紧缩的货币政策选择提高政策利率时，商业银行就会降低货币的持有，注入市场的流动性就会降低，用于购买债券的资金量下降，对债券需求下降，随之债券价格下跌，收益率上升。如果存款准备金率越大，受政策利率影响的流动性越明显，则政策利率对市场利率的影响越大。

债券市场利率还受其他因素影响，例如与家庭的预算约束（$\overline{BC_t}$）成反比，与厂商的融资约束成正比。能够解释为，当家庭预算约束下降时，由于收入效应，居民可用于购买债券的货币减少，债券需求量下降，价格下跌，收益率上升；当厂商融资约束（$\overline{FC_t}$）下降时，厂商对债券的供给水平下降，在债券需求量不变的情况下，债券市场价格会上升，收益率下降。

（二）存款利率与政策利率的关系

存款利率（i_t^d）与政策利率（i_t^r）的关系。由方程（4.33）可得稳态时存款利率（i_t^{d*}）与存款准备金利率（i_t^r）的关系为：

$$\frac{\partial i_t^{d*}}{\partial i_t^r} > 0 \tag{4.37}$$

因为，

$$\frac{\partial i_t^{d*}}{\partial i_t^r} = \frac{\partial i_t^{d*}}{\partial i_t^{b*}}\frac{\partial i_t^{b*}}{\partial i_t^r} = \frac{1}{1+\dfrac{\theta_D}{\theta_{HB}}}\alpha + \frac{1}{1+\dfrac{\theta_{HB}}{\theta_D}}\alpha\beta$$

首先，说明在均衡状态下存款利率与政策利率（存款准备金利率 i_t^r）之间呈正相关关系；其次，也说明政策利率向存款利率传导时并不完全；再次，政策利率通过债券收益率传导至存款利率，受到了金融摩擦，降低了政策利率传递的效果；最后，当存款准备金率（α）越大，政策利率对市场利率影响越大。

（三）贷款利率与政策利率的关系

贷款利率（i_t^l）与政策利率（i_t^r）的关系。由方程（4.32）可得稳态时存款利率（i_t^{l*}）与存款准备金利率（i_t^r）的关系为：

$$0 < \frac{\partial i_t^{l*}}{\partial i_t^r} < \frac{\partial i_t^{b*}}{\partial i_t^r} < 1 \qquad (4.38)$$

因为，

$$\frac{\partial i_t^{l*}}{\partial i_t^r} = \frac{\partial i_t^{l*}}{\partial i_t^{b*}} \frac{\partial i_t^{b*}}{\partial i_t^r} = \frac{\theta_L}{\theta_{FL} + \theta_{FB} + \theta_L} \alpha\beta = \frac{1}{1 + \frac{\theta_{FL}}{\theta_L} + \frac{\theta_{FB}}{\theta_L}} \alpha\beta$$

$$0 < \frac{\partial i_t^{l*}}{\partial i_t^r} < 1$$

首先，说明在均衡状态下贷款的利率与政策利率（存款准备金利率 i_t^r）之间呈正相关关系；其次，也说明政策利率向贷款利率传导时并不完全；再次，政策利率通过债券收益率传导至贷款利率，受到了更多的金融摩擦，降低了政策利率传递的效果；最后，同样，当存款准备金率（α）越大，政策利率对市场利率影响越大。

（四）存款准备金量与政策利率的关系

存款准备金量（R_t）与存款准备金利率（i_t^r）的关系。同理，由方程（4.35）可得央行吸收的存款准备金额度稳态值（R_t^*）与存款准备金利率（i_t^r）的关系：

$$0 < \frac{\partial R_t^*}{\partial i_t^r} < 1 \qquad (4.39)$$

因为，

$$\frac{\partial R_t^*}{\partial i_t^r} = \frac{\partial R_t^*}{\partial i_t^{d*}} \frac{\partial i_t^{d*}}{\partial i_t^{b*}} \frac{\partial i_t^{b*}}{\partial i_t^{r*}} = \frac{\alpha^2}{\theta_D} \left[1 - \left(\frac{1}{1 + \frac{\theta_D}{\theta_{HB}}} + \frac{1}{1 + \frac{\theta_{HB}}{\theta_D}} \beta \right) \right]$$

且

$$\frac{1}{1 + \frac{\theta_D}{\theta_{HB}}} + \frac{1}{1 + \frac{\theta_{HB}}{\theta_D}} \beta = \frac{1 + \frac{\theta_D}{\theta_{HB}} \beta}{1 + \frac{\theta_D}{\theta_{HB}}} < 1$$

首先，说明在均衡状态下央行向商业银行收取的存款准备金与政策利率（存款准备金利率 i_t^r）之间呈正相关关系；其次，存款准备金率（α）越大，存款准备金量越大，而且，这种影响的强度是以平方的速度递增的。

在本模型中，存款准备金利率之所以可以带动债券收益率，主要是因为银行在自己的资产配置中的最优化行为：当存款准备金利率降低时，银行更多的资产投向货币持有和债券持有，提高市场的流动性从而提高债券市场价格、降低债券收益率水平；当债券收益率降低，家庭会调整资源配置，资产组合将会偏向储蓄，储蓄的供给量上升导致存款利率下降；当债券收益率降低，厂商在融资的配置中会选择更多的债券融资而降低向银行的贷款量，对银行贷款需求下降，贷款利率随之降低；在存款准备金率不变的情况下，由于存款准备金利率下降，商业银行从中获得收益下降，导致部分存款准备金转为货币持有，所以存款准备金总量下降。上述机理反映了资本市场的一个基本特征，不同市场的资金回报率（利率）由于市场主体在不同市场之间的套利行为互相联动、相互影响，这也是政策利率可以传导到市场和存贷款利率的机理。

第二节　负利率传导机理

在该模型中，银行和家庭可能愿意为准备金和存款提供的存储和流动性服务付费。考虑到这一点，负利率理论模型得出了两个新的下限：政策利率下限 PLB（Policy Lower Bound）和银行可以提供的存款利率下限 DLB（Deposit Lower Bound），取代了传统的零下限 ZLB（Zero Lower Bound）。这两种情况都是由于纸币的出现而出现的，尽管银行持有现金的证据表明 PLB 仍然没有约束力。与 PLB 不同的是，现有的经验证据表明，小储户的 DLB 接近于零，而大储户的 DLB 则只有轻微的负值（Eggertsson，2019）。

对小储户而言，边际存储成本很低，对于普通储户来说，现金是存款的近似替代品。本书保持这一假设，暗含着 DLB 为 0，即 $i_t^d \geq i^{DLB} = 0$。F_t 表示商业银行的外源融资，被解释为大型投资者的替身，或可能被收取负利率的大型零售储户，因为以纸币形式储存资产可能对这一群体来说过于昂贵。纸币的名义回报率为零，所以，如果存款的名义利率为负，存款人可能在某个时候会选择囤积现金以避免负利率。这意味着，当政策利率在负利率区间内调整时，对下行变动反应敏感的零售存款利率变得更加粘性。由于银行持有的资产的回报并未受到同样的下行粘性，这导致了银行的利息利润被压缩，对银行的盈利能力产生压力。此外，银行倾向于持有相对长期的资产，这些资产的重新定价速度比他们的负债慢，所以，长期的负利率可能会损害银行的净值，从而破坏货币政策的基于银行的传递机制。

一、嵌入负利率的扩展理论模型

构建一个负政策利率的银行贷款模型。首先考虑一个局部均衡模型，其中存款准备金利率设置为外生的。这一设置使本书能够澄清许多问题，如政策利率零下限（PLB）没有约束的情况下，存款利率零下限（DLB）的存在，将如何影响货币政策的传导。

$$\max_{L_t, D_t, B_t^b, M_t, F_t} \prod = \max_{L_t, D_t, B_t^b, M_t, F_t} \{ DIV_t + L_t + \alpha D_t + B_t^b + M_t - D_t - F_t \}$$

$$= \max_{L_t, D_t, B_t^b, M_t, F_t} \{ (1 + i_t^l) L_t + (1 + i_{t-1}^r) \alpha D_t + (1 + i_t^b) B_t^b + M_t$$

$$- (1 + i_t^d) D_t - (1 + i_t^f) F_t - C(L_t, D_t, B_t^b, M_t, F_t) \} \qquad (4.3)$$

i^d 将受到 DLB 约束，然而 i^f 和 i^r 不会受零利率下限约束。

假设银行持有流动资产（货币持有）是为了防范流动性风险。流动性风险的产生是因为贷款 L_t 缺乏流动性，而外部融资 F_t 面临再融资风险。虽然所有的流动资产都会降低流动性风险，但由于 M_t，R_t 特殊的"货币角色"，储备和纸币也有助于降低银行的运营成本，例如银行间同业交易和满足公众对现金的需求。简单来说，货币和储备是流动性供给的完美替代品。持有货币 M_t 成本的一个简单解释就是，它涉及货币的存储成本。更简单地说，它应该被视为在金融中介中使用纸币相对于储备的额外成本。由于持有货币的成本很高，而持有储备的成本却不高，因此只要储备的利息为正，银行就会选择不持有货币（因为纸币和储备的作用相同，但货币会产生存储成本，所以银行选择不持有纸币）。然而，一旦储备利率为负，它可能会选择增加其货币持有量。在这种情况下，银行需要考虑持有现金的存储成本（假设银行不持有现金是一种无害的现象，因为库存现金是银行余额的一个微不足道的组成部分。然而，由于货币是一种零回报的资产，在考虑央行对准备金余额收取负利率的能力时，明确说明这一点至关重要，因为银行总是可以用准备金代替现金——这导致了 PLB）。这里假设每一期的股息都已全部支付，在这种情况下，净值总是零。边际收益与边际成本之间的关系为：

$$\underbrace{\frac{i_t^l - i_t^d}{1 + i_t^d}}_{\text{贷款的边际收益}} = \underbrace{C_{L_t}(L_t, D_t, B_t^b, M_t, F_t)}_{\text{贷款的边际成本}} \qquad (4.40)$$

这个条件是模型的关键方程，因为它决定了银行部门的贷款活动。左边公式表示贷款的边际收益，由银行从发放贷款中获得的利率 i_t^l（它认为这是在局部均衡中给定的）和存款利率 i_t^d 之间的利差给出。

重要的是，尽管存在另一种外部融资来源，但存款利率还是决定了银行融资的边际成本，原因是外部融资带有再融资风险。在均衡中，在任何内部解决方案中，银行在 L_t 和 D_t 之间都是中立的。换句话说，银行将存款的边际成本等同于外部融资的边际成本，所以如果外部融资 i_t^f 相对于存款利率 i_t^d 下降，银行会将资金来源从存款转向外部融资。值得注意的是，尽管两种融资来源的边际成本相等，但这并不意味着外部融资的存在不会影响银行的选择结果。如果

银行从 D_t 转移到 F_t，例如当政策利率为负，D_t 利率处于 DLB 时，银行的整体盈利能力就会受到影响。

二、政策利率下限约束

政策利率下限 PLB 在模型中出现，因为银行可以选择将存款准备金兑换为纸币。长期以来，人们普遍认为负的名义政策利率是不可行的，因为人们总是可以转向持有现金，而现金提供零名义回报率。然而，最近的国际经验表明，负的政策利率实际上是一种可行的政策工具。现在的问题是，这些经济体中的负利率能降到多低。因此，PLB 在很大程度上取决于银行持有纸币相对于存款准备金的成本，该成本由方程 $C(L_t,\ D_t,\ B_t^b,\ M_t,\ F_t)$ 获取，即：

$$C(L_t,\ D_t,\ B_t^b,\ M_t,\ F_t) \equiv \frac{1}{2}(\theta_L L_t^2 + \theta_D D_t^2 + \theta_B B_t^{b2} + \theta_M M_t^2 + \theta_F F_t^2) \quad (4.10)$$

假设 DLB 为零，在这种情况下，该模型定义了政策利率界限，如果使用纸币的成本由等式（4.10）给出，则政策利率的下限为：

$$i_t^r \geqslant i_t^p \equiv -\theta_M \quad (4.41)$$

i_t^p 表示政策利率约束下限。该政策利率下限的证明直接来自银行成本问题的一阶条件，即：

$$C'_{M_t}(L_t,\ D_t,\ B_t^b,\ M_t,\ F_t) = \theta_M \quad (4.42)$$

由于银行看重央行准备金提供的服务，央行可以对准备金收取负利率。如果央行对准备金提供的服务收取过高的价格（对存款准备金征收负利率），银行就会收回准备金，转而使用纸币，用它来防范流动性风险，并在央行之外结算银行间交易。因此，如果对存款准备收取的利率（例如 -1.5%）低于储存现金的负边际成本 $-\theta_M$（例如 -1%），银行将提取所有储备，转而持有现金。如果边际存储成本增加，央行对存款准备金征收的负利率不变，银行将会逐渐将现金转换为存款准备金进行储备。如果持有现金的成本无限制地增加，原则上就没有PLB。

三、负利率突破零利率下限的情况

从货币的本质来讲，零利率下限并没有考虑现金的管理成本，即运输不便、管理费用和受损风险等造成的成本，这也意味着实施负利率政策有一定的潜在空间。所以，考虑到运输、储存、保险和持有大量现金相关的其他成本，名义利率的实际下界在零以下。居民和企业若选择持有现金，将会面临一定的成本，特别是在投资机会极度匮乏的情况下，他们承担这些成本可能不如接受负利率，将现金存放在银行更为划算，这相当于将资金的保管、运输以及风险外包给了银行，并支付相应的费用。储户当然可以通过持有现金避开存款成本，银行会面临存款流失和金融脱媒的压力，当然也要为持有现金付费。因此，本书界定一个金融脱媒的临界点，即储户持有现金涉及的运输、储存、安全保险等费用，也就是现金持有的成本。鉴于此，本书提出两种界限下的负利率水平：负利率大于储存现金的负边际成本、负利率小于储存现金的负边际成本。

（一）负利率大于储存现金的负边际成本

当负利率大于储存现金的负边际成本（ $-\theta_M < i_t^r < 0$ ）时，本章假设如果央行对准备金提供的服务收取过高的费用（对存款准备金征收负利率），负利率会突破零利率下限约束，本章在这个新的框架中提供了对 ZLB 的重新解释。根据罗根利对现金需求的标准描述（由设定负利率的国家提供的证据推动），ZLB 并不是真正的政策约束，尽管当它被作为一种外生的附加约束时，有可能被认为是最优政策。这种最优的 ZLB 约束政策等价于反事实环境中的最优政策，在反事实环境中，现金的净边际效用对于饱和点以上的任何现金量都等于零。但是此时负利率水平高于储存现金的负边际成本，银行依然会持有存款准备金，不会转为持有纸币防范流动性风险。当负利率出现时，如果由于触及 DLB，存款利率对进一步的政策降息没有反应，也就是 $i_t^d = 0$ ，可得债券收益率、贷款利率、存款准备金与政策利率之间的关系如下：

$$得\quad \frac{\partial i_t^{b*}}{\partial i_t^r} < 0 \tag{4.43}$$

因为，

$$i_t^{b*} = \theta_{HB}\overline{BC_t} + \frac{\theta_{HB}}{\theta_D} - (1 + i_t^r)\alpha\frac{\theta_{HB}}{\theta_D}$$

$$得\quad \frac{\partial i_t^{b*}}{\partial i_t^r} < \frac{\partial i_t^{l*}}{\partial i_t^r} < 0 \tag{4.44}$$

又因为，

$$\frac{\partial i_t^{l*}}{\partial i_t^r} = \frac{\partial i_t^{l*}}{\partial i_t^{b*}}\frac{\partial i_t^{b*}}{\partial i_t^r} = \frac{1}{1 + \frac{\theta_{FL}}{\theta_L} + \frac{\theta_{FB}}{\theta_L}}\frac{\partial i_t^{b*}}{\partial i_t^r}$$

$$得\quad \frac{\partial R_t^*}{\partial i_t^r} = \frac{\alpha^2}{\theta_D} \tag{4.45}$$

并且，

$$R_t^* = \alpha \left[(1 + i_t^{r}) \alpha - 1 \right] / \theta_D$$

政策降息可以通过两个渠道刺激放贷。第一个渠道出现是因为较低的政策利率降低了银行的边际融资成本,这种影响依赖于对存款利率的传递,一旦存款利率没有传递,只要银行在存款和其他融资来源之间保持中立,这一机制就会关闭。当存款利率机制关闭,会发现债券收益率会与政策利率呈负相关关系,政策利率通过债券收益率传导至贷款利率,受到了更多的金融摩擦,降低了政策利率传递的效果,央行向商业银行收取的存款准备金与政策利率之间的关系已经消失。

第二个渠道是银行行为反应机制,如果负利率环境压缩了利润率和利润,可能会促使银行从利息收入转向非利息收入。所以,这会刺激银行通过投资高收益、高风险的证券来保持盈利能力。这就可以解释当 $\partial i_t^{b*} / \partial i_t^{r}$ 为负,也就是在负政策利率水平下,债券收益率与政策利率负相关。通过债券收益率的负向变化,传递到贷款利率水平 ($\partial i_t^{b*} / \partial i_t^{r} < \partial i_t^{l*} / \partial i_t^{r} < 0$) 上,产生替代效应。事实上,较低的利率可以为固定收益证券带来收益。然而,这取决于证券是为交易而持有、持有至到期还是可供出售。在负利率环境下,银行可能决定增加证券以利用降息并实现其交易组合的收益。然而,长时间的低利率耗尽了进一步降息的可能性,这伴随着利润率和利润的压缩,可能会促使银行重新调整其证券组合,从交易持有转向可供出售或持有至期末。竞争可能放大银行对负利率的敞口,尽管如果竞争相对激烈的市场对净息差施加下行压力,银行可能会倾向于更安全的投资,但市场力量和竞争不那么激烈的市场之间的关联预示着,银行可能会提高贷款利率以增加利润,从而增强银行发放风险更高贷款的能力。

利率环境可能通过两种渠道影响手续费和佣金收入。首先,负收益率会导致银行客户出于投资组合管理的目的而要求更专业的服务。其次,负利率会推高资产价格和数量,从而对与服务此类业务直接相关的费用产生积极影响。此外,在负利率环境下,银行追求收益率的动力更强,这促使银行向客户出售更多服务,以提高手续费和佣金收入。如果银行试图通过转向非利息收入活动来维持低利率环境下的利润,将不会增加对实体经济的贷款。因此,会限制货币政策的有效性。

原则上,通过银行的负利率政策(NIRP)传递可能会受到潜在的大规模向现金转移和对银行盈利能力的下行压力的阻碍。如果投资者囤积现金而不是将他们的投资组合重新平衡到更长期或更高风险的资产,那么货币政策的传递可能会被稀释。如果现金和存款是完美的替代品,那么在存款利率为负的情况下,投资者会选择持有现金,这意味着利率的有效下限为零。然而,现金和存款并非完美的替代品。实际上,存款有几个优点,比如它是存储价值和进行支付的更有效的手段，这种便利性具有内在的货币价值。到目前为止，还没有出现这种类型的大规模流动性"泄露"的迹象（ECB，2020），主要是由于放弃使用中央银行储备或商业银行存款作为支付和储存价值的手段的成本。

（二）负利率小于储存现金的负边际成本

当负利率小于储存现金的负边际成本（$i_t^r \leq -\theta_M$）[1]。假设央行对准备金提供的服务收取过高的价格（对存款准备金征收负利率），且这个过高的价格高于储存现金的边际成本，银行就会收回准备金，转而使用纸币，用它来防范流动性风险，并在央行之外结算银行间交易。目前没有证据显示，随着零售存款的报酬率降到零以下，银行会经历大量的存款流出。这表明，只有当负利率达到超过囤积现金的成本的水平时，才会因为某种形式的货币幻觉或其他行为偏见，使零售存款人的行为发生变化。因此，如果对存款准备金收取的利率低于储存现金的负边际成本 $-\theta_M$，银行将提取所有储备，转而持有现金。本书定义政策利率下限 PLB 为 i_t^p，则 $i_t^r \geq i_t^p \equiv -\theta_M$，令 $i_t^r = -\theta_M$，可得：

$$i_t^{b*} = \beta(1-\theta_M)\alpha + \gamma \tag{4.46}$$

$$i_t^{l*} = \frac{\theta_L(\beta(1-\theta_M)\alpha + \gamma) + \theta_L\theta_{FB}\overline{FC_t} - \theta_{FL} - \theta_{FB}}{\theta_{FL} + \theta_{FB} + \theta_L} \tag{4.47}$$

$$i_t^{d*} = \frac{\alpha(1-\theta_M)(\theta_{HB}+\theta_D\beta) + \theta_D\gamma - \theta_{HB}\theta_D\overline{BC_t} - \theta_{HB}}{\theta_{HB} + \theta_D} \tag{4.48}$$

$$R_t^* = \alpha\left[\frac{\alpha(1-\theta_M)(1-\beta) - \gamma + \theta_{HB}\overline{BC_t} - 1}{\theta_{HB} + \theta_D}\right] \tag{4.49}$$

这相当于 DLB 具有约束力的情况，一旦政策利率下调幅度足够大，进入负值区域，在这种情况下，银行的边际融资成本不再受到影响。

很显然，当负政策利率突破纸币持有成本时，商业银行的流动性增强了，可为社会提供更多的账面支付和流动手段，加快社会资金的流转速度，但是，由于存在政策利率下限以及存款利率下限，银行进一步扩大资金流动性的空间受限。可以解释为，如果央行对存款准备金征收负利率，银行就会考虑收回准备金，当征收负利率的水平超过了储存现金的边际成本时，商业银行会转而持有纸币，用它来防范流动性风险，也就是说，即使外部融资利率跟随政策利率进入负区间，银行也可能选择不更加依赖政策利率。由于流动性风险，银行需要通过持有可能带来负回报的流动资产来保护自己。

---

[1] 持有现金而非存款的成本可以通过将安全储存和运输以及现金结算的成本相加来计算，而这一成本对于家庭和小型企业来说可能很小。

第三节 本 章 小 结

本章重点是构建四部门模型，包括商业银行、家庭、厂商和中央银行，通过纳入货币存储成本和央行准备金，寻求四个市场的均衡，捕捉到了政策利率和存款利率在下限之间的脱节。在这一框架中，本章强调了负政策利率的银行贷款渠道的强度取决于银行的融资成本是否受到下限的约束，如果受到约束，银行资产负债表上具有不同程度的资产和负债的配置组合。鉴于利率的长期下降，非常规货币政策的需求在未来很可能仍然很高。

本章的主要结论为，当政策利率遇到两种利率下限时，会不同程度地弱化政策利率对市场利率的传导效率，负名义利率的刺激作用不如正常降息，一旦政策利率变得足够负，政策利率和存款利率之间脱节，依赖存款融资的银行不太可能响应政策降息而降低贷款利率。为了提高负利率在银行渠道中的传导效率，可以从降低下限约束入手，通过货币税、取消高额钞票等方式取消存款利率的零下限。负利率在银行渠道中的传导效率相对较低，未来可以讨论负利率是否能通过汇率渠道、预期利率渠道或制度变迁刺激总需求的问题。

为了提高负利率在银行渠道中的传导效率，可以从降低下限约束入手，然而，到目前为止，只有少数银行能够做到这一点。因此，关键问题是如何更广泛地取消存款利率的零下限。一种方法是政府采取行动增加持有纸币的成本，最古老的例子是货币税，格塞尔的货币税相当于直接降低存款利率上限，从而给央行更多空间来降低准备金利率和银行的融资成本；另一种方法是取消高面额的钞票（Rogoff，2017），在一定程度上，这将增加资金的存储成本，这也将降低银行存款利率的上限；一个更激进的想法是让储备货币和纸币以不同的价值交易，而不是像假设的那样平价交易，这需要对本书的模型进行一些扩展，这个提议意味着电子货币和纸币之间的汇率问题。阿森马赫尔和克罗格斯拉普（Assenmacher and Krogstrup，2018）、罗格夫（Rogoff，2017）讨论了一个具体的建议，其中一个关键支柱——但也可能是可实施性的一个挑战——是储备货币是整个经济范围内纳税的记账单位，因此对企业的价格设定至关重要。如果这种制度安排得以实现，那么当流通中的现金在套利条件下以不同的价格交易时，就没有什么可以阻止储备货币的负利率。

负利率在银行渠道中的传导效率相对较低，未来可以讨论负利率是否能通过其他传导渠道或制度变迁刺激总需求这一更广泛的问题。首先，一个被忽略的重要渠道是汇率变动。瑞士和丹麦央行之所以决定实施央行负利率，是因为需要稳定汇率。对汇率的影响将取决于哪个利率对解释汇率变动最重要，而汇率变动又取决于几个制度细节。其次，负利率影响总需求的另一个机制是通过对未来利率的信号传递，其中负利率可以预示着未来存款利率的下降，这在均衡中促进了总需求和总产出。最后，还值得注意的是，政府借款利率已降至负值，例如我国 2020 年 11 月 18 日发行了 40 亿欧元主权债券，其中 5 年期 7.5 亿欧元首现负利率，发行收益率为 -0.152%，从刺激财政扩张的角度来看，这将是负利率产生积极影响的另一种方式。

第五章

负利率、银行异质性与金融效应

——实证分析

本书第四章的结论（金融中介出现摩擦）为第三章结论（负利率的经济有效性下降）探寻出负利率政策效应降低的原因，接下来本章用实证检验的方法，针对已经实施负利率的国家和没有实施负利率的国家进行比较，验证第四章金融中介摩擦的结论是否成立。

本章采用商业银行微观数据和经济宏观数据，从微观层面来实证分析负利率政策的实施对主要金融变量产生的影响，通过对银行净息差的影响分析，进而分析对银行盈利能力和贷款增量的影响，以及区分银行"利息导向"和"服务导向"异质性，并且固定时间、国家和银行特定的特征，这些特征放大或削弱了负利率对银行绩效的影响。为微观金融理论模型提供了实证结论的支持，详细阐明负利率政策的实施对银行（金融中介）的影响，进而降低了负利率对经济传导的效率。

第一节 利率与银行绩效关系

本节主要分析利率对银行绩效的影响。全球金融危机和主权债务危机遗留下来的高水平不良贷款（NPL）拖累了银行的盈利能力，拖累了资本资源，并进一步限制了发放新贷款的能力。为了应对全球金融危机和主权债务危机期间出现的严重衰退和通缩压力，决策者启动了前所未有的宽松货币政策周期（Boucinha and Burlon，2020）。虽然在何和桑德斯（Ho and Saunders，1981）的开创性工作之后，有大量关于银行利润率和利润的决定因素的文献，但评估利率、货币政策和银行绩效的文献仍然有限。在欧洲和日本，人们经常听到对负利率的担忧，这种担忧始于一种假设，即银行不愿意或无法将负利率转嫁给储户。在大多数国家，银行降低了对家庭和企业的贷款利率（即使存款利率已达到零利率下限，贷款利率仍在继续下降），同时通过小幅增加费用和佣金以及削减成本来抵消对贷款利润率的负面影响（存款利率调整幅度较小）。不过，在大多数情况下，只要存款利率仍有下降到零利率下限的空间，银行就能够在不影响其盈利能力的情况下传递较低的政策利率。因此，有人认为准备金（可能还有其他资产）的负利率会挤压银行的利润，如果它阻止银行正常放贷，这可能会成为一个问题。负利率的第一个担忧是其对银行盈利能力的潜在影响；第二个担忧是，这将激励储户将存款转为现金。然而，适度的负短期利率不太可能对银行盈利能力或放贷行为造成实质性的削弱，其边际影响可能是有限的（Bernanke，2016）。

一、银行净息差与盈利能力

迄今为止，研究负利率政策对银行利润和盈利能力的文献仍然有限，通常包括对负利率政策可能对银行业绩的影响的讨论，并概述负利率政策前后关键银行和其他金融指标的发展情况。在这方面，一些论文（Bech and Malkhozov，2015；Jobst and Lin，2016；Gross，2016；Blot and Hubert，2016；Brunnermeier and Ko-by，2016；IMF，2016）就负利率政策对银行盈利能力的影响展开了辩论，但没有出现明确的共识。

负利率政策对银行业绩的传递效应会在货币传导和金融稳定方面产生深远的政策影响（Molyneux et al.，2019；Alessandri and Nelson，2015）。NIRP 对银行利润率和利润影响的实证分析与非常规货币政策（UMP）文献相关。非常规货币政策通常包括量化宽松（QE）（大规模资产购买）和政策指导（旨在降低长期利率预期）。这些政策不仅降低了市场利率，还扩大和修改了央行和商业银行资产负债表的规模和构成，可能对银行利润率和利润产生影响。央行资产负债表的扩张缓解了银行融资成本，但这种影响被新增贷款收入的减少所抵消。亚历山德里和尼尔森（Alessandri and Nelson，2015）显示了类似的结果，他们表明英格兰银行的资产负债表扩张对银行利润率产生了负面影响。负利率政策的影响预计会通过降低货币市场和银行贷款利率传导到家庭和企业（Jobst and Lin，2016）。当政策利率保持正值时，存款利率与政策利率密切相关；然而，当政策利率转为负值时，依赖存款融资的银行不愿降低存款利率，担心损失融资基础。当存款利率无法降低，压缩贷款利差时，银行倾向于将业务转向基于费用的服务（Heider et al.，2019）。阿尔特塔等（Arteta et al.，2018）将上市银行的信用违约掉期利率作为风险的替代指标，发现负利率政策影响金融稳定性，降低银行的长期盈利能力。也有学者估计低利率环境对银行利润的负面影响很小，而且可能会被低利率促进经济活动的正面影响所抵消（Genay and Podjasek，2014）。NIRP 通过降低银行贷款利润率所产生的间接影响可能很大。鉴于未偿贷款总额约为 17.6 万亿欧元（截至 2016 年 5 月底），平均利差为 0.8%，欧元区银行的净利息收入总额约为 1410 亿欧元（扣除运营费用、拨备和税收）。按照（历史上保守的）50% 的转嫁率计算，降息 10 个基点将使贷款利润率下降 5 个基点，并导致约 88 亿欧元的间接成本（IMF，2016）。

二、信贷供应能力

虽然政策利率的标准降低有可能降低银行的融资成本，并因此导致更高的银行净值和更高的贷款能力（Arnould et al.，2022），但导致负区域的降息可能会产生不同的影响（Avignone et al.，2022）。

在正常时期，远离零下限，较低的政策利率应该会导致更多的银行信贷供应。负利率政策实施会使银行融资成本相对于政策利率富有弹性，形成银行净息差更高的概念，因此，当央行降低政策利率时，信贷供应会更多（Bittner，2020）。负利率政策对银行资产负债表的负面冲击迫使它们减少放贷，给实体经济带来不利后果（Peek et al.，2000）。资本状况更好的银行放贷更多，而银行股本本身在商业周期中变化不大。银行负债的变化驱动贷款的变化，资本更好的银行有更低的融资成本（Gambacorta et al.，2018）。来自欧元区的一些证据表明，银行贷款对 NIRP 的反应是积极的。欧元区的银行，特别是那些存款份额高的银行，通过扩大对非银行机构的贷款来应对 NIRP（Demiralp et al.，2017；Altavilla et al.，2019）。埃格特松（2019）利用瑞典银行层面的数据证明了类似的紧缩效应。一旦瑞典回购利率为负，依赖存款的银行就会经历较低的贷款增长，因为它们不会降低贷款利率以保持息差。洪和坎德拉齐（Hong and Kandrac，2021）评估了日本银行在负利率政策后的风险承担行为的变化，发现那些业务模型与负利率更相关的银行明显降低了信贷标准，并大幅增加了贷款额。低盈利能力通过留存收益削弱了资本积累，从而削弱了银行增加放贷量的能力（Molyneux et al.，2020）。

三、银行层面特征

银行层面的特征在决定负利率政策传导对银行行为的影响中起着重要作用。
银行的资产负债表结构对传递很重要，包括银行对存款的依赖（Heider et al.，2019；Amzallag et al.，2019）、流动性过剩（Demiralp et al.，2017；Basten and Mariathasan，2018）和资本比率（Arce et al.，2018）。NIRP 对银行盈利能力

的影响将取决于银行资金的来源。依赖零售存款的银行更容易受到冲击，因为它们会发现更难将负利率转嫁给储户。大型银行拥有更多样化的投资组合、更大的国际影响力和对冲专长；因此，它们可以通过衍生品对冲利率风险和增加非利息收入活动来减轻 NIRP 对银行利润率和利润的影响（Altavilla et al.，2019；Chaudron，2018）。大型银行由于拥有更大的国际影响力、扩大海外贷款的潜力和更多样化的投资组合，能够更好地减轻 NIRP 对利润率和利润的不利影响（Molyneux et al.，2019）。大型银行可以有效地利用降息，从交易性固定收益证券中获得收益，同时比规模较小的银行更容易提高手续费和佣金收入（Molyneux et al.，2021）银行的净利息收入大幅下降。银行并没有大幅降低存款支出，这与名义存款利率将保持在零的假设是一致的。负利率下利息收入的减少因银行规模而异。

德米拉尔普等（Demiralp et al.，2021）考虑了欧元区银行超额准备金和存款依赖的综合影响。他们发现，更多依赖零售存款和持有更多超额准备金的银行会大幅增加对家庭和企业的贷款。他们将此作为依赖存款的银行难以维持息差的证据，尤其是当银行持有大量超额准备金时。因此，他们试图通过增加利息收入来提高利润率。银行通过在资产端从储备转向贷款来实现这一点。莫利纽克斯等（2019）认为，在采用 NIRP 的国家，银行更依赖存款融资，资本更少，更注重利息收入，贷款更弱。与低存款银行相比，政策利率进入负区间推动了高存款银行大幅提高了成本结构，最有可能抵消利润方面的潜在收缩（Avignone et al.，2022）。

盈利能力较低、资本实力较弱的银行在应对低（负）利率的不利影响方面选择较少。与盈利能力更强的机构相比，盈利能力较弱的高存款银行可能面临提高成本效率的额外压力，因为低盈利能力削弱了银行增加贷款和承担风险的能力，所以在负利率环境下，低利润的银行更愿意投资于政府债券等更安全、流动性更强的资产，而不是增加风险资产（Arce et al.，2018；Bongiovanni et al.，2021）。低盈利能力通过留存收益削弱了资本积累，从而削弱了银行增加放贷量的能力（Molyneux et al.，2020）。

波特罗等（Bottero et al.，2019）更普遍地关注银行流动性在负政策利率传导中的作用。他们发现，一旦政策利率变为负值，事先持有更多流动性资产的银行会将投资组合重新平衡为（非流动性）贷款，并通过观察负利率扩大了更安全的流动性资产和企业贷款收益率之间的利差来解释这一发现，持有大量低收益流动资产的银行将其投资组合转向贷款等高收益资产。这与人们在正利率区间观察到的情况不同，在该区间内，流动性充裕的银行通常对货币政策变化的反应较小（Kashyap and Stein，2000）。阿森西奥（2017）提供的证据也表明，银行流动性可能在负利率的传递中发挥作用。他在全面资本分析和审查（CCAR）压力测试中使用了美国银行提供的数据，他发现如果利率为负，拥有大量短期流动资产的银行预计盈利能力将大幅下降。NIRP 对银行贷款利率和贷款量的影响取决于银行的商业模式和融资模式（如基于零售存款还是基于批发市场）。一些研究发现，NIRP 并没有导致政策利率向贷款利率的传递发生变化（Eisenschmidt and Smets，2018），而其他研究则发现了相反的证据（Eggertsson et al.，2017）。

第二节 利率与银行绩效的理论假设

一、H1：NIRP 降低银行利润率

如果负利率只对银行存款利率产生有限的传导效应（Eggertsson et al.，2017），且贷款利率紧密跟随政策利率变动，那么在负利率下，长期到期资产的压缩加上存款利率的下行刚性将会压缩银行的利差（Heider et al.，2019）。在这种背景下，本书假设负利率政策挤压了负利率国家的银行净利差和盈利。银行的净息差（NIM）会随着新贷款的贷款利率下降和现有（浮动利率）贷款的重新定价而压缩，同时存款利率保持粘性。因此，如果银行面临以下情况，它们也可能考虑提高贷款利率：由于批发融资成本与边际政策利率同步下降，银行以非负利率吸收存款的机会成本相当高；企业存款利率无法下调，从而可能补贴粘性零售存款利率（IMF，2016）。降息会降低银行的净利息收益率，而且政策利率越低，这种影响越大（Claessens et al.，2016）。

二、H2：NIRP 对银行净利差的影响取决于银行和国家的特定特征

大型银行具有更多样化的投资组合、更广泛的国际影响力和对冲风险的专业知识，因此，它们可以通过衍生品对冲利率风险并增加非利息收入活动来缓解负利率对银行净利差和盈利能力的影响（Altavilla et al.，2017；Chaudron et al.，2018）。商业模式中非利息收入和手续费与佣金可以测试负利率促使银行从"以利息为导向"的商业模式转向更加"以服务为导向"的模式（Altavilla et al.，2017）。国家特征中名义通胀与银行净利差和盈利之间存在正相关关系（Molyneux and Thornton，1992；Boyd et al.，2001；Almarzoqi and Naceur，2015）。

三、H3：NIRP 实施降低贷款增量

在正常时期，远离零下限，较低的政策利率应该会导致更多的银行信贷供应。但是，负利率压缩了银行的净利差，对利润和资本基础产生压力，进而促使银行去杠杆化其资产负债表，并购买主权债券等流动性资产。受负利率影响的银行相比未采用负利率国家的银行显著减少贷款规模（Molyneux et al.，2020）。受到负利率政策不利影响的银行减少信贷，提高贷款利率（Arce et al.，2018）。

第三节　样本选择与变量说明

一、样本选择与数据

本章采用了平衡的银行面板数据，其中包括 2010～2021 年期间 16 个欧元区国家（欧元区排除了拉脱维亚、立陶宛和克罗地亚，因为它们分别于 2014 年、2015 年和 2023 年加入了欧元区）和没有实施负利率的 11 个 OECD 国家的 13668 家银行，具体国家和银行数量如表 5 – 1 所示。本章考虑具有不同机构形式的银行，即多元化商业银行、区域商业银行、合作银行和储蓄银行。为了使样本规模最大化，实证分析中使用的数据来源于多个数据库，银行资产负债表和业绩数据来源于 Bank Focus、SNL Financial 和 Fitch Connect。这还可以确保所提供信息更大的一致性，从而最大限度地减少潜在误报和异常值的影响。宏观经济指标来自世界银行（World Bank Financial Development Database and World Bank Doing Business Database）、国际清算银行数据库（BIS database）、欧洲中央银行统计数据（ECB statistical data warehouse）、美国联邦储备经济数据（FRED ECONOMIC DATA）和全球金融发展数据库（Global Financial Development Database）。

表 5 – 1　　　　　　　　　　样本中国家及银行数量

处理组	银行数量（家）	对照组	银行数量（家）
奥地利	191	澳大利亚	247
比利时	105	美国	7688
芬兰	66	智利	166

续表

处理组	银行数量（家）	对照组	银行数量（家）
法国	660	捷克	139
德国	259	英国	390
西班牙	237	冰岛	35
爱尔兰	111	以色列	61
意大利	1750	韩国	218
卢森堡	61	土耳其	262
荷兰	139	新西兰	84
葡萄牙	132	波兰	198
希腊	97		
斯洛文尼亚	163		
马耳他	54		
塞浦路斯	54		
斯洛伐克	101		

二、变量定义与描述

（一）银行层面控制变量

银行层面的控制变量包括：银行规模（$lnTA$）以银行总资产的对数为度量。根据戈达德（Goddard，2004）和米尔扎伊（Mirzaei，2013）的研究，银行规模通过实现规模经济的效益对利润产生积极影响。然而，正如德米尔左茨 - 昆特和赫伊津哈（Demirgüç - Kunt and Huizinga，1999）所指出的那样，大型高效的银行通过规模收益的增加对客户采用较低的利差。本章使用多个变量来控制银行的风险厌恶、流动性、信用风险和经营效率。一些研究（McShane and Sharpe，1985；Saunders and Schumacher，2000）使用股本与总资产之比（TE_TA）和一级资本充足率（$Tier1$）作为衡量银行风险厌恶的代理变量。预计股本与总资产之比与利差之间存在正向关系，因为风险厌恶的银行需要更高的利差来覆盖更高的股本成本（Berger，1995）。本章还使用流动性（Carbo and Fernandez，2007）来控制银行的流动性，即流动资产与总资产之比（LA_TA）来衡量流动性。为了控制银行业务模式的影响，使用了总收入中的利息收入（II_OI）、总资产中总存款占比（TD_TA）等变量。

（二）国家层面控制变量

国家层面的控制变量包括：宏观经济绩效指标以及其他非常规货币政策工具的代理变量。本章首先采用国内生产总值增长（*GDP_g*）、消费者物价通胀率（*IFL*）和金融开放度（*Chinn*）作为宏观经济条件的衡量指标。国内生产总值增长对银行业绩的双重影响体现在以下两个方面：一方面，国内生产总值增长会通过对贷款需求的增加对银行利润产生积极影响；另一方面，如果资金供应（存款）因与国内生产总值增长同步的消费增加而下降，可能会存在负相关关系（Athanasouglu et al.，2008）。名义通胀率与银行净息差和利润之间存在正相关关系（Molyneux and Thornton，1992；Boyd et al.，2001；Almarzoqi and Naceur，2015；Molyneux et al.，2019）。由于其他非常规货币政策工具，包括中央银行资产购买计划（Di Maggio et al.，2016；Kandrac and Schulsche，2018）与负利率政策同时进行，考虑到这些同时期的非常规货币政策，本章与甘巴科尔塔（2014）、兰伯特和上田（Lambert and Ueda，2014）以及亚历山德里和尼尔森（2015）、莫利纽克斯（Molyneux，2019）一致，使用一个国家央行资产负债表的增长率（*CB_GR*）作为一个控制变量。本章还使用货币基础的增长率（*M0_GR*）作为进一步的控制变量，以分离其他非常规货币政策工具对银行净息差的影响。有关变量的详细解释和符号见表5-2。

表5-2 主要回归变量定义

变量名称	变量符号	变量定义	数据来源
因变量			
净息差	*NIM*	生息资产和生息负债之间的年度差额除以总生息资产	Bank Focus 和 SNL Financial
盈利能力	*ROA*	净收入对总资产的比率	Bank Focus 和 SNL Financial
贷款增长	*L_g*	贷款总额的年增长率	Bank Focus 和 SNL Financial
控制变量			
银行规模	ln*TA*	银行总资产的对数	Bank Focus 和 SNL Financial
融资结构	*TD_TA*	总存款占总资产比率	Bank Focus 和 SNL Financial
资本情况	*Tier*1	一级资本比率	Bank Focus 和 SNL Financial
经营模式	*II_OI*	利息收入与营业收入的比率	Bank Focus 和 SNL Financial
股本回报率	*ROAE*	净收入占平均权益的比率	Bank Focus 和 SNL Financial
流动性	*LA_TA*	流动资产对总资产比率	Bank Focus 和 SNL Financial

续表

变量名称	变量符号	变量定义	数据来源
控制变量			
杠杆率	TE_TA	股本对总资产的比率	Bank Focus 和 SNL Financial
资产结构	GL_TA	贷款总额对总资产的比率	Bank Focus 和 SNL Financial
国家控制变量			
经济增长	GDP_g	国内生产总值的年增长率	Global Financial Development Database
通货膨胀率	IFL	消费价格指数的年增长率	World Bank Financial Development Database
金融开放程度	Chinn	Chinn - Ito 资本账户开放指数	https：//web. pdx. edu/ ~ ito/Chinn - Ito_website. htm
央行资产增长率	CB_GR	中央银行总资产年增长率	BIS database; ECB statistical data warehouse
货币基础	M0_GR	货币供应量的年增长率对数	FRED ECONOMIC DATA

三、描述性统计

处理组和对照组的银行净息差（NIM）、其他银行资产负债表变量以及宏观经济和制度变量的描述统计数据如表 5-3 所示。处理组和对照组银行样本量分别为 4180 和 9488。银行净息差均值为 2.919、盈利水平均值为 0.005、贷款增长量均值为 0.124，与莫利纽克斯（2019）统计的结果非常接近。

表 5-3   **处理组与对照组描述性统计**

变量	观测值	均值	标准差	最小值	最大值
NIM	13668	2.919	1.42	-2.103	33.22
ROA	13668	0.005	0.012	-0.4	0.197
L_g	13668	0.124	2.652	-0.967	266.763
lnTA	13668	15.023	2.226	9.741	21.943
TD_TA	13668	0.703	0.184	0	0.974
Tier1	13668	15.313	8.312	-3.684	294.884
II_OI	13668	1.095	1.078	-1.167	71.678
ROAE	13668	4.692	19.653	-767.499	603.656

续表

变量	观测值	均值	标准差	最小值	最大值
LA_TA	13668	25.735	14.112	0.492	167.913
TE_TA	13668	10.032	4.632	-2.145	94.622
GL_TA	13668	0.694	0.939	0.002	65.511
GDP_g	13668	1.658	2.614	-11.325	24.37
IFL	13668	1.744	1.583	-2.097	16.332
Chinn	13668	1.881	0.433	-1	2
CB_GR	13668	0.123	0.218	-0.486	1.064
M0_GR	13668	6.362	4.589	-4.635	34.243

　　本章分别按照实施政策国家与未实施政策国家计算 *NIM* 平均值变化，如图 5-1 所示。可以分析得到，实施政策国家与未实施政策国家的 *NIM* 基本呈下降趋势。首先，在 2014 年政策实施前，实施政策国家与未实施政策国家的 *NIM* 下降趋势基本平行，且比较平缓。其次，在政策实施后，实施政策国家的 *NIM* 下降幅度明显增加，7 年内下降近 1 个百分点，而未实施政策国家的 *NIM* 下降依然平缓，7 年内下降近 0.5 个百分点。其中由于银行业务时借短贷长的期限转换，短期利率下降使得银行的融资成本下降，而现有的固定利率贷款的定价调整之后，导致负利率政策出台时，实施政策国家与未实施政策国家 *NIM* 短期内没有太大差异，但是随着时间的推移，*NIM* 收窄的作用越来越明显。本章初步推测，相对于未实施政策国家，实施政策国家的 *NIM* 降低可能是由于 2014 年负利率政策带来的。

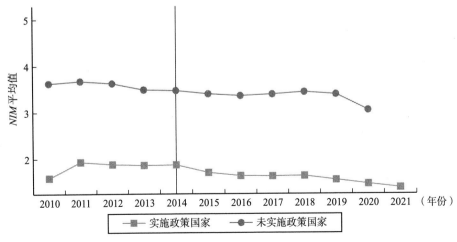

图 5-1　实施政策国家与未实施政策国家 *NIM* 平均值变化

第四节 DID 模型与结果分析

一、计量模型

本章使用双重差分方法（DID）分析 2014 年欧元区实施负利率政策前后银行的净息差变化。这种方法的优势在于，它允许使用面板数据设置，将受政策变化影响的银行（处理组）与未受影响的银行（对照组）进行比较。该方法还有助于控制"遗漏变量偏差"。例如，监管变化（如巴塞尔Ⅲ或欧洲央行单一监管机制的推出）可能同样影响处理组和对照组银行的业绩，而与负利率引入无关。然而，由于这些变化可能同样影响银行，DID 方法通过差分消除同时影响两组的共同趋势，避免了这种偏差。该方法已经广泛应用于政策评估文献，并扩展到银行和金融领域的问题（Beck et al.，2010；Calderon and Schaeck.，2013；Berger et al.，2014；Molyneux et al.，2019；Avignone et al.，2022；Altunbas et al.，2023）。构建以净息差为因变量的双重差分模型：

$$Y_{ijt} = \alpha + \beta_1 (Treated_{ij} \times Post_{jt}) + \beta_2 X_{ijt} + \varphi_t + \gamma_j + \varepsilon_{ijt} \tag{5.1}$$

其中，Y_{ijt} 是 j 国银行 i 在时间 t 的银行净息差（NIM）。$Treated_{ij}$ 是一个虚拟变量，如果 j 国银行 i 受到 NIRP 影响，则取值 1，否则取值 0。$Post_{jt}$ 是一个虚拟变量，当国家 j 在时间 t 决定实施 NIRP 后取值为 1，在此之前取值为 0。β_1 表示实施 NIRP 的国家和未实施 NIRP 的国家之间银行净息差（NIM）平均差异。本章还包括特定国家的地区固定效应 γ_j，以控制各国不随时间变化的特征，如自然禀赋和气候变化等。本章将时间固定效应 φ_t 包括在内，以控制样本期内银行净息差（NIM）共同的时间因素，如宏观经济冲击、商业周期和财政货币政策等。所有回归都是在银行层面进行聚类估计的，即允许误差项之间存在相关性（Donald and Lang，2007；Petersen，2009；Molyneux et al.，2019；Altunbas et al.，2023）。

二、平行趋势检验

双重差分估计结果满足一致性的前提是处理组和对照组满足平行趋势假设，换言之，以 NIM 为因变量的回归系数在负利率实施之前均不异于 0，并未发现处理组和对照组之间存在统计学上的显著差异，因为两个置信区间大部分重叠，表明平行趋势假设成立，DID 框架是有效的。虽然图 5-1 初步表明实施政策国家与未实施政策国家的 NIM 在政策实施前变化趋势基本平行，但是本章还需要采取更加严谨的实证方式对其加以证明。此外，基准回归结果反映的是政策实施对 NIM 的平均变化，并不是在不同时点的变化差异。因此，参考雅各布森等（Jacobson et al.，1993）提出的事件研究法对政策实施的动态效应进行实证检验。

如图 5-2 所示，其中以政策实施前的 2013 年作为基准年，对 2010 年至 2021 年的一系列估计值进行估计。图 5-2 绘制了 95% 置信区间下估计结果，并且控制不随时间变化的地区特征。结果发现，在 2010 年至 2013 年结果均不显著，说明处理组和对照组在政策实施前不存在明显的差异，满足平行趋势假设。此外，政策实施后从第二年（2016 年）开始显著，说明 2014 年政策实施对 NIM 的影响滞后两年。政策实施的平行趋势检验图可以说明，随着时间推移该政策对政策实施国的净息差缩减影响越来越大。

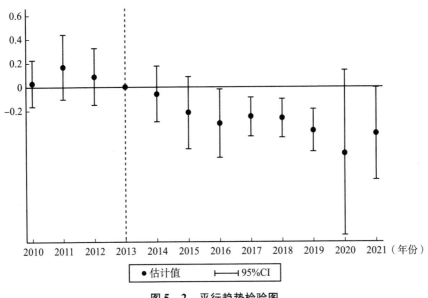

图 5-2 平行趋势检验图

三、基本回归

本章通过估计方程（5.1）得到的基准结果如表 5-4 所示。为了捕捉负利率对银行净息差（NIM）的影响，本章控制了一些相关的银行层面因素，这些因素在银行研究中常被使用，以及四个宏观经济变量。具体而言，表 5-4 的列（1）

显示了 2014 年负利率政策实施对处理组和对照组的影响，没有包括银行和宏观特定控制变量。在表 5 - 4 的列（2）和列（3），本章逐步引入了银行特定的控制变量和宏观经济控制变量。所有回归模型包括国家和年份固定效应。交互项系数 β_1 衡量了负利率政策实施国家和未实施国家之间银行净息差变化的平均差异（即负利率政策效应）为负，并且在列（2）和列（3）中在 5% 的显著水平上具有统计学意义。这表明，政策利率降至负值区域后，受负利率政策影响银行在很大程度上降低了净息差，相对于未实施政策银行，这很可能是因为存款利率受到零利率下限（ZLB）约束，而贷款利率跟随政策利率变负而下降的影响。具体而言，与未采用负利率政策的国家相比，央行实施负利率政策的国家的净利差下降了 10.52% 。

表 5 - 4　　　　　　负利率政策对银行净息差的影响：双重差分检验

项目	（1） NIM	（2） NIM	（3） NIM
treatpost	- 0.0630 （0.0896）	- 0.1455 ** （0.0554）	- 0.1052 ** （0.0506）
lnTA		- 0.0600 *** （0.0135）	- 0.0597 *** （0.0135）
TD_TA		1.0176 *** （0.3642）	1.0236 *** （0.3631）
Tier1		- 0.0170 ** （0.0069）	- 0.0170 ** （0.0070）
II_OI		- 0.0310 ** （0.0135）	- 0.0316 ** （0.0138）
ROAE		0.0051 ** （0.0021）	0.0051 ** （0.0021）
LA_TA		- 0.0114 *** （0.0024）	- 0.0114 *** （0.0024）
TE_TA		0.0613 *** （0.0136）	0.0613 *** （0.0136）
GDP_g			- 0.0014 （0.0096）

续表

项目	(1) *NIM*	(2) *NIM*	(3) *NIM*
IFL			0.0458 * (0.0241)
Chinn			− 0.1202 * (0.0660)
CB_GR			− 0.0209 (0.0595)
_cons	2.1236 *** (0.0388)	2.3875 *** (0.3796)	2.5302 *** (0.3897)
RegionFE	Yes	Yes	Yes
YearFE	Yes	Yes	Yes
N	13668	13668	13668
R^2	0.4979	0.5611	0.5618

注：括号内为标准误；$* p < 0.1$，$** p < 0.05$，$*** p < 0.01$。

虽然 *Chinn* 指数并没有专门为卢森堡进行计算，但是可以参考国际货币基金组织（IMF）最近发布的数据，根据该数据可以得出卢森堡在 2019 年的 *Chinn* 指数约为 1.2。

表 5-4 列（2）和列（3）报告了添加了银行和国家控制变量的回归结果。在这些增强模型中，本章继续观察到具有统计学意义但在经济上更为强大的负利率政策效应。大部分协变量在常规水平上都显著，符合净息差的决定因素的文献。规模在净息差方程中主要呈负相关且具有统计显著性，这表明较小的银行净息差较低于规模更大的银行。杠杆率（*TD_TA*）衡量资本化程度，其与净息差呈正相关，意味着杠杆较低的银行具有较高的净息差；相反，流动性与净息差呈负相关，表明流动性较低的银行会应用较高的净息差以弥补更大的风险。对照变量的符号和显著性与文献一致。客户存款与总负债（*TD_TA*）的比率代表银行的资金结构（资金结构）影响银行对利率变化的敏感性，其与净息差呈正相关，因为存款利率下行时存在粘性，大多数银行并未将负利率传递给客户。依赖存款的银行不愿降低利率，担心失去资金来源。说明存款依赖度较高的银行面临更大的存贷款利率下降刚性，不能够将贷款利率大幅下降，否则将给银行带来巨大的盈利风险。利息收入占总收入的比率（*II_OI*）是银行经营模式的代理变量，也是多元化的常用衡量指标（Delis and Kouretas, 2011；Beck et al., 2013）。当银行资

本不足时，负利率对银行融资成本的正面影响有限，因为银行在筹集资本方面面临困难。如果贷款利率的下降主导了银行融资成本的降低，这可能对银行的盈利能力产生负面影响。银行流动性（*LA_TA*）也是一个衡量指标。更大规模的流动资产可以促使资源转移到更有利可图的资产上，这表明流动性与净息差之间存在负相关关系（Molyneux et al.，2019）。

宏观经济变量中，经济周期下降期减少了银行的收入和利润，弱化了资本状况，所以银行要加强净息差来巩固盈利空间，这表明 GDP 增长与净息差之间存在反向关系。通胀率与净息差呈较强正相关，表明自全球金融危机以来的低通胀时期是影响银行业绩的另一个因素。金融开放程度（*Chinn*）与净息差呈较强负相关关系，表明金融开放度较低的国家，为保持银行的盈利空间会增加净息差的盈利空间。中央银行资产负债表的增长水平（*CB_GR*）与净息差呈负相关，可以理解为较强的中央银行资产能够保证盈利空间，所以不会依赖银行净息差的收益。

四、对盈利能力和贷款量的影响

银行的盈利能力通过净收入与总资产的比率（*ROA*）来衡量。净息差的系数大小大于 *ROA* 的系数。总体而言，这个结果与负利率政策对银行净息差和盈利能力的负面影响假设一致。它还表明，净息差的收缩（作为银行盈利能力的重要组成部分）间接地降低了银行的 *ROA*，但影响程度较小——净息差的下降减少了利润，但整体效应可能会被更高的非利息收入所缓和（通过增加费用和佣金、证券估值、交易收入等）。*NIM* 与负利率政策之间的系数保持了其显著水平，并与基准回归的大小一致。由于净息差的收窄会促使银行通过专注于手续费和佣金收入来弥补损失，因此 *ROA* 与负利率政策之间的系数的显著性水平有所降低，如表 5-5 列（2）所示。

本章发现负利率政策对贷款增长（*L_g*）有显著影响，负利率政策后，处理组银行的贷款增长率下降约 0.4821，如表 5-5 列（3）所示。这个结果证实了莫利纽克斯等（2020）的研究结果，即受负利率政策影响的银行与未采用负利率政策的国家的银行相比，贷款规模显著减少。负利率政策压缩了银行的净利差，对利润产生压力，侵蚀资本基础，进而促使银行减杠杆并购买主权债券等流动性资产。随着可持续盈利能力变得更加难以实现，资本受限的银行更有可能在利率下降的情况下减少贷款。阿尔塔维拉等（2019）指出，降低资本成本可以改善债权人偿还贷款的能力，减少银行的贷款损失和风险。

表 5 - 5　　　　　　　　净息差与盈利能力、贷款增长

项目	(1) NIM	(2) ROA	(3) 贷款增长
treatpost	- 0. 1052 ** (- 0. 0506)	- 0. 0016 (- 0. 0016)	- 0. 4821 ** (- 0. 1872)
_cons	2. 5302 *** (- 0. 3897)	- 0. 0145 *** (- 0. 0041)	- 1. 1025 (- 0. 7375)
控制变量	Yes	Yes	Yes
RegionFE	Yes	Yes	Yes
YearFE	Yes	Yes	Yes
N	13668	13668	13668
R^2	0. 5618	0. 1754	0. 1019

注: 括号内为标准误; $*p < 0.1$, $**p < 0.05$, $***p < 0.01$。

五、"利息导向"和"服务导向"

在存款粘性压缩了贷款利润率的情况下, 银行已将其部分活动转向收费服务或增加贷款量, 以抵消利息收入的下降。本章使用利息收入与总资产的比率 (II_TA) 来衡量银行是"利息导向"业务模式还是"服务导向"业务模式, 如表 5 - 6 所示。通过计算 2010 ~ 2013 年整体平均利息收入与总资产的比率, 如果银行的平均值小于整体平均值, 即为"服务导向", 如同非利息收入和手续费及佣金来测试负利率是否促使银行从"利息导向"业务模式转变为更多的"服务导向"业务模式 (Altavilla et al. , 2017)。处理组中"服务导向"的银行在实施负利率政策后, 净息差显著下降了 16.05%, "服务导向"的银行具有更灵活的资产配置方案、业务种类多样化、利润来源广泛, 所以不以存贷利差为主要盈利方式。如表 5 - 6 所示, 净息差的收缩 (作为银行盈利能力的重要组成部分) 间接降低了银行的 ROA, 但影响程度较小——净息差的下降减少了利润, 所以相应的银行盈利能力有所下降, 但是并不显著。"利息导向"的银行的净息差会受到负利率政策负影响但是不显著, 对整体盈利能力的负效应较小, 所以银行盈利能力 ROA 依然为正但不显著。

表5-6　　　　　　　　　"服务导向型"对净息差和盈利能力的影响

项目	(1) NIM "服务导向"	(2) NIM "利息导向"	(3) ROA "服务导向"	(4) ROA "利息导向"
treatpost	- 0.1605 *** (0.0385)	- 0.1316 (0.1651)	- 0.0022 (0.0014)	0.0014 (0.0028)
_cons	2.0753 *** (0.2656)	2.6550 *** (0.8740)	- 0.0197 ** (0.0073)	- 0.0226 *** (0.0067)
控制变量	Yes	Yes	Yes	Yes
RegionFE	Yes	Yes	Yes	Yes
YearFE	Yes	Yes	Yes	Yes
N	5217	8451	5217	8451
R^2	0.8070	0.3894	0.1547	0.2074

注：括号内为标准误；$*p<0.1$，$**p<0.05$，$***p<0.01$。

第五节　稳健性检验

一、其他非常规货币政策

在采用其他非常规货币政策工具（UMP）数年之后，央行将负利率政策纳入了 UMP 的组合中，尤其是通过量化宽松（QE）进行的大规模资产购买。这样的非传统货币政策是对日益恶化的宏观经济状况和银行资产负债表的回应，为银行提供了过剩的流动性，从而创造了条件让银行去减少危机后的资产负债表，但同时限制了来自异常有利的融资条件的潜在供给侧效益。将负利率对银行盈利能力和利润率的影响与这些政策的影响区分开来非常重要。大规模资产购买旨在扩大央行的资产负债表，增加货币基础的规模，鼓励银行放贷，最终推动名义支出的增长（Bernanke and Reinhart，2004）。因此，为了区分负利率政策和其他 UMP 之间可能存在的混淆效应，本章在基准模型中增加了其他 UMP 利用程度的替代指标，通过包含货币基础规模的变量（*M0_GR*）来代表其他非常规货币政策的使用情况。同时考虑了负利率政策效应和 UMP 效应（Di Maggio et al.，2016；Kandrac and Schulsche，2018），表 5 - 7 的列（1）显示，在控制 UMP 效应的影响后，负利率政策产生了显著且有意义的效应，使银行的净息差降低了11.89个百分点。然而，与负利率不同，其他非常规货币政策通过促进信贷供应和改善融资条件，提高了银行的盈利能力。因此，负利率的结果证实了负利率对银行的利润率产生了挤压效应。

二、政策实施时间更改

本章为了排除在引入负利率政策之前处理组的净息差发生变化的可能性。在这种情况下，银行预期即将出现的负利率政策的不利影响并改变行为，或者一些银行特定因素导致净息差的变化；如果在引入负利率政策之前净息差发生变化，将使本章的差异法估计结果无效。为了测试这种可能性，重新定义虚拟变量post1，从2012年开始为1，引入一个"虚假"的负利率政策。在基准回归中，由于欧元区是在2014年实施的负利率政策，post从2014年开始为1。如表5-7列（2）所示，"虚假"的负利率政策效应的交互系数在统计上不显著，进一步支持本章基线估计的有效性。

三、补充解释变量

引入潜在的遗漏变量（银行资产结构），定义银行资产结构为贷款总额对总资产的比率，并观察其对结果的影响。本章通过在模型中添加可能与分析变量相关但未考虑的变量（GL_TA）来实现。结果如表5-7列（3）所示，引入的遗漏变量对结果没有显著影响，即净息差依然受到负利率政策实施影响，并且显著为负，可以认为结果是稳健的，即不受遗漏变量的干扰。

四、重新定义被解释变量

将原始模型中的被解释变量净息差（NIM）替换为一个不同的变量，并观察模型结果是否保持一致。本章重新定义NIM为利息收入减去利息支出，再除以总资产的金额（Borio et al.，2015；Claessens et al.，2018）（IIIE_TA）。使用新的被解释变量（IIIE_TA）来验证分析结果是否对特定变量产生过于敏感的依赖。结果如表5-7列（4）所示，在更改被解释变量后模型结果仍然支持原始模型的结论，可以认定模型分析结果是稳健的，不受特定变量的影响。

表5-7   稳健性检验：

其他的非常规货币政策；实施时间更改；补充解释变量；重新定义被解释变量

项目	(1) NIM	(2) NIM	(3) NIM	(4) IITE_TA
treatpost	-0.1189 ** (0.0529)		-0.1052 ** (0.0506)	-0.0011 ** (0.0005)
M0_GR	0.0050 (0.0048)			
treatpost1		-0.0348 (0.0779)		
GL_TA			-0.0027 (0.0105)	
_cons	2.5319 *** (0.3881)	2.4855 *** (0.3956)	2.5325 *** (0.3918)	0.0279 *** (0.0026)
控制变量	Yes	Yes	Yes	Yes
RegionFE	Yes	Yes	Yes	Yes
YearFE	Yes	Yes	Yes	Yes
N	13668	13668	13668	13668
R^2	0.5619	0.5616	0.5618	0.5386

注：括号内为标准误；$*p<0.1$，$**p<0.05$，$***p<0.01$。

第六节 实 证 结 果

本章分析的负利率传导效果与第四章理论模型结果一致，实证分析结果能够较好地验证负利率在银行渠道模型中的金融现象，基于微观金融的实证与理论模型分析能够有力地解释负利率传导效率受损的原因。本章提供了新的证据，表明在采用负利率政策的国家中，银行的净利差和盈利能力较未采用该政策的国家表现更差。具体而言，与未采用负利率政策的国家相比，央行实施负利率政策的国家的净利差下降了0.1052，银行盈利能力下降了0.0016，银行的贷款增长率下降约0.4821。从以上结果可以发现，非常规货币政策中的负利率政策并没有达到最初预期的增加贷款量来释放流动性的目的，并且降低了银行的杠杆率以及盈利能力。

本章的研究结果还显示，负利率政策对净利差和盈利能力的影响取决于银行和具体国家的因素。例如，大型银行能够通过对冲、贷款多样化以及从利率导向型业务模式转变为非利率导向型业务模式来缓解负利率对净利差和净资产回报率的负面影响，因此，小型银行似乎更受到该政策的影响。这些结果在包括各种银行特定和宏观经济控制变量的情况下仍然成立并且具有稳健性。在广泛的稳健性检验中，包括对其他形式的非常规货币政策、子样本分析、总体效应以及在引入负利率政策之前的（可能）变化进行控制等，这些结果仍然成立。总体而言，负利率对净利差的负面影响似乎对以下类型的银行更为显著：规模较小的银行；拥有"利率导向型"业务模式的银行；杠杆率较高的银行；流动性较低的银行。本章揭示的实证结果呼吁在更受该政策影响的国家加强对银行盈利能力的适当监管和监测的政策。

第六章

主要结论与研究展望

第 一 节 　 研 究 总 结

一、研究结果

第一，本书通过探索实施负利率的国家宏观经济和微观金融指标的典型案例，总结它们之间的共性特征。使用从 2000 年至 2023 年的宏观经济指标（国内生产总值、通货膨胀率、生产者价格指数、失业率、贸易依存度、人口增长率、汇率、股票价格和现金需求）和微观金融指标（银行间同业拆借利率、政府债券收益率、企业与家庭的存款利率和贷款利率等）进行对比分析。通过探寻负利率政策出台前的宏观经济指标共性，以及负利率政策实施后短期与长期内宏观经济指标的改善情况，本书发现，实施负利率前这些国家都存在宏观经济增速较低、通货膨胀水平较低、人口增长缓慢、失业率较高、货币面临升值压力等特征。经过分析负利率政策传导至市场利率的情况，发现货币市场利率会随着政策利率下降而下降，但是零售银行客户已经免受负利率的影响，出现了零利率下限的约束情况。总结分析了实施负利率国家的经验后，可以更全面地评估中国是否具备采取相似政策的可能性，当本书将这些宏观经济现象与中国的情况进行对比时，可以发现在某些宏观经济指标上，中国的宏观经济指标（通货膨胀率和人口增长率）与实施负利率的国家十分相似，也有一些指标（生产者价格指数和失业率）存在一定的相似度，因此，实施负利率政策在中国同样是一个可行的选项。值得一提的是，我国的货币政策框架与欧元区相似，均基于利率走廊制度。因此，在制定未来策略时，我国完全可以参照欧元区等地的经验，并综合考虑其优缺点，以确保在可能的风险面前做好充分准备。

第二，本书通过构建负利率、异质性企业和异质性银行、金融摩擦、金融中介决策以及各经济主体的 DSGE 模型，模拟分析负利率在应对风险冲击和技术冲击时对主要经济变量和金融变量的影响，以及对比负利率冲击、再贷款利率冲击、财政支持冲击之间对经济变量和金融变量的影响，并探寻其中的应对措施。研究结果发现，负利率在短期内能显著改善宏观经济环境，推动产出大幅上升，提升资本收益率，进而增加企业净值。与此同时，通货膨胀也随之上升，从而支持消费和投资。然而，长期的负利率可能因信贷风险溢价和流动性不足而产生负面影响。此外，市场参与者降低了对未来利率的预期，进而压缩了长期利率。在这种情况下，长期的负利率可能会损害银行的净值，进而削弱负利率政策的传导效果，降低对信贷改善的积极作用，从而减弱经济复苏的整体水平。持续的超低利率和利差收窄会促使银行追求高风险资产，包括信用评级较低的债券和一些中小企业贷款，这会给金融机构带来坏账率上升的风险。如果央行的负利率政策持续很长时间或者加大负利率下降的程度，会担心银行面临存款流失和脱媒的压力，从而增加金融不确定性的风险。

第三，当政策利率遇到两种利率下限（政策利率下限"PLB"和银行可以提供的存款利率下限"DLB"）时会不同程度地弱化政策利率对市场利率的传导效率，负利率的刺激作用不如正常降息，一旦政策利率变得足够负，政策利率和存款利率之间脱节，依赖存款融资的银行不太可能响应政策降息而降低贷款利率。当政策利率在负利率区间内调整时，对下行变动反应敏感的零售存款利率变得更加粘性。由于银行持有的资产的回报并未受到同样的下行粘性，这导致了银行的利息利润被压缩，对银行的盈利能力产生压力。此外，银行倾向于持有相对长期的资产，这些资产的重新定价速度比他们的负债慢，所以，长期的负利率可能会损害银行的净值，从而破坏货币政策基于银行的传递机制。

第四，实证分析结果能够较好地验证负利率在银行渠道模型中效率降低的现象，基于微观金融的实证与理论模型分析能够有力地解释负利率传导效率受损的原因。本书提供了新的证据，表明在采用负利率政策的国家中，银行的净利差和盈利能力较未采用该政策的国家表现更差。非常规货币政策中的负利率政策并没有达到最初预期的增加贷款量来释放流动性的目的，并且降低了银行的杠杆率以及盈利能力。研究结果还显示，负利率政策对净利差和盈利能力的影响取决于银行和具体国家的因素。总体而言，负利率对净利差的负面影响似乎对以下类型的银行更为显著：规模较小的银行，拥有"利率导向型"业务模式的银行，杠杆率较高的银行，流动性较低的银行。

二、政策建议

实体经济和金融体系相互依存，关系至深，谁都不能单飞，它们之间的相互作用仍然是决定发展、就业和金融稳定的关键力量。借鉴多国实施负利率的经验教训，我国货币政策工具箱的选择受到去杠杆、化解金融风险的掣肘，应加强金融系统与宏观框架的协调，做到未雨绸缪。但是，在考虑采用负利率货币政策时应持审慎态度，不宜简单模仿其他国家的经验。

第一，要用更为积极的监管来解决大量不良贷款和债务悬挂问题。因为负利率在短期内放松了借款人的财务约束，银行资产负债表在负利率政策下扩张意味着期限错配增加，但如果贷款利率在实际利率方面变成负数，它们可能扭曲借款人的长期债务承受能力，银行行为的顺周期性会带来金融不稳定风险。在负利率下减少的债务服务负担可能会延迟公司的退出，从而通过增加过剩产能和延迟资本和劳动力的有效配置来损害健康公司的需求前景。与此同时，负利率政策在不同行业中合理配置资本的作用可能会失效，资金流向夕阳产业和效率较低的企业，导致某个行业或者整个经济体的生产效益降低，许多不具备信贷资格的企业也能顺利获得信贷，商业银行预期未来不良贷款率上升，银行面临的金融风险上升，导致经济体产业结构恶化，经济无法均衡发展，经济增长率降低。应防范金融风险以及促进结构调整。

第二，保持经济预期的稳定性至关重要，这需要提高货币政策的规则性和透明度。值得注意的是，在全球范围内，货币政策从数量型调控向价格型调控的转变，普遍伴随着对政策规则性和透明度的高度重视，两者之间存在密切的关联。同时，政策承诺和规则需要具备可信度，以建立维护物价稳定的坚实公信力。

第三，提高金融创新水平和配套制度框架。因为随着负利率变得更加普遍，有效下限可能会下降，但对负利率将持续的预期会鼓励金融创新，防止投资者囤积现金而不是将他们的投资组合重新平衡到更长期或更高风险的资产，那么货币政策的传递可能会被稀释。由于利率传导与期限结构的形成在很大程度上依赖于有效的套利机制，因此，要成功实施价格型货币调控，本书需要完善利率传导机制，推进货币政策制度框架，以确保套利机制能够稳定而有效地运作，畅通利率传导机制。这包括但不限于发展国债市场和其他金融市场，以及消除各市场之间的壁垒。这样可以实现债券与贷款之间的灵活互换，进而更好地平衡市场供求。此外，还需设计和实施其他关键的机制安排，以强化整体的政策效果。

第四，名义负利率政策不一定会直接影响经济核心指标，而是通过改变一系列金融变量来推动经济发展，因此需要建立经济指标的分析制度和预警机制。这说明在政策设计时需要充分考虑金融体系在实体经济中的作用。与此同时，宏观经济管理应加强政策协同，针对国内经济的结构性问题和转型目标，制定更符合本国实际情况的宏观经济策略。应更加注重财政政策与货币政策的协调，以实现政策效果的乘数放大。

第五，负利率政策是否能达到预设的目标，很大程度上取决于政策执行后资金是否流向实体经济。因此，严格控制资本从实体经济"脱钩"，确保信贷资金真正服务于实体企业，是至关重要的。通过推动产业升级和提高产品质量，不仅能增强国家的综合竞争力，也能实现经济的平稳转型和持续增长。同时，应致力于提高居民的可支配收入，将储蓄潜力转化为消费动力，以促进消费水平的持续提升。

第六，监管机构和金融机构需要以科学的态度把握数字金融发展的规律和趋势，通过强化数字技术和数据要素的双重推动，加速金融创新的步伐，推动金融向数字化转型，不断扩大金融服务的覆盖范围，提升金融监管的透明度和法治水平，打造一个适应和支持数字经济发展的新型数字金融格局。数字经济的发展为利率下降至负值提供技术性支持，有助于降低持有现金避开存款的风险、降低金融脱媒的临界点，提高政策性利率传递效率，进而实现货币政策有效服务实体经济。

第二节　研究展望

从全球视角来看，中国不仅是世界最大经济体之一，也是新兴经济体中的关键一员。因此，其他重要经济体如欧洲和日本实施的负利率政策极有可能对中国产生直接或间接的影响。负利率在银行渠道上的传导效率较低，未来可以讨论负利率是否能通过汇率渠道、预期利率渠道或制度变迁刺激总需求的问题。由于中国与欧元区和日本有密切的贸易联系，负利率有潜力通过货币贬值影响中国的出口需求，并进而通过贸易渠道传导至中国的整体经济表现。因此，我们不能忽视负利率政策对中国可能产生的外溢效应，包括其对汇率、债券市场收益率、股市、通货膨胀和经济增长等方面的潜在影响。即便中国尚未实施负利率政策，也需充分考虑到该政策的全球外溢效应。未来研究可建立在本书所使用的新凯恩斯动态随机一般均衡（DSGE）模型基础上，进一步构建跨国 DSGE 模型，以深入探究负利率政策的外溢影响。为此，建议密切关注其他国家的货币价值、汇率和利率动态，及时制定和调整应对策略，以缩短政策效应的时滞并有效应对潜在风险。负利率政策的实施是中央银行对企业和投资者提供贷款，实现向市场提供流动性的目标，只是这样的货币政策只能决定货币的供给端，对于需求端则有些有心无力，若企业没有增加投资的意愿，消费者没有增加消费的意愿，政策目标就难以实现。所以，需要综合考虑市场预期水平，其在政策传导至实体经济中扮演着重要角色。对欧洲和日本这样的老龄化社会而言，负利率对退休金和保险公司的财务可持续性带来挑战，如德国的一些右翼政治力量指控欧洲央行的负利率政策导致退休者贫困。也就是说，长期实施负利率政策，还会对债务周期较长的保险公司和养老金造成更剧烈的冲击。因此，非银行金融机构在政策传导过程中承受着不同程度的影响，这也是未来研究的一个关键方向。

参 考 文 献

[1] 巴曙松、黄哲、朱元倩:《关于负利率政策相关研究的最新进展》,载《经济学家》2021 年第 5 期。

[2] 卞志村、孙慧智、曹媛媛:《金融形势指数与货币政策反应函数在中国的实证检验》,载《金融研究》2012 年第 8 期。

[3] 曾利飞、徐剑刚、唐国兴:《开放经济下中国新凯恩斯混合菲利普斯曲线》,载《数量经济技术经济研究》2006 年第 3 期。

[4] 陈昆亭、龚六堂:《粘滞价格模型以及对中国经济的数值模拟——对基本 RBC 模型的改进》,载《数量经济技术经济研究》2006 年第 8 期。

[5] 陈彦斌:《中国新凯恩斯菲利普斯曲线研究》,载《经济研究》2008 年第 12 期。

[6] 池光胜、肖雨:《负利率的运行逻辑与政策反思》,载《金融市场研究》2020 年第 1 期。

[7] 杜清源、龚六堂:《带"金融加速器"的 RBC 模型》,载《金融研究》2005 年第 4 期。

[8] 樊明太:《金融结构及其对货币传导机制的影响》,载《经济研究》2004 年第 7 期。

[9] 范志勇、冯俊新、刘铭哲:《负利率政策的传导渠道和有效性研究》,载《经济理论与经济管理》2017 年第 2 期。

[10] 冯业倩、李力、王亚平等:《贸易不确定性、金融摩擦与经济波动》,载《金融学(季刊)》2021 年第 4 期。

[11] 傅春杨、陈耿宣:《全球资产"负利率"的趋势、成因及借鉴》,载《西南金融》2020 年第 10 期。

[12] 高然、陈忱、曾辉等:《信贷约束、影子银行与货币政策传导》,载《经济研究》2018 年第 12 期。

[13] 管涛:《负利率能够治通缩吗?》,载《金融论坛》2016 年第 8 期。

[14] 侯成琪、龚六堂:《部门价格粘性的异质性与货币政策的传导》,载《世界经济》2014 年第 7 期。

［15］黄炎龙、陈伟忠、龚六堂：《汇率的稳定性与最优货币政策》，载《金融研究》2011 年第 11 期。

［16］康立、龚六堂、陈永伟：《金融摩擦、银行净资产与经济波动的行业间传导》，载《金融研究》2013 年第 5 期。

［17］康立、龚六堂：《金融摩擦、银行净资产与国际经济危机传导——基于多部门 DSGE 模型分析》，载《经济研究》2014 年第 5 期。

［18］李波：《构建货币政策和宏观审慎政策双支柱调控框架》，中国金融出版社 2018 年版。

［19］林东杰、崔小勇、龚六堂：《金融摩擦异质性、资源错配与全要素生产率损失》，载《经济研究》2022 年第 1 期。

［20］刘斌：《稳健的最优简单货币政策规则在我国的应用》，载《金融研究》2006 年第 4 期。

［21］刘斌：《我国 DSGE 模型的开发及在货币政策分析中的应用》，载《金融研究》2008 年第 10 期。

［22］刘斌：《最优货币政策规则的选择及在我国的应用》，载《经济研究》2003 年第 9 期。

［23］刘斌：《最优前瞻性货币政策规则的设计与应用》，载《世界经济》2004 年第 4 期。

［24］陆军、钟丹：《泰勒规则在中国的协整检验》，载《经济研究》2003 年第 8 期。

［25］马骏、王红林：《政策利率传导机制的理论模型》，载《金融研究》2014 年第 12 期。

［26］马理、黄宪、代军勋：《银行资本约束下的货币政策传导机制研究》，载《金融研究》2013 年第 5 期。

［27］马理、黎妮：《零利率与负利率的货币政策传导研究》，载《世界经济研究》2017 年第 11 期。

［28］马理、李书灏、文程浩：《负利率真的有效吗？——基于欧洲央行与欧元区国家的实证检验》，载《国际金融研究》2018 年第 3 期。

［29］马理、尤阳：《日本央行负利率宽松货币政策的传导效果及其启示》，载《华中师范大学学报》2019 年第 2 期。

［30］梅冬州、龚六堂：《货币错配、汇率升值和经济波动》，载《数量经济技术经济研究》2011 年第 6 期。

［31］牛慕鸿、张黎娜、张翔：《利率走廊、利率稳定性和调控成本》，载《金融研究》2017 年第 7 期。

［32］欧阳志刚、王世杰：《我国货币政策对通货膨胀与产出的非对称反应》，载《经济研究》2009 年第 9 期。

［33］乔海曙、陈志强：《负利率对房地产市场扩张效应研究》，载《统计研究》2009 年第 1 期。

［34］石峰、王忏、龚六堂：《汇率传递异质性、中间品贸易与中国货币政策》，载《世界经济》2018 年第 7 期。

［35］石峰、王忏、龚六堂：《人民币国际流动性约束与货币政策选择》，载《经济学（季刊）》2022 年第 5 期。

［36］谭小芬、李昆：《负利率的理论基础、实施效果与中国对策》，载《国际金融》2017 年第 5 期。

［37］汤铎铎、刘学良、倪红福等：《全球经济大变局、中国潜在增长率与后疫情时期高质量发展》，载《经济研究》2020 年第 8 期。

［38］王博、陈开璞：《金融周期对自然利率的影响：金融失衡视角》，载《经济学动态》2019 年第 10 期。

［39］王建国：《泰勒规则与我国货币政策反应函数的实证研究》，载《数量经济技术经济研究》2006 年第 1 期。

［40］王立勇、张良贵、刘文革：《不同粘性条件下金融加速器效应的经验研究》，载《经济研究》2012 年第 10 期。

［41］王胜、邹恒甫：《开放经济中的泰勒规则——对中国货币政策的检验》，载《统计研究》2006 年第 3 期。

［42］王宇哲：《负利率时代：政策创新与宏观风险》，载《国际经济评论》2016 年第 4 期。

［43］王煜、张红地、余明：《"货币政策目标与操作"国际研讨会综述》，载《中国金融》2002 年第 8 期。

［44］吴立元、龚六堂：《异质性与货币政策传导机制研究进展》，载《经济学动态》2018 年第 11 期。

［45］吴立元、赵扶扬、王忏等：《美国货币政策溢出效应、中国资产价格波动与资本账户管理》，载《金融研究》2021 年第 7 期。

［46］伍聪：《"负利率"问题研究的演进与新进展》，载《经济理论与经济管理》2012 年第 9 期。

［47］谢平、罗雄：《泰勒规则及其在中国货币政策中的检验》，载《经济研究》2002 年第 3 期。

［48］熊启跃、王书朦：《"负利率"与大型银行的净息差管理策略》，载《金融监管研究》2017 年第 2 期。

[49] 熊启跃、王书朦：《负利率对银行净息差影响机制研究——基于欧洲主要上市银行的经验证据》，载《金融研究》2020 年第 1 期。

[50] 徐忠、贾彦东：《自然利率与中国宏观政策选择》，载《经济研究》2019 年第 6 期。

[51] 易纲：《中国的利率体系与利率市场化改革》，载《金融研究》2021 年第 9 期。

[52] 张成思：《全球化与中国通货膨胀动态机制模型》，载《经济研究》2012 年第 6 期。

[53] 张成思、党超：《谁的通胀预期影响了货币政策》，载《金融研究》2016 年第 10 期。

[54] 张成思、党超：《基于双预期的前瞻性货币政策反应机制》，载《金融研究》2017 年第 9 期。

[55] 张屹山、张代强：《前瞻性货币政策反应函数在我国货币政策中的检验》，载《经济研究》2007 年第 3 期。

[56] 张勇、李政军、龚六堂：《利率双轨制、金融改革与最优货币政策》，载《经济研究》2014 年第 10 期。

[57] 郑挺国、王霞：《泰勒规则的实时分析及其在我国货币政策中的适用性》，载《金融研究》2011 年第 8 期。

[58] Abadi J, Brunnermeier M, Koby Y. The reversal interest rate, *American Economic Review*, 2023, 113（8）: 2084 – 2120.

[59] Agarwal R, Kimball M. Breaking through the zero lower bound, *International Monetary Fund*, 2015.

[60] Albertazzi U, Gambacorta L. Bank profitability and the business cycle, *Journal of Financial Stability*, 2009, 5（4）: 393 – 409.

[61] Albertazzi U, Nobili A, Signoretti F M. The bank lending channel of conventional and unconventional monetary policy, *Journal of Money, Credit and Banking*, 2021, 53（2 – 3）: 261 – 299.

[62] Alessandri P, Nelson B D. Simple banking: profitability and the yield curve, *Journal of Money, Credit and Banking*, 2015, 47（1）: 143 – 175.

[63] Almarzoqi R, Naceur M S B, Kotak A. What matters for financial development and stability? *International Monetary Fund*, 2015.

[64] Altavilla C, Andreeva D, Boucinha M. Monetary policy, credit institutions and the bank lending channel in the euro area, *ECB Occasional Paper*, 2019（222）.

[65] Altavilla C, Boucinha M, Holton S. Credit supply and demand in uncon-

ventional times, *Journal of Money, Credit and Banking*, 2021, 53 (8): 2071 – 2098.

[66] Altavilla C, Brugnolini L, Gürkaynak R S. Measuring euro area monetary policy, *Journal of Monetary Economics*, 2019, 108: 162 – 179.

[67] Altavilla C, Burlon L, Giannetti M. Is there a zero lower bound? The effects of negative policy rates on banks and firms, *Journal of Financial Economics*, 2022, 144 (3): 885 – 907.

[68] Altavilla C, Burlon L, Giannetti M. The impact of negative interest rates on banks and firms, *VoxEU. org*, 2019, 8.

[69] Altunbas Y, Avignone G, Kok C. Euro area banks' market power, lending channel and stability: the effects of negative policy rates, *ECB Working Paper Series NO* 2790, 2023.

[70] Ampudia M, Van den Heuvel S J. Monetary policy and bank equity values in a time of low and negative interest rates, *Journal of Monetary Economics*, 2022, 130: 49 – 67.

[71] Amzallag A, Calza A, Georgarakos D. Monetary policy transmission to mortgages in a negative interest rate environment, 2019.

[72] Andersen, M, M Kristoffersen and L Risbjerg. The money market at pressure on the Danish krone and negative interest rates, *Danmarks Nationalbank, Monetary Review*, 4th Quarter, 2015.

[73] Arce Hortigüela Ó J, García – Posada M, Mayordomo Gómez S. Ajustes de las políticas crediticias en un contexto de tipos de interés negativos, *Boletín económico/ Banco de España*, 2019.

[74] Arnould G, Avignone G, Pancaro C, et al. Bank funding costs and solvency, *The European Journal of Finance*, 2022, 28 (10): 931 – 963.

[75] Arseneau D M. How would US banks fare in a negative interest rate environment? 2017.

[76] Arteta C, Kose M A, Stocker M, et al. Implications of negative interest rate policies: An early assessment, *Pacific Economic Review*, 2018, 23 (1): 8 – 26.

[77] Athanasoglou P P, Brissimis S N, Delis M D. Bank-specific, industry-specific and macroeconomic determinants of bank profitability, *Journal of International Financial Markets, Institutions and Money*, 2008, 18 (2): 121 – 136.

[78] Avignone G, Girardone C, Pancaro C, et al. Making a virtue out of neces-

sity: the effect of negative interest rates on bank cost efficiency, *ECB Working Paper*, 2022.

[79] Ball L M, Gagnon J E, Honohan P, et al. What else can central banks do? *International Center for Monetary and Banking Studies*, 2016.

[80] Ball R, Gerakos J, Linnainmaa J T, et al. Accruals, cash flows, and operating profitability in the cross section of stock returns, *Journal of Financial Economics*, 2016, 121 (1): 28 – 45.

[81] Barr, Malcolm, Kasman, Bruce and David Mackie. Negative policy rates: The bound is lower than you think, *JPM Economic Research*, 2016.

[82] Bassetto M. Negative nominal interest rates, *American Economic Review*, 2004, 94 (2): 104 – 108.

[83] Basten C, Mariathasan M. How banks respond to negative interest rates: Evidence from the Swiss exemption threshold, *CESIFO Working Paper*, 2018: 6901.

[84] Bean, C. Note on Negative Interest Rates for Treasury Committee. *Bank of England*, 2013.

[85] Bean C R, Broda C M, Itō T, et al. Low for long?: Causes and consequences of persistently low interest rates, *International Center for Monetary and Banking Studies*, 2015.

[86] Bech M L, Malkhozov A. How have central banks implemented negative policy rates? *BIS Quarterly Review* March, 2016.

[87] Ben S Bernanke. The Effects of the Great Recession on Central Bank Doctrine and Practice, *The BE Journal of Macroeconomics*, 2021, 12 (3).

[88] Berger A N. The relationship between capital and earnings in banking, *Journal of Money, Credit and Banking*, 1995, 27 (2): 432 – 456.

[89] Berkmen S P, Jobst A A. An early assessment of quantitative easing, *The Mechanics of a Strong Euro Area—IMF Policy Analysis*, 2015: 107 – 138.

[90] Bernanke, Ben, 2016, What Tools Does the Fed Have Left? Part 1. Negative Interest Rates.

[91] Bernanke B. Monetary policy in the future, *Progress and Confusion: The State of Macroeconomic Policy*, 2016: 129 – 134.

[92] Bernanke B, Reinhart V, Sack B. Monetary policy alternatives at the zero bound: An empirical assessment, *Brookings Papers on Economic Activity*, 2004 (2): 1 – 100.

[93] Bernanke B S, Gertler M, Gilchrist S. The financial accelerator in a quanti-

tative business cycle framework, *Handbook of Macroeconomics*, 1999, 1: 1341 – 1393.

[94] Bernanke B S. The effects of the great recession on central bank doctrine and practice, *The BE Journal of Macroeconomics*, 2012, 12 (3).

[95] Bernanke B S. What tools does the Fed have left? Part 1: Negative interest rates, *Brookings Institution (blog)*, 2016.

[96] Bernanke B. The great moderation, *Washington*, D. C., 2004.

[97] BIS. Uneasy calm gives way to turbulence, *BIS Quarterly Review*, March, 2016: 1 – 14.

[98] Bittner C, Bonfim D, Heider F, et al. The augmented bank balance-sheet channel of monetary policy, 2022.

[99] Bittner C, Bonfim D, Heider F, et al. Why so negative? The effect of monetary policy on bank credit supply across the euro area, *Working Paper*, 2020.

[100] Bongiovanni A, Reghezza A, Santamaria R, et al. Do negative interest rates affect bank risk-taking?, *Journal of Empirical Finance*, 2021, 63: 350 – 364.

[101] Borio C E V, Disyatat P. Capital flows and the current account: Taking financing (more) seriously, 2015.

[102] Borio C E V, Disyatat P, Juselius M, et al. Why so low for so long? A long-term view of real interest rates, 2017.

[103] Borio C, Gambacorta L, Hofmann B. The influence of monetary policy on bank profitability, *International Finance*, 2017, 20 (1): 48 – 63.

[104] Borio C, Gambacorta L. Monetary policy and bank lending in a low interest rate environment: diminishing effectiveness? *Journal of Macroeconomics*, 2017, 54: 217 – 231.

[105] Borio C. Revisiting three intellectual pillars of monetary policy, *Cato J.*, 2016, 36: 213.

[106] Bottero M, Minoiu C, Peydró J L, et al. Expansionary yet different: credit supply and real effects of negative interest rate policy, *Journal of Financial Economics*, 2022, 146 (2): 754 – 778.

[107] Bottero M, Minoiu C, Peydro J L, et al. Negative monetary policy rates: evidence from the credit and securities registers of a crisis country, *Mimeo*, 2018.

[108] Bottero M, Minoiu M C, Peydró J L, et al. Negative monetary policy rates and portfolio rebalancing: Evidence from credit register data, *International Monetary Fund*, 2019.

[109] Bouakez H, Cardia E, Ruge – Murcia F J. The transmission of monetary policy in a multisector economy, *International Economic Review*, 2009, 50 (4): 1243 – 1266.

[110] Boucinha M, Burlon L, Kapp D. Negative rates and the transmission of monetary policy, *Economic Bulletin Articles*, 2020, 3.

[111] Boyd J H, Levine R, Smith B D. The impact of inflation on financial sector performance, *Journal of Monetary Economics*, 2001, 47 (2): 221 – 248.

[112] Bubeck J, Maddaloni A, Peydró J L. Negative monetary policy rates and systemic banks' risk-taking: Evidence from the euro area securities register, *Journal of Money, Credit and Banking*, 2020, 52 (S1): 197 – 231.

[113] Caballero R J, Hoshi T, Kashyap A K. Zombie lending and depressed restructuring in Japan, *American Economic Review*, 2008, 98 (5): 1943 – 1977.

[114] Calvo G A. Staggered prices in a utility-maximizing framework, *Journal of Monetary Economics*, 1983, 12 (3): 383 – 398.

[115] Carbó Valverde S, López del Paso R, Rodríguez Fernández F. Financial innovations in banking: Impact on regional growth, *Regional Studies*, 2007, 41 (3): 311 – 326.

[116] Caruana J. Persistent ultra-low interest rates: the challenges ahead, *In Speech at the Bank of France – BIS Farewell Symposium for Christian Noyer*, Paris, 2016, 12.

[117] Carvalho C, Dam N A, Lee J W. The cross-sectional distribution of price stickiness implied by aggregate data, *Review of Economics and Statistics*, 2020, 102 (1): 162 – 179.

[118] Carvalho C, Hsu E, Nechio F. Measuring the effect of the zero lower bound on monetary policy, *Available at SSRN 2768414*, 2016.

[119] Cavallino P, Sandri D. The expansionary lower bound: Contractionary monetary easing and the trilemma, *BIS Working Papers*, N 770. 2019.

[120] Cecchetti S G, Schoenholtz K. Negative nominal interest rates: Back to the future, *Money, Banking, and Financial Markets*, 2015.

[121] Chaudron R F D D. Bank's interest rate risk and profitability in a prolonged environment of low interest rates, *Journal of Banking & Finance*, 2018, 89: 94 – 104.

[122] Christiano, L. J., M. Eichenbaum, and C. L. Evans, Nominal Rigidities and the Dynamic Effects of a Shock to Monetary Policy, *Journal of Political E-*

conomy, 2005, 113: 1 –45.

[123] Claessens S, Coleman N, Donnelly M. Low – For – Long interest rates and banks' interest margins and profitability: Cross-country evidence, *Journal of Financial Intermediation*, 2018, 35: 1 –16.

[124] Clarida R, Gali J, Gertler M. Monetary policy rules and macroeconomic stability: Evidence and some theory, *The Quarterly Journal of Economics*, 2000, 115 (1): 147 –180.

[125] Cooper R N. Evolution or revolution: rethinking macroeconomic policy after the Great Recession, *Mit Press*, 2019, 98 (5): 2.

[126] Correia I, Farhi E, Nicolini J P, et al. Unconventional fiscal policy at the zero bound, *American Economic Review*, 2013, 103 (4): 1172 –1211.

[127] Da Costa C E, Werning I. On the optimality of the Friedman rule with heterogeneous agents and nonlinear income taxation, *Journal of Political Economy*, 2008, 116 (1): 82 –112.

[128] Danthine J P. Negative interest rates in Switzerland: What have we learned? *Pacific Economic Review*, 2018, 23 (1): 43 –50.

[129] Dell'Ariccia G, Laeven L, Suarez G A. Bank leverage and monetary policy's risk-taking channel: Evidence from the United States, *The Journal of Finance*, 2017, 72 (2): 613 –654.

[130] Del Negro M, Eggertsson G, Ferrero A, et al. The great escape? A quantitative evaluation of the Fed's liquidity facilities, *American Economic Review*, 2017, 107 (3): 824 –857.

[131] Del Negro M, Giannone D, Giannoni M P, et al. Safety, liquidity, and the natural rate of interest, *Brookings Papers on Economic Activity*, 2017 (1): 235 – 316.

[132] Demiralp S, Eisenschmidt J, Vlassopoulos T. Negative interest rates, excess liquidity and retail deposits: Banks' reaction to unconventional monetary policy in the euro area, *European Economic Review*, 2021, 136: 103745.

[133] Demirgüç – Kunt A, Huizinga H. Determinants of commercial bank interest margins and profitability: Some international evidence, *The World Bank Economic Review*, 1999, 13 (2): 379 –408.

[134] Di Maggio M, Kermani A, Keys B J, et al. Interest rate pass-through: Mortgage rates, household consumption, and voluntary deleveraging, *American Economic Review*, 2017, 107 (11): 3550 –3588.

［135］Eggertsson G B, Egiev S K, Lin A, et al. A toolkit for solving models with a lower bound on interest rates of stochastic duration, *Review of Economic Dynamics*, 2021, 41: 121 –173.

［136］Eggertsson G B, Juelsrud R E, Summers L H, et al. Negative nominal interest rates and the bank lending channel, *National Bureau of Economic Research*, 2019.

［137］Eggertsson G B, Juelsrud R E, Wold E G. Are negative nominal interest rates expansionary? *National Bureau of Economic Research*, 2017.

［138］Eggertsson G B, Lancastre M, Summers L H. Aging, output per capita, and secular stagnation, *American Economic Review*: *Insights*, 2019, 1 (3): 325 – 342.

［139］Eggertsson G B, Mehrotra N R, Summers L H. Secular stagnation in the open economy, *American Economic Review*, 2016, 106 (5): 503 –507.

［140］Eggertsson G B, Singh S R. Log-linear Approximation versus an Exact Solution at the ZLB in the New Keynesian Model, *Journal of Economic Dynamics and Control*, 2019, 105: 21 –43.

［141］Eggertsson G B, Woodford M. Optimal monetary policy in a liquidity trap, 2003.

［142］Eggertsson G B. Zero bound on interest rates and optimal monetary policy, *Brookings Papers on Economic Activity*, 2003 (1): 139 –233.

［143］Eisenshmidt J, Smets F. Negative interest rates: Lessons from the euro area, *Series on Central Banking Analysis and Economic Policies*, No. 26, 2019.

［144］Elliott J, Hoyle H, Andreas A J. Impact of Low and Negative Rates on Banks, Chapter I: Potent Policies for A Successful Normalization, *Global Financial Stability Report*, *Monetary and Capital Markets Department*, *World Economic and Financial Surveys*, April (Washington, DC: International Monetary Fund), 2016: 44 –46.

［145］English W B, Van den Heuvel S J, Zakrajšek E. Interest rate risk and bank equity valuations, *Journal of Monetary Economics*, 2018, 98: 80 –97.

［146］Fisher I, Barber W J. The rate of interest, *Garland Pub*, 1907.

［147］Fleming, M and K Garbade. Repurchase agreements with negative interest rates, *Federal Reserve Bank of New York*, *Current Issues in Economics and Finance*, 2004, 10 (5).

［148］Fuhrer J C, Madigan B F. Monetary policy when interest rates are bounded at zero, *Review of Economics and Statistics*, 1997, 79 (4): 573 – 585.

[149] Gali J, Gertler M, Lopez – Salido J D. Robustness of the estimates of the hybrid New Keynesian Phillips curve, *Journal of Monetary Economics*, 2005, 52 (6): 1107 – 1118.

[150] Galı J, Gertler M, Lopez – Salido J D. European inflation dynamics, *European Economic Review*, 2001, 45 (7): 1237 – 1270.

[151] Galí J. Monetary policy, inflation, and the business cycle: An introduction to the new Keynesian framework and its applications, *Princeton University Press*, 2015.

[152] Gambacorta L, Shin H S. Why bank capital matters for monetary policy, *Journal of Financial Intermediation*, 2018, 35: 17 – 29.

[153] Genay H, Podjasek R. What is the impact of a low interest rate environment on bank profitability? *Chicago Fed Letter*, 2014.

[154] Gerali A, Neri S, Sessa L, et al. Credit and Banking in a DSGE Model of the Euro Area, *Journal of Money*, *Credit and Banking*, 2010, 42: 107 – 141.

[155] Gertler M, Kiyotaki N. Financial intermediation and credit policy in business cycle analysis, *Handbook of Monetary Economics*, 2010, 3: 547 – 599.

[156] Gordon R J. Secular stagnation: A supply-side view, *American Economic Review*, 2015, 105 (5): 54 – 59.

[157] Grisse C, Schumacher S. The response of long-term yields to negative interest rates: Evidence from Switzerland, *Swiss National Bank*, 2017.

[158] Hall, Robert E. Intertemporal Substitution in Consumption, *Journal of Political Economy*, 1988, 96 (2): 339 – 357.

[159] Hamilton J D, Harris E S, Hatzius J, et al. The equilibrium real funds rate: Past, present, and future, *IMF Economic Review*, 2016, 64: 660 – 707.

[160] Hannan T H, Berger A N. The rigidity of prices: Evidence from the banking industry, *J. Reprints Antitrust L. & Econ.*, 1997, 27: 245.

[161] Hannoun H. Ultra-low or negative interest rates: What they mean for financial stability and growth, Remarks by Hervé Hannoun, Deputy General Manager, *Bank for International Settlements*, at the Eurofi High – Level Seminar, Riga, 2015, 22.

[162] Heider F, Saidi F, Schepens G. Banks and negative interest rates, *Annual Review of Financial Economics*, 2021, 13: 201 – 218.

[163] Heider F, Saidi F, Schepens G. Life below zero: Bank lending under

negative policy rate, *The Review of Financial Studies*, 2019, 32 (10): 3728 – 3761.

[164] Hicks J R. Mr. Keynes and the "classics"; a suggested interpretation, *Econometrica: Journal of the Econometric Society*, 1937: 147 – 159.

[165] Holston K, Laubach T, Williams J C. Measuring the natural rate of interest: International trends and determinants, *Journal of International Economics*, 2017, 108: S59 – S75.

[166] Homer S, Sylla R E. A history of interest rates, *Rutgers University Press*, 1996.

[167] Hong G H, Kandrac J. Pushed past the limit? How Japanese banks reacted to negative rates, *Journal of Money, Credit and Banking*, 2022, 54 (4): 1027 – 1063.

[168] Ho T S Y, Saunders A. The determinants of bank interest margins: Theory and empirical evidence, *Journal of Financial and Quantitative Analysis*, 1981, 16 (4): 581 – 600.

[169] Hubrich K, Tetlow R J. Financial stress and economic dynamics: The transmission of crises, *Journal of Monetary Economics*, 2015, 70: 100 – 115.

[170] Ilgmann C, Menner M. Negative nominal interest rates: History and current proposals, *International Economics and Economic Policy*, 2011, 8: 383 – 405.

[171] IMF. Negative interest rate policies – Initial experiences and assessments, *IMF Policy Papers, International Monetary Fund*, 2017.

[172] Inhoffen J, Pekanov A, Url T. Low for long: Side effects of negative interest rates, *Monetary Dialogue Papers*, 2021: 3 – 32.

[173] Jackson H. The international experience with negative policy rates, *Bank of Canada*, 2015.

[174] Jacobson L S, LaLonde R J, Sullivan D G. Earnings losses of displaced workers, *American Economic Review*, 1993: 685 – 709.

[175] Jensen C M, Spange M. Interest rate pass-through and the demand for cash at negative interest rates, *Danmarks Nationalbank Monetary Review*, 2015: 55 – 66.

[176] Jobst A, Lin H. Negative interest rate policy (NIRP): Implications for monetary transmission and bank profitability in the euro area, *International Monetary Fund*, 2016.

[177] Kashyap A K, Stein J C. What do a million observations on banks say about the transmission of monetary policy? *American Economic Review*, 2000, 90 (3): 407 – 428.

[178] Koo R C. The holy grail of macroeconomics: Lessons from Japan's great recession, *John Wiley & Sons*, 2011.

[179] Kozlowski J. Essays in Macroeconomics and Finance, *New York University*, 2018.

[180] Krishnamurthy A, Vissing – Jorgensen A. The effects of quantitative easing on interest rates: Channels and implications for policy, *National Bureau of Economic Research*, 2011.

[181] Krugman P. What's new about the new economic geography? *Oxford Review of Economic Policy*, 1998, 14 (2): 7 – 17.

[182] Kwon H U, Narita F, Narita M. Resource reallocation and zombie lending in Japan in the 1990s, *Review of Economic Dynamics*, 2015, 18 (4): 709 – 732.

[183] Lambert F, Ueda M K. The effects of unconventional monetary policies on bank soundness, *International Monetary Fund*, 2014.

[184] Laubach T, Williams J C. Measuring the natural rate of interest, *Review of Economics and Statistics*, 2003, 85 (4): 1063 – 1070.

[185] Lopez J A, Rose A K, Spiegel M M. Why have negative nominal interest rates had such a small effect on bank performance? Cross country evidence, *European Economic Review*, 2020, 124.

[186] López – Penabad M C, Iglesias – Casal A, Neto J F S. Effects of a negative interest rate policy in bank profitability and risk taking: Evidence from European banks, *Research in International Business and Finance*, 2022, 60.

[187] Madaschi C, Pablos Nuevo I. The profitability of banks in a context of negative monetary policy rates: The cases of Sweden and Denmark, *ECB Occasional Paper*, 2017.

[188] McAndrews J. Negative nominal central bank policy rates: Where is the lower bound?, *Federal Reserve Bank of New York*, 2015.

[189] McAndrews, J. Negative nominal central bank policy rates—where is the lower bound? *Federal Reserve Bank of New York, speech at the University of Wisconsin*, 2015.

[190] McConnell M M, Perez – Quiros G. Output fluctuations in the United States: What has changed since the early 1980's? *American Economic Review*, 2000, 90 (5): 1464 – 1476.

[191] McShane R W, Sharpe I G. A time series/cross section analysis of the determinants of Australian trading bank loan/deposit interest margins: 1962 – 1981,

Journal of Banking & Finance, 1985, 9 (1): 115 – 136.

[192] Mirzaei A, Moore T, Liu G. Does market structure matter on banks' profitability and stability? Emerging vs. advanced economies, *Journal of Banking & Finance*, 2013, 37 (8): 2920 – 2937.

[193] Molyneux P, Reghezza A, Thornton J, et al. Did negative interest rates improve bank lending? *Journal of Financial Services Research*, 2020, 57: 51 – 68.

[194] Molyneux P, Reghezza A, Torriero C, et al. Banks' noninterest income and securities holdings in a low interest rate environment: The case of Italy, *European Financial Management*, 2021, 27 (1): 98 – 119.

[195] Molyneux P, Reghezza A, Xie R. Bank margins and profits in a world of negative rates, *Journal of Banking & Finance*, 2019, 107: 105613.

[196] Molyneux P, Thornton J. Determinants of European bank profitability: A note, *Journal of Banking & Finance*, 1992, 16 (6): 1173 – 1178.

[197] Nakamura E, Steinsson J. Monetary non-neutrality in a multisector menu cost model, *The Quarterly Journal of Economics*, 2010, 125 (3): 961 – 1013.

[198] Nucera F, Lucas A, Schaumburg J, et al. Do negative interest rates make banks less safe? *Economics Letters*, 2017, 159: 112 – 115.

[199] Obstfeld M, Rogoff K. Foundations of international macroeconomics, *MIT Press*, 1996.

[200] Peek J, Rosengren E S. Collateral damage: Effects of the Japanese bank crisis on real activity in the United States, *American Economic Review*, 2000, 91 (1): 30 – 45.

[201] Potter S M, Smets F. Unconventional monetary policy tools: A cross-country analysis, *BIS*, 2019.

[202] Praet, P. Transmission channels of monetary policy in the current environment, speech delivered at the *Financial Times Festival of Finance*, London: 2016, 1 July.

[203] Rognlie M. What lower bound? Monetary policy with negative interest rates, *Unpublished Manuscript*, 2016.

[204] Rogoff K. Dealing with monetary paralysis at the zero bound, *Journal of Economic Perspectives*, 2017, 31 (3): 47 – 66.

[205] Rogoff K. Monetary policy in a low interest rate world, *Journal of Policy Modeling*, 2017, 39 (4): 673 – 679.

[206] Rostagno M, Altavilla C, Carboni G, et al. A tale of two decades: The

ECB's monetary policy at 20, *ECB Working Paper*, 2019.

[207] Rostagno M, Bindseil U, Kamps A, et al. Breaking through the zero line: The ECB's negative interest rate policy, *Presentation at Brookings*, 2016. https://www. brookings. edu/events/negative-interest-rates-lessons-learned-so-far/.

[208] Saunders A, Schumacher L. The determinants of bank interest rate margins: An international study, *Journal of international Money and Finance*, 2000, 19 (6): 813 – 832.

[209] Scheiber T, Silgoner M, Stern C. The development of bank profitability in Denmark, Sweden and Switzerland during a period of ultra-low and negative interest rates, *Focus on European Economic Integration*, 2016, 3: 8 – 28.

[210] Schmiedel, H. , G. Kostova and W. Ruttenberg. The social and private costs of retail payment instruments: A european perspective. *European Central Bank. Occasional Paper Series*, 2012, 137.

[211] Schmitt – Grohé S, Uribe M. Optimal fiscal and monetary policy under imperfect competition, *Journal of Macroeconomics*, 2004, 26 (2): 183 – 209.

[212] Schmitt – Grohé S, Uribe M. Solving dynamic general equilibrium models using a second-order approximation to the policy function, *Journal of Economic Dynamics and Control*, 2004, 28 (4): 755 – 775.

[213] Settlements BFI. Financial Stability Implications of a Prolonged Period of Low Interest Rates, *CGFS Papers*, 2018.

[214] Sims E, Wu J C. Evaluating central banks' tool kit: Past, present, and future, *Journal of Monetary Economics*, 2021, 118: 135 – 160.

[215] Summers L H. Global economy is at risk from a monetary policy black hole, *Financial Times*, 2019.

[216] Summers, L. H. The Age of Secular Stagnation: What it is and what to do about it, *Foreign Affairs*, 2016.

[217] Sveriges Riksbank. Riksbank cuts repo rate to – 0. 25 per cent and buys government bonds for SEK 30 billion, *Press Release*, 2015, 18 March.

[218] Syed M M H, Tokuoka K, Kang M K. Lost decade in translation – What Japan's crisis could portend about recovery from the great recession, *International Monetary Fund*, 2009.

[219] Taylor J B. Discretion versus policy rules in practice, *Carnegie – Rochester conference series on public policy*, 1993, 39: 195 – 214.

[220] Ulate M. Going negative at the zero lower bound: The effects of negative

nominal interest rates, *Federal Reserve Bank of San Francisco*, 2019.

[221] Vermeulen P, Dias D, Dossche M, et al. Price setting in the euro area: Some stylised facts from individual producer price data, 2007.

[222] Viñals J, Gray S, Eckhold K. The broader view: The positive effects of negative nominal interest rates, *IMF Blog*, 2016, 10.

[223] Werning I. Managing a liquidity trap: Monetary and fiscal policy, *National Bureau of Economic Research*, 2011.

[224] Wicksell K. Interest and prices, *Ludwig von Mises Institute*, 1936.

[225] Woodford M. Optimal interest-rate smoothing, *The Review of Economic Studies*, 2003, 70 (4): 861–886.

[226] Xia D, Wu J C. The negative interest rate policy and the yield curve, *Bank for International Settlements*, 2018.

[227] Xin B, Jiang K. Central bank digital currency and the effectiveness of negative interest rate policy: A DSGE analysis, *Research in International Business and Finance*, 2023, 64: 101901.

[228] Zhang C, Osborn D R, Kim D H. The new Keynesian Phillips curve: From sticky inflation to sticky prices, *Journal of Money, Credit and Banking*, 2008, 40 (4): 667–699.

附　　录

动态系统方程与稳态求解

（一）动态系统方程

$$\xi L_t^{\sigma_l} = \frac{W_t}{P_t} C_t^{-\sigma_c} \tag{A.1}$$

$$\frac{1}{r_t} = \beta E_t \frac{\lambda_{t+1}}{\lambda_t} \tag{A.2}$$

$$\left(\frac{M_t}{P_t}\right)^{\sigma_m} = \zeta\left(\frac{r_t}{r_t - 1}\right) C_t^{\sigma_c} \tag{A.3}$$

$$\lambda_t = C_t^{-\sigma_c} \tag{A.4}$$

$$1 = \theta_p (\pi_t)^{(\epsilon_p - 1)} + (1 - \theta_p)\left(\frac{P_t^*}{P_t}\right)^{(1 - \epsilon_p)} \tag{A.5}$$

$$Y_{a,t} = (\varphi)\left(\frac{P_{a,t}}{P_t^m}\right)^{-\chi} Y_t \tag{A.6}$$

$$Y_{b,t} = (1 - \varphi)\left(\frac{P_{b,t}}{P_t^m}\right)^{-\chi} Y_t \tag{A.7}$$

$$P_t^m = \left[\varphi (P_{a,t})^{1-\chi} + (1 - \varphi)(P_{b,t})^{1-\chi}\right]^{\frac{1}{1-\chi}} \tag{A.8}$$

$$mc_t = P_t^m / P_t \tag{A.9}$$

$$\frac{P_t^*}{P_t} = \frac{\epsilon_p}{\epsilon_p - 1} \frac{f_t^1}{f_t^2} \tag{A.10}$$

$$f_t^1 = \lambda_t mc_t Y_t + \beta \theta_p E_t \pi_{t+1}^{\epsilon_p} f_{t+1}^1 \tag{A.11}$$

$$f_t^2 = \lambda_t Y_t + \beta \theta_p E_t \pi_{t+1}^{\epsilon_p - 1} f_{t+1}^2 \tag{A.12}$$

$$d_t^P = (1 - \theta_p)(\pi_t^*)^{-\epsilon_p} + \theta_p \pi_t^{\epsilon_p} d_{t-1}^P \tag{A.13}$$

$$Y_t = d_t^P Y_t^f \tag{A.14}$$

$$Y_{a,t} = A_{a,t} K_{a,t-1}^{\alpha_a} L_{a,t}^{1-\alpha_a} \tag{A.15}$$

$$Y_{b,t} = A_{b,t} K_{b,t-1}^{\alpha_b} L_{b,t}^{1-\alpha_b} \tag{A.16}$$

$$L_{a,t} = (1-\alpha_a) mc_{a,t} \frac{Y_{a,t}}{W_{a,t}} \tag{A.17}$$

$$L_{b,t} = (1-\alpha_b) mc_{b,t} \frac{Y_{b,t}}{W_{b,t}} \tag{A.18}$$

$$mc_{a,t} = P_{a,t} \tag{A.19}$$

$$mc_{b,t} = P_{b,t} \tag{A.20}$$

$$E_t\{R_{a,t+1}^k\} = E_t\left[\alpha_a mc_{a,t+1} \frac{Y_{a,t+1}}{K_{a,t}} + Q_{t+1}(1-\delta)\right] / Q_t \tag{A.21}$$

$$E_t\{R_{b,t+1}^k\} = E_t\left[\alpha_b mc_{b,t+1} \frac{Y_{b,t+1}}{K_{b,t}} + Q_{t+1}(1-\delta)\right] / Q_t \tag{A.22}$$

$$r_t \equiv \frac{i_t}{\pi_t} \tag{A.23}$$

$$K_t = K_{a,t} + K_{b,t} \tag{A.24}$$

$$L_t = L_{a,t} + L_{b,t} \tag{A.25}$$

$$W_t = W_{a,t} \tag{A.26}$$

$$W_t = W_{b,t} \tag{A.27}$$

$$K_t = (1-\delta)K_{t-1} + \left[1 - \frac{\psi_1}{2}\left(\frac{I_t}{I_{t-1}}-1\right)^2\right]I_t \tag{A.28}$$

$$Q_t\left[1 - \frac{\psi_1}{2}\left(\frac{I_t}{I_{t-1}}-1\right)^2 - \psi_1\left(\frac{I_t}{I_{t-1}}-1\right)\frac{I_t}{I_{t-1}}\right] + \beta E_t \frac{\lambda_{t+1}}{\lambda_t}\psi_1\left(\frac{I_{t+1}}{I_t}-1\right)\left(\frac{I_{t+1}}{I_t}\right)^2 Q_{t+1} = 1 \tag{A.29}$$

$$Q_t K_{a,t} = N_{a,t} + B_{a,t} \tag{A.30}$$

$$Q_t K_{b,t} = N_{b,t} + B_{b,t} \tag{A.31}$$

$$LEV_{a,t} = Q_t K_{a,t} / N_{a,t} \tag{A.32}$$

$$LEV_{b,t} = Q_t K_{b,t} / N_{b,t} \tag{A.33}$$

$$F_{a,t} = F_a(\overline{\omega}_{a,t}) = \int_0^{\overline{\omega}_{a,t}} dF_a(\omega) = normcdf\left[\frac{\log(\overline{\omega}_{a,t})}{\sigma_{\omega_a,t-1}} + \frac{\sigma_{\omega_a,t-1}}{2}\right] \tag{A.34}$$

$$G_{a,t} = \int_0^{\overline{\omega}_{a,t}} \omega dF_a(\omega) = normcdf\left[\frac{\log(\overline{\omega}_{a,t})}{\sigma_{\omega_a,t-1}} - \frac{\sigma_{\omega_a,t-1}}{2}\right] \tag{A.35}$$

$$\Gamma_{a,t} = G_{a,t} + \overline{\omega}_{a,t}(1 - F_{a,t}) \tag{A.36}$$

$$F_{a,t}' = \frac{1}{\sigma_{\omega_a,t-1}\overline{\omega}_{a,t}} normpdf\left[\frac{\log(\overline{\omega}_{a,t})}{\sigma_{\omega_a,t-1}} + \frac{\sigma_{a,t-1}}{2}\right] \tag{A.37}$$

$$G'_{a,t} = \frac{1}{\sigma_{\omega_a,t-1}\overline{\omega}_{a,t}} normpdf\left[\frac{\log(\overline{\omega}_{a,t})}{\sigma_{\omega_a,t-1}} - \frac{\sigma_{\omega_a,t-1}}{2}\right] \tag{A.38}$$

$$\Gamma'_{a,t} = 1 - F_{a,t} \tag{A.39}$$

$$\left[g_{t+1} + \Gamma(\overline{\omega}_{a,t+1}, \sigma_{\omega a}) - \tau G(\overline{\omega}_{a,t+1}, \sigma_{\omega a})\right]R^k_{a,t+1}Q_tK_{a,t} = i_{t+1}(Q_tK_{a,t} - N_{a,t}) \tag{A.40}$$

$$g_{t+1} = \frac{G_{t+1}}{R^k_{a,t+1}Q_tK_{a,t}} \tag{A.41}$$

$$\left[\Gamma(\overline{\omega}_{b,t+1}, \sigma_{\omega b}) - \tau G(\overline{\omega}_{b,t+1}, \sigma_{\omega b})\right]R^k_{b,t+1}Q_tK_{b,t} = i_{t+1}(Q_tK_{b,t} - N_{b,t}) \tag{A.42}$$

$$\left[1 - \Gamma(\overline{\omega}_{a,t+1}, \sigma_{\omega a}) - g_{t+1}\right]\frac{R^k_{a,t+1}}{i_{t+1}} = \frac{1}{LEV_{a,t}}\eta_{a,t} \tag{A.43}$$

$$\eta_{a,t} = \frac{1 - F(\overline{\omega}_{a,t+1}, \sigma_{\omega a})}{1 - F(\overline{\omega}_{a,t+1}, \sigma_{\omega a}) - \tau\overline{\omega}_{a,t+1}F_\omega(\overline{\omega}_{a,t+1}, \sigma_{\omega a})} \tag{A.44}$$

$$F_{b,t} = F_b(\overline{\omega}_{b,t}) = \int_0^{\overline{\omega}_{b,t}} dF_b(\omega) = normcdf\left[\frac{\log(\overline{\omega}_{b,t})}{\sigma_{\omega_b,t-1}} + \frac{\sigma_{\omega_b,t-1}}{2}\right] \tag{A.45}$$

$$G_{b,t} = \int_0^{\overline{\omega}_{b,t}} \omega dF_b(\omega) = normcdf\left[\frac{\log(\overline{\omega}_{b,t})}{\sigma_{\omega_b,t-1}} - \frac{\sigma_{\omega_b,t-1}}{2}\right] \tag{A.46}$$

$$\Gamma_{b,t} = G_{b,t} + \overline{\omega}_{b,t}(1 - F_{b,t}) \tag{A.47}$$

$$F'_{b,t} = \frac{1}{\sigma_{\omega_b,t-1}\overline{\omega}_{b,t}} normpdf\left[\frac{\log(\overline{\omega}_{b,t})}{\sigma_{\omega_b,t-1}} + \frac{\sigma_{\omega_b,t-1}}{2}\right] \tag{A.48}$$

$$G'_{b,t} = \frac{1}{\sigma_{\omega_b,t-1}\overline{\omega}_{b,t}} normpdf\left[\frac{\log(\overline{\omega}_{b,t})}{\sigma_{\omega_b,t-1}} - \frac{\sigma_{\omega_b,t-1}}{2}\right] \tag{A.49}$$

$$\Gamma'_{b,t} = 1 - F_{b,t} \tag{A.50}$$

$$\left[1 - \Gamma(\overline{\omega}_{b,t+1}, \sigma_{\omega b})\right]\frac{R^k_{b,t+1}}{i_{t+1}} = \frac{1}{LEV_{b,t}}\eta_{b,t} \tag{A.51}$$

$$\eta_{b,t} = \frac{1 - F(\overline{\omega}_{b,t+1}, \sigma_{\omega b})}{1 - F(\overline{\omega}_{b,t+1}, \sigma_{\omega b}) - \tau\overline{\omega}_{b,t+1}F_\omega(\overline{\omega}_{b,t+1}, \sigma_{\omega b})} \tag{A.52}$$

$$G_{t+1} + \overline{\omega}_{a,t+1}R^k_{a,t+1}Q_tK_{a,t} = R^l_{a,t+1}B_{a,t} \tag{A.53}$$

$$\overline{\omega}_{b,t+1}R^k_{b,t+1}Q_tK_{b,t} = R^l_{b,t+1}B_{b,t} \tag{A.54}$$

$$N_{a,t} = \gamma_g\left[R^k_{a,t}Q_{t-1}K_{a,t-1}(1 - \tau G(\overline{\omega}_{a,t}, \sigma_{\omega a}) + g_t) - i_tB_{a,t-1}\right] \tag{A.55}$$

$$N_{b,t} = \gamma_b\left[R^k_{b,t}Q_{t-1}K_{b,t-1}(1 - \tau G(\overline{\omega}_{b,t}, \sigma_{\omega b})) - i_tB_{b,t-1}\right] \tag{A.56}$$

$$o_g - \left[\frac{\psi_2}{2}\left(\frac{B_{a,t}}{B_{a,t-1}} - 1\right)^2 + \psi_2\left(\frac{B_{a,t}}{B_{a,t-1}} - 1\right)\frac{B_{a,t}}{B_{a,t-1}} + \frac{\psi_3}{2}\left(\frac{\frac{(1-\varpi_t-\varphi_a)}{(1-R^r_t-R^p_t)}B_{g,t}}{\frac{(1-\varpi_{t-1}-\varphi_a)}{(1-R^r_{t-1}-R^p_{t-1})}B_{a,t-1}} - 1\right)^2\right]\frac{(1-\varpi_t-\varphi_a)}{(1-R^r_t-R^p_t)}$$

$$+ \psi_3 \left(\frac{\dfrac{(1-\varpi_t-\varphi_a)}{(1-R_t^r-R_t^p)}B_{a,t}}{\dfrac{(1-\varpi_{t-1}-\varphi_a)}{(1-R_{t-1}^r-R_{t-1}^p)}B_{a,t-1}} - 1 \right)\frac{(1-\varpi_t-\varphi_a)}{(1-R_t^r-R_t^p)} \frac{\dfrac{(1-\varpi_t-\varphi_a)}{(1-R_t^r-R_t^p)}B_{a,t}}{\dfrac{(1-\varpi_{t-1}-\varphi_a)}{(1-R_{t-1}^r-R_{t-1}^p)}B_{a,t-1}}$$

$$+ \frac{\psi_4}{2}\left(\frac{\varpi_t B_{a,t}}{\varpi_{t-1}B_{a,t-1}} - 1\right)^2 \varpi_t + \psi_4\left(\frac{\varpi_t B_{a,t}}{\varpi_{t-1}B_{a,t-1}} - 1\right)\varpi_t \frac{\varpi_t B_{a,t}}{\varpi_{t-1}B_{a,t-1}} \Bigg] + \beta\Bigg[(1-o_a)R_{a,t}^l$$

$$+ (i_t^r R_t^r + i_t^p R_t^p - i_t)\frac{(1-\varpi_t-\varphi_a)}{(1-R_t^r-R_t^p)} - R_{a,t}^h \varpi_t - \Bigg[-\psi_2\left(\frac{B_{a,t+1}}{B_{a,t}} - 1\right)\left(\frac{B_{a,t+1}}{B_{a,t}}\right)^2$$

$$-\psi_3\left(\frac{\dfrac{(1-\varpi_{t+1}-\varphi_a)}{(1-R_{t+1}^r-R_{t+1}^p)}B_{a,t+1}}{\dfrac{(1-\varpi_t-\varphi_a)}{(1-R_t^r-R_t^p)}B_{a,t}} - 1\right)\frac{(1-\varpi_t-\varphi_a)}{(1-R_t^r-R_t^p)}\left(\frac{\dfrac{(1-\varpi_{t+1}-\varphi_a)}{(1-R_{t+1}^r-R_{t+1}^p)}B_{a,t+1}}{\dfrac{(1-\varpi_t-\varphi_a)}{(1-R_t^r-R_t^p)}B_{a,t}}\right)^2$$

$$-\psi_4\left(\frac{\varpi_{t+1}B_{a,t+1}}{\varpi_t B_{a,t}} - 1\right)\varpi_t\left(\frac{\varpi_{t+1}B_{a,t+1}}{\varpi_t B_{a,t}}\right)^2 \Bigg]\Bigg] = 0 \tag{A.57}$$

$$o_b - \Bigg[\frac{\psi_5}{2}\left(\frac{B_{b,t}}{B_{b,t-1}} - 1\right)^2 + \psi_5\left(\frac{B_{b,t}}{B_{b,t-1}} - 1\right)\frac{B_{b,t}}{B_{b,t-1}} + \frac{\psi_6}{2}\left(\frac{\dfrac{1}{(1-R_t^r-R_t^p)}B_{b,t}}{\dfrac{1}{(1-R_{t-1}^r-R_{t-1}^p)}B_{b,t-1}} - 1\right)^2 \frac{(1-\varphi_g)}{(1-R_t^r-R_t^p)}$$

$$+ \psi_6\left(\frac{\dfrac{1}{(1-R_t^r-R_t^p)}B_{b,t}}{\dfrac{1}{(1-R_{t-1}^r-R_{t-1}^p)}B_{b,t-1}} - 1\right)\frac{(1-\varphi_g)}{(1-R_t^r-R_t^p)}\frac{\dfrac{1}{(1-R_t^r-R_t^p)}B_{b,t}}{\dfrac{1}{(1-R_{t-1}^r-R_{t-1}^p)}B_{b,t-1}}$$

$$+ \beta\Bigg[(1-o_b)R_{b,t}^l + \Bigg[(i_t^r R_t^r + i_t^p R_t^p - i_t)\frac{1}{(1-R_t^r-R_t^p)}\Bigg] - \Bigg[-\psi_5\left(\frac{B_{b,t+1}}{B_{b,t}} - 1\right)\left(\frac{B_{b,t+1}}{B_{b,t}}\right)^2$$

$$-\psi_6\left(\frac{\dfrac{1}{(1-R_{t+1}^r-R_{t+1}^p)}B_{b,t+1}}{\dfrac{1}{(1-R_t^r-R_t^p)}B_{b,t}} - 1\right)\frac{(1-\varphi_g)}{(1-R_t^r-R_t^p)}\left(\frac{\dfrac{1}{(1-R_{t+1}^r-R_{t+1}^p)}B_{b,t+1}}{\dfrac{1}{(1-R_t^r-R_t^p)}B_{b,t}}\right)^2 \Bigg]\Bigg] = 0$$

$$\tag{A.58}$$

$$D_t = \frac{(1-\varphi_b)B_{b,t} + (1-\varpi_t-\varphi_a)B_{a,t}}{1-R_t^r-R_t^p} \tag{A.59}$$

$$D_{b,t} = \frac{(1-\varphi_b)B_{b,t}}{(1-R_t^r-R_t^p)} \tag{A.60}$$

$$D_t = D_{a,t} + D_{b,t} \tag{A.61}$$

$$B_{a,t} = (1 - R_t^r - R_t^p)D_{a,t} + H_{a,t} + NA_{a,t} \tag{A.62}$$

$$Gov_t + G_{t+1} = \frac{M_t - M_{t-1}}{P_t} + T_t \tag{A.63}$$

$$Gov_t = \psi_7 Y_t^f \tag{A.64}$$

$$NA_{a,t} = \varphi_a B_{a,t} \tag{A.65}$$

$$NA_{b,t} = \varphi_b B_{b,t} \tag{A.66}$$

$$Y_t^f = C_t + Gov_t + G_{t+1} + I_t + \tau G(\overline{\omega}_{a,t+1}, \ \sigma_{\omega a})R_{a,t+1}^k Q_t K_{a,t}$$
$$+ \tau G(\overline{\omega}_{b,t+1}, \ \sigma_{\omega b})R_{b,t+1}^k Q_t K_{b,t} \tag{A.67}$$

$$\log R_t^r - \log R_{ss}^r = \rho_r(\log R_{t-1}^r - \log R_{ss}^r) + (1 - \rho_r)[\varphi_Y(\log Y_t - \log Y_{ss})$$
$$+ \varphi_\pi(\log \pi_t - \log \pi_{ss})] + \varepsilon_t^{R^r} \tag{A.68}$$

$$\log R_{a,t}^h - \log R_{a,ss}^h = \rho_h(\log R_{a,t-1}^h - \log R_{a,ss}^h) + (1 - \rho_h)[(\log i_t - \log i_{ss})$$
$$- \mu_1[(\log B_{a,t} - \log B_{a,ss}) - (\log B_{a,t-1} - \log B_{a,ss})]] + \varepsilon_t^{R_a^h} \tag{A.69}$$

$$\log \varpi_t - \log \varpi_{ss} = \rho_\varpi(\log \varpi_{t-1} - \log \varpi_{ss}) + (1 - \rho_\varpi)\mu_2[(\log B_{a,t} - \log B_{a,ss})$$
$$- (\log B_{a,t-1} - \log B_{a,ss})] + \varepsilon_t^\varpi \tag{A.70}$$

$$\log g_t = (1 - \rho_g)\log g_{ss} + \rho_g \log g_{t-1} + \varepsilon_t^g \tag{A.71}$$

$$\log A_{a,t} = (1 - \rho_{aa})\log A_{a,t-1} + \rho_{aa}\log A_{a,t-1} + \varepsilon_t^{A_a} \tag{A.72}$$

$$\log A_{b,t} = (1 - \rho_{ba})\log A_{b,ss} + \rho_{ba}\log A_{b,t-1} + \varepsilon_t^{A_b} \tag{A.73}$$

$$\log i_t^r - \log i_{ss}^r = \rho_{ir}(\log i_{t-1}^r - \log i_{ss}^r) + (1 - \rho_{ir})[\phi_{Yir}(\log Y_t - \log Y_{ss})$$
$$+ \phi_{\pi ir}(\log \pi_t - \log \pi_{ss})] + \varepsilon_t^{i^r} \tag{A.74}$$

$$\log i_t^p - \log i_{ss}^p = \rho_{ip}(\log i_{t-1}^p - \log i_{ss}^p) + (1 - \rho_{ip})[\phi_{Yip}(\log Y_t - \log Y_{ss})$$
$$+ \phi_{\pi ip}(\log \pi_t - \log \pi_{ss})] + \varepsilon_t^{i^p} \tag{A.75}$$

$$\log R_t^p - \log R_{ss}^p = \rho_{rp}(\log R_{t-1}^p - \log R_{ss}^p) + (1 - \rho_{rp})[\phi_{Yp}(\log Y_t - \log Y_{ss})$$
$$+ \phi_{\pi p}(\log \pi_t - \log \pi_{ss})] + \varepsilon_t^{R^p} \tag{A.76}$$

（二）稳态求解

$$L_{a,ss} = \frac{1}{3} \tag{A.77}$$

$$L_{b,ss} = \frac{1}{3} \tag{A.78}$$

$$L_{ss} = L_{a,ss} + L_{b,ss} \tag{A.79}$$

$$P_{a,ss} = 1 \tag{A.80}$$

$$P_{ss} = 1 \tag{A.81}$$

$$A_{a,ss} = 1 \tag{A.82}$$

$$r_{ss} = \frac{1}{\beta} \tag{A.83}$$

$$\pi_{ss} = 1 \tag{A.84}$$

$$Q_{ss} = 1 \tag{A.85}$$

$$Y_{b,ss} = 1 \tag{A.86}$$

$$i_{ss} = r_{ss}\pi_{ss} \tag{A.87}$$

$$P_{ss}^* = \left[\frac{1 - \theta_p (\pi_{ss})^{(\epsilon_p - 1)}}{(1 - \theta_p)} \right]^{\frac{1}{(1-\epsilon_p)}} \tag{A.88}$$

$$d_{ss}^P = \frac{(1 - \theta_p)(P_{ss}^*)^{-\epsilon_p}}{(1 - \theta_p \pi_{ss}^{\epsilon_p})} \tag{A.89}$$

$$mc_{ss} = \frac{\epsilon_p - 1}{\epsilon_p} \frac{(1 - \beta\theta_p \pi_{ss}^{\epsilon_p})}{(1 - \beta\theta_p \pi_{ss}^{\epsilon_p - 1})} P_{ss}^* \tag{A.90}$$

$$P_{ss}^m = mc_{ss} \tag{A.91}$$

$$mc_{a,ss} = P_{a,ss} \tag{A.92}$$

$$\varphi = \frac{P_{ss}^{m\,1-\chi}}{\dfrac{(1-\alpha_a)mc_{a,ss}L_{b,ss}}{(1-\alpha_b)L_{a,ss}P_{a,ss}^{\chi}} + (P_{a,ss})^{1-\chi}} \tag{A.93}$$

$$P_{b,ss} = \left[\frac{(1-\varphi)}{P_{ss}^{m\,1-\chi} - \varphi(P_{a,ss})^{1-\chi}} \right]^{\frac{1}{\chi-1}} \tag{A.94}$$

$$mc_{b,ss} = P_{b,ss} \tag{A.95}$$

$$W_{b,ss} = (1 - \alpha_b)mc_{b,ss}\frac{Y_{b,ss}}{L_{b,ss}} \tag{A.96}$$

$$W_{ss} = W_{b,ss} \tag{A.97}$$

$$W_{a,ss} = W_{ss} \tag{A.98}$$

$$Y_{a,ss} = \frac{L_{a,ss}W_{a,ss}}{(1-\alpha_a)mc_{a,ss}} \tag{A.99}$$

$$Y_{ss} = \frac{Y_{a,ss}}{\varphi}\left(\frac{P_{a,ss}}{P_{ss}^m}\right)^{\chi} \tag{A.100}$$

$$Y_{ss}^f = \frac{Y_{ss}}{d_{ss}^P} \tag{A.101}$$

$$K_{a,ss} = \left(\frac{Y_{a,ss}}{A_{u,ss}I_{u,ss}^{1-\alpha_a}}\right)^{\frac{1}{\alpha_a}} \tag{A.102}$$

$$R_{a,ss}^k = \left[\alpha_a mc_{a,ss}\frac{Y_{a,ss}}{K_{a,ss}} + Q_{ss}(1-\delta) \right] \Big/ Q_{ss} \tag{A.103}$$

$$LEV_{b,ss} = 2 \tag{A.104}$$

$$\frac{LEV_{b,ss} - 1}{[\Gamma(\overline{\omega}_{b,ss}, \ \sigma_{\omega b}) - \tau G(\overline{\omega}_{b,ss}, \ \sigma_{\omega b})]} = \frac{1 - F(\overline{\omega}_{b,ss}, \ \sigma_{\omega b})}{[1 - F(\overline{\omega}_{b,ss}, \ \sigma_{\omega b}) -}$$
$$\tau \overline{\omega}_{b,ss} F_{\omega}(\overline{\omega}_{b,ss}, \ \sigma_{\omega b})][1 - \Gamma(\overline{\omega}_{b,ss}, \ \sigma_{\omega b})]$$
$$\tag{A.105}$$

$$F_b = normcdf\left[\frac{\log(\overline{\omega}_b)}{\sigma_{\omega_b}} + \frac{\sigma_{\omega_b}}{2}\right] \tag{A.106}$$

$$G_b = normcdf\left[\frac{\log(\overline{\omega}_b)}{\sigma_{\omega_b}} - \frac{\sigma_{\omega_b}}{2}\right] \tag{A.107}$$

$$\Gamma_b = G_b + \overline{\omega}_b(1 - F_b) \tag{A.108}$$

$$F'_b = \frac{1}{\sigma_{\omega_b}\overline{\omega}_b} normpdf\left[\frac{\log(\overline{\omega}_b)}{\sigma_{\omega_b}} + \frac{\sigma_{\omega_b}}{2}\right] \tag{A.109}$$

$$G'_b = \frac{1}{\sigma_{\omega_b}\overline{\omega}_b} normpdf\left[\frac{\log(\overline{\omega}_b)}{\sigma_{\omega_b}} - \frac{\sigma_{\omega_b}}{2}\right] \tag{A.110}$$

$$\Gamma'_b = 1 - F_b \tag{A.111}$$

$$R^k_{b,ss} = \frac{i_{ss}[LEV_{b,ss} - 1]}{LEV_{b,ss}[\Gamma(\overline{\omega}_{b,ss}, \ \sigma_{\omega b}) - \tau G(\overline{\omega}_{b,ss}, \ \sigma_{\omega b})]} \tag{A.112}$$

$$\eta_{b,ss} = \frac{1 - F(\overline{\omega}_{b,ss}, \ \sigma_{\omega b})}{1 - F(\overline{\omega}_{b,ss}, \ \sigma_{\omega b}) - \tau \overline{\omega}_{b,ss} F_{\omega}(\overline{\omega}_{b,ss}, \ \sigma_{\omega b})} \tag{A.113}$$

$$K_{b,ss} = \frac{\alpha_b mc_{b,ss} Y_{b,ss}}{R^k_{b,ss} Q_{ss} - Q_{ss}(1 - \delta)} \tag{A.114}$$

$$A_{b,ss} = \frac{Y_{b,ss}}{K^{\alpha_b}_{b,ss} L^{1-\alpha_b}_{b,ss}} \tag{A.115}$$

$$N_{b,ss} = Q_{ss} K_{b,ss} / LEV_{b,ss} \tag{A.116}$$

$$B_{b,ss} = Q_{ss} K_{b,ss} - N_{b,ss} \tag{A.117}$$

$$R^l_{b,ss} = \frac{\overline{\omega}_{b,ss} R^k_{b,ss} Q_{ss} K_{b,ss}}{B_{b,ss}} \tag{A.118}$$

$$K_{ss} = K_{a,ss} + K_{b,ss} \tag{A.119}$$

$$I_{ss} = \delta K_{ss} \tag{A.120}$$

$$\gamma_b = \frac{1/LEV_{b,ss}}{[R^k_{b,ss}(1 - \tau G(\overline{\omega}_{b,ss}, \ \sigma_{\omega b})) - i_{ss}(1 - 1/LEV_{b,ss})]} \tag{A.121}$$

$$g_{ss} = 0.3 \tag{A.122}$$

$$1 - [g_{ss} + \Gamma(\overline{\omega}_{a,ss}, \ \sigma_{\omega a}) - \tau G(\overline{\omega}_{a,ss}, \ \sigma_{\omega a})]\frac{R^k_{a,ss}}{i_{ss}} =$$

$$\frac{[1 - \Gamma(\overline{\omega}_{a,ss}, \ \sigma_{\omega a}) - g_{ss}][1 - F(\overline{\omega}_{a,ss}, \ \sigma_{\omega a}) - \tau \overline{\omega}_{a,ss} F_{\omega}(\overline{\omega}_{a,ss}, \ \sigma_{\omega a})]}{1 - F(\overline{\omega}_{a,ss}, \ \sigma_{\omega a})} \frac{R_{a,ss}^k}{i_{ss}}$$

$$\text{(A. 123)}$$

$$F_a = normcdf\left[\frac{\log(\overline{\omega}_a)}{\sigma_{\omega_a}} + \frac{\sigma_{\omega_a}}{2}\right] \tag{A. 124}$$

$$G_a = normcdf\left[\frac{\log(\overline{\omega}_a)}{\sigma_{\omega_a}} - \frac{\sigma_{\omega_a}}{2}\right] \tag{A. 125}$$

$$\Gamma_a = G_a + \overline{\omega}_a(1 - F_a) \tag{A. 126}$$

$$F_a' = \frac{1}{\sigma_{\omega_a}\overline{\omega}_a} normpdf\left[\frac{\log(\overline{\omega}_a)}{\sigma_{\omega_a}} + \frac{\sigma_{\omega_a}}{2}\right] \tag{A. 127}$$

$$G_a' = \frac{1}{\sigma_{\omega_a}\overline{\omega}_a} normpdf\left[\frac{\log(\overline{\omega}_a)}{\sigma_{\omega_a}} - \frac{\sigma_{\omega_a}}{2}\right] \tag{A. 128}$$

$$\Gamma_a' = 1 - F_a \tag{A. 129}$$

$$\eta_{a,ss} = \frac{1 - F(\overline{\omega}_{a,ss}, \ \sigma_{\omega a})}{1 - F(\overline{\omega}_{a,ss}, \ \sigma_{\omega a}) - \tau \overline{\omega}_{a,ss} F_{\omega}(\overline{\omega}_{a,ss}, \ \sigma_{\omega a})} \tag{A. 130}$$

$$G_{ss} = R_{a,ss}^k Q_{ss} K_{a,ss} g_{ss} \tag{A. 131}$$

$$LEV_{a,ss} = \frac{i_{ss}\eta_{a,ss}}{[1 - \Gamma(\overline{\omega}_{a,ss}, \ \sigma_{\omega a}) - g_{ss}]R_{a,ss}^k} \tag{A. 132}$$

$$N_{a,ss} = \frac{Q_{ss}K_{a,ss}}{LEV_{a,ss}} \tag{A. 133}$$

$$B_{a,ss} = Q_{ss}K_{a,ss} - N_{a,ss} \tag{A. 134}$$

$$R_{a,ss}^l = \frac{G_{ss} + \overline{\omega}_{a,ss} R_{a,ss}^k Q_{ss}K_{a,ss}}{B_{a,ss}} \tag{A. 135}$$

$$\gamma_a = \frac{N_{a,ss}}{[R_{a,ss}^k Q_{ss}K_{a,ss}(1 - \tau G(\overline{\omega}_{a,ss}, \ \sigma_{\omega a}) + g_{ss}) - i_{ss}B_{a,ss}]} \tag{A. 136}$$

$$Gov_{ss} = \psi_7 Y_{ss}^f \tag{A. 137}$$

$$C_{ss} = (1 - \psi_7)Y_{ss}^f - [G_{ss} + I_{ss} + \tau G(\overline{\omega}_{a,ss}, \ \sigma_{\omega a})R_{a,ss}^k Q_{ss}K_{a,ss}$$
$$+ \tau G(\overline{\omega}_{b,ss}, \ \sigma_{\omega b})R_{b,ss}^k Q_{ss}K_{b,ss}] \tag{A. 138}$$

$$\xi = \frac{W_{ss}}{L_{ss}^{\sigma_l} P_{ss}} C_{ss}^{-\sigma_c} \tag{A. 139}$$

$$M_{ss} = \left[\zeta\left(\frac{r_{ss}}{r_{ss} - 1}\right)C_{ss}^{\sigma_c}\right]^{\frac{1}{\sigma_m}} \tag{A. 140}$$

$$\lambda_{ss} = C_{ss}^{-\sigma_c} \tag{A. 141}$$

$$f_{ss}^1 = \frac{\lambda_{ss} mc_{ss} Y_{ss}}{(1 - \beta\theta_p \pi_{ss}^\chi)} \tag{A.142}$$

$$f_{ss}^2 = \frac{\lambda_{ss} Y_{ss}}{(1 - \beta\theta_p \pi_{ss}^{\chi-1})} \tag{A.143}$$

$$T_{ss} = Gov_{ss} + G_{ss} \tag{A.144}$$

$$\varpi_{ss} = 0.5 \tag{A.145}$$

$$R_{ss}^r = 0.076 \tag{A.146}$$

$$i_{ss}^r = 1.0162 \tag{A.147}$$

$$i_{ss}^p = 1.0035 \tag{A.148}$$

$$R_{ss}^p = 0.2 \tag{A.149}$$

$$NA_{a,ss} = \varphi_a B_{a,ss} \tag{A.150}$$

$$NA_{b,ss} = \varphi_b B_{b,ss} \tag{A.151}$$

$$o_b = \frac{\left[(i_{ss}^r R_{ss}^r + i_{ss}^p R_{ss}^p - i_{ss}) \frac{(1 - \varphi_b)\beta}{(1 - R_{ss}^r - R_{ss}^p)} \right] + \beta R_{b,ss}^l}{(R_{b,ss}^l \beta - 1)} \tag{A.152}$$

$$R_{a,ss}^h = \frac{o_a + \beta(1 - o_a) R_{a,ss}^l + \beta(i_{ss}^r R_{ss}^r + i_{ss}^p R_{ss}^p - i_{ss}) \frac{(1 - \varpi_{ss} - \varphi_a)}{(1 - R_{ss}^r - R_{ss}^p)}}{\beta \varpi_{ss}} \tag{A.153}$$

$$D_{ss} = \frac{(1 - \varphi_b) B_{b,ss} + (1 - \varpi_{ss} - \varphi_a) B_{a,ss}}{1 - R_{ss}^r - R_{ss}^p} \tag{A.154}$$

$$D_{b,ss} = \frac{(1 - \varphi_b) B_{b,ss}}{1 - R_{ss}^r - R_{ss}^p} \tag{A.155}$$

$$D_{a,ss} = D_{ss} - D_{b,ss} \tag{A.156}$$

$$H_{a,ss} = B_{a,ss} - (1 - R_{ss}^r - R_{ss}^p) D_{a,ss} - NA_{a,ss} \tag{A.157}$$